A CASA
DA
FELICIDADE

Lucy Danziger
Catherine Birndorf, M.D.

A CASA DA FELICIDADE

9 ambientes para encontrar a si mesma
e superar as pequenas imperfeições da vida

Tradução de
Lourdes Menegale

Título original
THE NINE ROOMS OF HAPPINESS
Loving yourself, finding your purpose,
and getting over life's little imperfections

Copyright © 2010 by Lucy Danziger e Catherine Birndorf, M.D.

Todos os direitos reservados. Nenhuma parte deste livro
pode ser reproduzida no todo ou em parte sob qualquer forma.

Copyright da ilustração da folha de rosto © Chris Long.

Direitos para a língua portuguesa reservados
com exclusividade para o Brasil à
EDITORA ROCCO LTDA.
Av. Presidente Wilson, 231 – 8º andar
20030-021 – Rio de Janeiro – RJ
Tel.: (21) 3525-2000 – Fax: (21) 3525-2001
rocco@rocco.com.br
www.rocco.com.br

Printed in Brazil/Impresso no Brasil

Diagramação – FATIMA AGRA

CIP-Brasil. Catalogação na fonte.
Sindicato Nacional dos Editores de Livros, RJ.

D22c   Danziger, Lucy S.
          A casa da felicidade: 9 ambientes para encontrar a si mesma e superar as pequenas imperfeições da vida / Lucy Danziger e Catherine Birndorf; tradução de Lourdes Menegale – Rio de Janeiro: Rocco, 2011.
          14 x 21cm

          Tradução de: The nine rooms of happiness: loving yourself, finding your purpose, and getting over life's little imperfections
          ISBN 978-85-325-2650-2

          1. Felicidade. 2. Conduta. I. Birndorf, Catherine II. Título. III. Título: 9 ambientes para encontrar a si mesma e superar as pequenas imperfeições da vida.

11-1551   CDD - 158.1
                                                              CDU - 159.947

Às nossas famílias e a todos aqueles que
nos ajudam a perceber como somos felizes

SUMÁRIO

Agradecimentos — 9

Introdução: Bem-vinda à nossa casa... e à sua — 13

1. O que a deixa estressada quando tudo devia estar ótimo? — 23
2. Você tem a chave de sua própria felicidade — 27
3. Você é mais feliz do que pensa — 35
4. Planeje sua casa emocional — 45
5. Pérolas e outras pitadas de sabedoria de bolso — 50
6. O porão:
   Onde as lembranças estão armazenadas — 59
7. A sala de lazer:
   Onde as pessoas que você ama a deixam maluca — 75
8. A sala de visitas:
   Os amigos são a família que você escolhe — 103
9. O escritório:
   Você recebe o seu salário... e seu estresse — 125
10. O banheiro:
    Você é tão vaidosa... mas isso não é tão mau assim — 159

11. O quarto:
    Amor, sexo e camas desarrumadas   181

12. A cozinha:
    Não consegue suportar o calor? Deve estar na cozinha   213

13. O quarto das crianças:
    Onde tudo que você faz está errado   243

14. O sótão:
    Expectativas e outras heranças emocionais   273

15. O Décimo Cômodo:
    "Até o meu Blackberry tem de ser recarregado"   288

Epílogo: A excelente aventura de Edith... e a sua   298

AGRADECIMENTOS

Este livro, este esforço, este processo é dedicado a todos aqueles que me fazem feliz e me toleram quando me esqueço de ser agradecida, contente, presente e amável. Liderando essa lista vem o maravilhoso James Danziger, a quem devo o que sou, seguido imediatamente por meus filhos, Josie e Julian, as duas pessoas mais divertidas e versáteis que conheço. Também devo muito ao meu irmão, Peter, um sujeito competidor e encantador em todos os sentidos; minha mãe, Sarah, a criativa chefe da torcida, e meu pai, Tony, o apoiador e crítico honesto. (E não posso deixar de fora Liz, valiosa conselheira e competente editora.) Eu estaria perdida sem essa família amorosa e unida que, nas duas últimas décadas, incluiu os Danziger, principalmente Gigi (a mais glamourosa das minhas parentes) e Danny, um talentoso autor. Acrescento meus amigos maravilhosos: Andi e Lisa, que ouviram a leitura de tudo, incansavelmente, e um pequeno grupo de mulheres especiais que eu adoro. E meu núcleo de talentosos e dedicados editores da *Self*, que me ajudaram a fazer uma revista melhor a cada mês, e meus chefes, que permitiram a uma mãe que trabalha escrever um livro nas horas vagas. Obrigada às minhas companheiras de equipe que esperavam por mim durante as manhãs – quando eu me sentia muito cansada por ter escrito até tarde da noite – por manterem o ritmo. Dois urras especiais vão para Mark Reiter, que acreditou na ideia por trás dessa casa metafórica, e para a minha apaixonada, brilhante e fraternal coautora, Catherine. Sem você, eu ainda *estaria engatinhando*! Agora, a minha esperança, para todas vocês, leitoras, é que permitam que este livro mude sua vida para melhor, em qualquer cômodo onde se depararem com uma bagunça. Boa faxina.

– Lucy Danziger

Primeiro, quero agradecer ao meu marido, Dan, a pessoa mais prestativa, equilibrada, irônica, amorosa e brilhante que conheço; a minhas filhas, Phoebe e Hannah, por sempre me amarem e me desafiarem; a meus pais, Carole e Larry Birndorf, que sempre me encorajaram (mas nunca me pressionaram) a ir buscar o que eu queria; ao meu irmão Steve, meu melhor e mais antigo novo amigo, a minha cunhada, Susie, a irmã que nunca tive; aos meus sogros, Roz e Stan, que me acolheram em sua família desde o primeiro dia, quero agradecer a todos os meus amigos que me ajudaram a ser do jeito que sou, principalmente Sarah, Caitlin, Robin e Stacy. A Debbie e Carolyn, pela cuidadosa supervisão. Obrigada a todas as minhas colegas da Universidade Cornell, principalmente as do Payne Whitney Women's Program, pelo apoio aos meus esforços fora do mundo acadêmico; e a Sharone Ornstein, sem a qual este livro não poderia ter sido escrito; às mulheres aqui entrevistadas, por compartilharem suas histórias; às minhas pacientes, que me deram o privilégio de tratar de vocês; ao meu agente, Mark Reiter, que levou a sério essa ideia e colaborou com habilidade para a sua clareza. E à minha parceira literária e boa amiga, Lucy Danziger, que ajudou a descobrir a escritora em mim: você é o complemento perfeito para a minha timidez. Obrigada também a todas as nossas leitoras; espero que se sintam iluminadas pelas histórias nestas páginas, pois este livro não teria significado sem a sua participação.

— Catherine Birndorf

Penso, às vezes, que a natureza da mulher é como uma grande casa cheia de cômodos: há um hall, pelo qual todo mundo passa, indo e vindo, a sala de visitas, onde são recebidas as visitas formais... e, no cômodo mais íntimo, o santuário sagrado, a alma senta sozinha e espera por som de passos que nunca vêm.

– Edith Wharton,
A plenitude da vida

INTRODUÇÃO

Bem-vinda à nossa casa...
e à sua

Acena: meu quarto. O despertador toca às 6:35 da manhã. Enquanto estendo a mão para desligar o alarme, penso: *Devia ter acordado mais cedo*. A luz do sol já passa pelas venezianas quando me levanto cuidadosamente para não despertar meu marido, que cochila ao meu lado. Sigo pelo corredor e dou uma olhada no quarto da minha filha – ela ainda está dormindo, com o seu corpo saudável e esguio enroscado e aconchegado, abraçada ao cachorrinho de pelúcia. Olho para o meu filho, que afastou as cobertas e dorme com braços e pernas abertos, provando mais uma vez que dormir pode ser uma atividade aeróbica. Sorrio e deixo essas duas imagens se gravarem em minha memória... então, me repreendo, pensando: *Não passo tempo bastante com os meus filhos.*

Atravesso a sala de visitas, onde as dezenas de fotos cobrindo as estantes e mesinhas me lembram de que sou abençoada de muitas maneiras: uma família ajustada, amigos maravilhosos e um ótimo emprego. Meus olhos pousam no retrato da nossa pequena e velha casa de madeira para fins de semana, às margens da baía... e penso: *Por que não vamos lá mais vezes?*

Então, vejo a minha escrivaninha, no canto, coberta com pilhas de cartas não respondidas e contas a pagar, e suspiro. *Tenho de pôr essas coisas em dia!*

Entro na cozinha para fazer o café e ver as manchetes da manhã na TV. Olho para os pratos amontoados na pia e penso: *Devia ter posto na máquina de lavar louça ontem à noite.*

Uma hora mais tarde, depois de uma revigorante corrida no Central Park com o meu cachorro, ainda estou estimulada pelas endorfinas quando entro no banheiro para me aprontar para o trabalho. Sinto-me forte e saudável, ativa e otimista. Meu marido e as crianças estão acordados agora, fazendo seu ritual da manhã, o que me assegura de que o mundo está em ordem. Ao entrar no chuveiro, dou uma olhada no espelho e penso: *Oh, é verdade, ainda detesto os meus quadris.*

Você vê nisso um modelo? Pelos padrões da maioria das pessoas, tenho tudo. Mas, mesmo assim, nesta bela manhã, sou atormentada por um sentimento de descontentamento. Prejudico a minha felicidade, como se dissesse a mim mesma: *Eu não mereço tudo isso.* E sempre que tento me sentir bem em relação a mim mesma e às minhas realizações, meu pensamento seguinte é: *Quem você pensa que é?*

Tenho um nome para tais pensamentos – discurso do não – e me acostumei a aceitá-los como companheiros constantes. Tomados individualmente, eles não são ruins ou depressivos. Na verdade, servem como alarmes importantes, soando quando estou arriscada a ficar muito satisfeita comigo mesma. Eles me dão a necessária contenção para a arrogância.

Juntos, porém, esses "copo-meio-vazio-ismos" podem ameaçar os fundamentos da vida que construí com o meu marido e a minha família. Mesmo em face da esmagadora evidência de que sou afortunada e amada, eles provocam em mim sentimentos de imperfeição, culpa e estresse.

Eu disse *em mim*? Quis dizer em *nós*. Todas nós. Todas as mulheres.

Lutamos todos os dias para alcançarmos uma vida feliz e equilibrada, mas permitimos que um mínimo deslize nos abale. E, geralmente, são as pequenas coisas que nos derrubam – enfrentamos os grandes problemas com coragem, paciência, até mesmo com elegância.

A perniciosa tendência que descrevi acima – o negativismo, o perfeccionismo, a autossabotagem e o descontentamento – é a maior ladra de felicidade na vida de muitas mulheres. Estes sentimentos são como uma doença, um câncer emocional que você pode e deve aprender a curar. Com a nossa ajuda, conseguirá.

Na verdade, o próprio processo de escrever este livro com uma coautora – uma psiquiatra talentosa e compreensiva (e singularmente afável) – quase curou completamente os meus maus hábitos. Digo *quase* porque o autoconhecimento é um processo contínuo que nunca realmente termina. A cena matinal acima era a eu antiga, mas, de certa forma, aprendi a pensar de modo diferente, ser mais feliz todos os dias e a viver com menos conflito interior. Também aprendi que tenho de lidar com minhas doses diárias de felicidade, reconhecendo-as quando as encontro e apreciando aqueles momentos, quando aparecem. Acontece que na maior parte do tempo sou mais feliz do que penso que sou. Talvez você seja também. Estamos aqui para ajudá-la a descobrir essa verdade por si só.

Ser mais feliz é como estar em forma; você tem de trabalhar para isso

Como editora de revistas femininas por mais de 15 anos – ajudando mulheres a se conhecer melhor e perceber a sua saúde e bem-estar – aprendi que as pequenas coisas podem ser opressivas para muitas mulheres, enquanto, em comparação, acontecimentos devastadores (doença, perda, divórcio etc.) podem se tornar galvanizadores (como em *O que não me mata me faz mais forte*).

Os acontecimentos que, com maior frequência, conseguem roubar nossa felicidade são os detalhes minúsculos que permitimos penetrar sob a nossa pele. Como eu sei isso? Porque, mês após mês, em e-mails e cartas ao editor, por meio de pesquisas e apurações on-line, juntamente com perguntas formuladas por leitoras a uma equipe de renomados especialistas, ouvi o que está na cabeça dos 6 milhões de leitores mensais da *Self*: discussões pesadas, tensões entre amigos, brigas de família, problemas de dinheiro, conflitos com mães, irmãos, colegas, chefes e até conosco, resultando em culpa, arrependimento, saudade, insegurança e na busca da perfeição em todas as áreas.

Mesmo como editora-chefe de uma das mais populares revistas sobre estilo de vida e bem-estar, lidei com a necessidade de me sentir feliz e saudável. É uma forma de disciplina, como manter-se em forma, ou não gastar muito dinheiro, ou comer coisas saudáveis. E só porque você "chega" a estar em forma, magra, sem dívidas ou feliz, isso não significa que você consiga se manter assim sem se esforçar. Você tem de apreciar os momentos perfeitos, quando eles se apresentam, e compreender que nem tudo tem de ser perfeito para você apreciar sua própria felicidade. Nesse ínterim, tente entender que esses momentos exigem uma combinação de atenção e prática, já que você pode treinar seu cérebro a adotar um pensamento positivo, tanto quanto aprender a começar a ser uma pessoa mais feliz. A princípio, isso exige que você elimine maus hábitos e os substitua por bons hábitos. Mas vai ficando mais fácil. Como uma jogadora de tênis que precisa mudar a empunhadura para assegurar que o seu *backhand* não vá de encontro à rede, depois de algum tempo a lembrança do músculo do seu poderoso *swing* se torna mais instintiva. Pratique bastante e, finalmente, você golpeará a bola sem ter de pensar no seu movimento durante o processo – seu corpo sabe o que fazer. Isso vale também para pensamentos mais felizes: parece estranho no princípio, mas depois de um tempo você começará a encadear os momentos positivos com facilidade.

Para mim, o ponto crítico foi o dia em que percebi que precisava mudar meu modo de pensar e, realmente, fazer isso. Depois que tomei essa decisão (principalmente), eu quis, ao mesmo tempo, escrever um livro para ajudar outras mulheres a fazerem o mesmo. Eu estava ansiosa para formar uma dupla com a melhor profissional em saúde mental, alguém que fosse tanto uma clínica talentosa quanto uma pessoa realista, com a qual você deseja compartilhar a história da sua vida, alguém que não emite julgamentos nem palavras afetadas.

Tive bastante sorte em encontrar a parceira perfeita, dra. Catherine Birndorf. Ela é especialista em saúde mental de mulheres e pode ajudar a quase qualquer uma a encontrar a felicidade, mostrando-lhes como reconhecer a participação delas próprias nas suas realidades emocionais. Faço o papel de "cada mulher" no contexto deste livro, e conto as minhas histórias na primeira pessoa como uma maneira de esclarecer os processos dos pensamentos comuns, enquanto Catherine fica na retaguarda, como especialista, sempre referida pelo nome. O que compartilhamos é uma filosofia comum, que as mulheres não são vítimas, mas arquitetas de seu próprio destino emocional.

O primeiro passo é identificar padrões que possam estar envolvendo-a numa dinâmica infeliz. O seguinte é fazer entender que você tem uma escolha, que se alguma coisa não está funcionando bem em sua vida, você tem o poder de mudá-la. Por intermédio do autoconhecimento e da compreensão de como esses padrões funcionam, Catherine nos ajuda a ver que cada uma de nós pode ter uma vida mais feliz.

Aguente firme! E outros conselhos inúteis

Jamais quis ir a um psiquiatra. Sou da escola da rigidez afetiva, até comigo mesma. Meus amigos sabem que o meu lema sempre foi "Aguente firme". Quando digo isso, quero essencialmente dizer: *Não se lamente!* Consigo, geralmente, escapar de uma depressão dizendo para mim mesma: *Pare de se lamentar – olhe em volta e veja tudo de bom que você tem, como você tem sorte!* Quando fico estressada por estar muito ocupada, lembro a mim mesma: *Você tem sorte de ter um emprego, uma família, uma lista de "coisas a fazer" que a deixa sempre ocupada.* Tento não reclamar e, em vez disso, sentir-me grata por tudo que tenho e pela sorte de poder contar com isso diariamente.

Odeio minha bunda hoje? Quero me penitenciar por uma queixa tão frívola e digo a mim mesma: *Pense na sua amiga lutando contra um câncer, que adoraria estar se queixando da celulite em vez da quimioterapia.*

Muitas contas para pagar? *Corte os cartões de crédito, congele-os ou pare com esse comportamento que a faz gastar muito* – digo a mim mesma.

Frio, chuva, manhã chuvosa? *Vista uma roupa quente e saia correndo por aí! Não existe essa coisa de tempo ruim, existe apenas um planejamento malfeito. Ou a escolha de roupas erradas.*

Por muito tempo, a rigidez afetiva funcionou para mim. Mas, então, percebi que essa não é a maneira de resolver problemas, é apenas um modo de empurrá-los para baixo do tapete. E eu ainda ficava zangada... comigo. E eu estava "aguentando firme"... comendo muito, bebendo muito vinho, não dormindo bem, ficando extremamente cansada, ficando ofendida e sofrendo de recorrentes sinusites. Mais ainda, engordei dez quilos. Eu era uma fonte de pensamentos negativos. Afinal, decidi, felizmente, parar de me sabotar.

Mesmo quando as mulheres conseguem fazer as coisas certas para seus corpos – exercitar-se regularmente e comer direito –, muitas vezes não se sentem *bem* em relação a elas mesmas. Relaciono

– e sempre tentei editar uma revista que defenda como sua filosofia central – que estar em forma e saudável é apenas um componente do bem-estar; a outra metade da equação é como a pessoa se sente *por dentro*. Mas tudo parece desmoronar quando você não se sente tão bem ou acha que não está na sua melhor forma.

A *Self* descobriu um outro fato interessante na pesquisa: de todas as coisas que levam as mulheres aos médicos (alergias, dor de estômago, dor de cabeça etc.), a queixa número um é a ansiedade ou os sintomas a ela relacionados. Logo descobri que a felicidade – ou o que, depois, entendi ser satisfação – era o verdadeiro objetivo para as mulheres, e não barriga sarada, pele brilhante, um parceiro maravilhoso ou uma confortável conta bancária (embora isso possa ajudar).

Decidi, há cinco anos, que a *Self* precisava de um especialista em felicidade. Nós já tínhamos um especialista em *fitness*, um doutor em medicina do esporte, dois nutricionistas e vários especialistas escrevendo sobre assuntos desde beleza até cinesioterapia. O lado físico estava coberto. Percebi que a saúde emocional era o verdadeiro assunto subjacente, mais do que outros aspectos físicos, e a *Self* precisava de alguém para ajudar as nossas leitoras com seus problemas internos.

Naquela mesma semana, fiquei animada assistindo a uma entrevista com uma jovem psiquiatra no *Today Show*, em que falava sobre os problemas relativos à saúde mental das mulheres. A dra. Catherine Birndorf mostrava-se viva, inteligente, perceptiva e de mente aberta, enquanto discorria sobre a ligação entre o nosso eu físico e o nosso eu emocional, e como a saúde mental é um componente vital para a saúde física. Percebi que falava sobre mim – e sobre todas as mulheres que eu conhecia.

Decidi, na mesma hora, que a *Self* precisava da dra. Birndorf. Pronto! Encontrei-me com ela no Weill Cornell Medical Center, onde ela havia fundado o Payne Whitney Women's Program, e transmiti o convite, em nome da revista, para que assumisse uma seção de Perguntas & Respostas sobre a felicidade. Comecei também a conversar com ela, regularmente, sobre por que os momentos de júbilo das mulheres ou até de satisfação própria tendiam a ser transitórios, e por que esses períodos prolongados entre os momentos alegres são contaminados pela nossa incapacidade de apreciar todas as coisas boas ao nosso redor.

Não é o típico psiquiatra

Catherine e eu sempre gostamos de ajudar as pessoas, mas fazemos isso de maneiras diferentes. Meus amigos mais chegados dizem que eu sou "a polícia de um estilo de vida", sempre dizendo a todos o que fazer! (Eles sorriem quando dizem isso. Geralmente.) Catherine é o tipo de pessoa que um turista pararia na rua para pedir informações. Ela ouve pedidos de conselhos nas lojas, nos ônibus ou no metrô. Se sou a editora que partilha queixas comuns, mas que também tem acesso aos especialistas que podem nos ajudar, Catherine é a psiquiatra que procuramos para consultar – um médico acessível que não é assustador ou distante. Ela é a ouvinte atenta, aquela que você quer que lhe diga o que fazer, mas não o dirá, porque o seu trabalho, afirma ela, é ajudá-la a descobrir por si própria.

Ela não é aquele psiquiatra típico, embora odeie ouvir isso, pois parece não somente rebaixar toda a sua profissão, como também a coloca em uma posição que a faz sentir-se menos séria. No entanto, "apesar" de sua personalidade afetuosa, ela é também uma especialista experiente e respeitada em saúde mental feminina, que tem o conhecimento, a habilidade clínica e um toque prático que a torna notável em sua carreira.

Assim, sou a editora amorosamente severa da revista feminina que quer capacitar as mulheres a se ajudarem, e Catherine é a profissional que diz que, primeiro, elas precisam de uma pequena ajuda para conseguir isso. Nós nos complementamos.

Afinal de contas, nossas opiniões não importam; o que importa é que ambas queremos ajudar as mulheres a ter opinião própria, seguir sua bússola interna. Chegamos ao mesmo objetivo partindo de pontos diferentes do espectro. A minha abordagem tem sido dizer "mude isso", e a de Catherine é a de que, primeiro, "você tem de *lidar* com isso". Este livro irá ajudá-la a fazer as duas coisas.

Histórias individuais, emoções universais

Não utilizamos, por motivos éticos, as histórias pessoais de nenhuma das pacientes de Catherine ou as histórias que aparecem na *Self*, mas estas duas fontes orientam a nossa *expertise*. A combinação dos

nossos quase trinta anos de experiência, tratando de assuntos importantes para as mulheres, orienta cada página deste livro, já que reconhecemos emoções universais nas histórias individuais.
Nenhuma mulher é igual a outra, mas garantimos que você se verá em algumas destas páginas. Você reconhecerá os dilemas emocionais e as ciladas da felicidade que evidenciamos nessas histórias, cada uma delas extraída de centenas de mulheres ao redor do país, entrevistadas por nós durante quase dois anos. Por motivos óbvios (elas falam sobre sexo, dinheiro, parentes, irmãos, amizades, dificuldades com o próprio corpo), ocultamos alguns detalhes (mas insignificantes) de suas vidas. Nenhuma tem o nome revelado, a não ser quando isto é especificado, e você não deve tentar imaginar quem são elas. Elas são mulheres generosas dispostas a partilhar; poderia ser qualquer uma de nós, e agradecemos a elas por contarem suas histórias. Se você acha que reconhece uma paciente ou amiga da autora, ou até a si própria, compreenda que cada uma delas pode ser qualquer pessoa – inclusive você.

Sua vida é como uma casa de muitos cômodos

Sabendo quanto ela era capaz de ajudar as leitoras da *Self* mensal a resolver os seus problemas, pedi a Catherine que escrevesse um livro comigo sobre como as pequenas coisas nos deprimem e como incorporamos os conflitos, em vez de lidarmos com eles de maneira saudável. Ela ficou tão animada quanto eu e, juntas, achamos um modelo que funciona.

A ideia é ver sua vida através da metáfora de uma casa, na qual cada cômodo corresponde a uma área emocional diferente. O quarto representa sexo e amor, a sala é para os amigos e sua vida social, o escritório representa sua carreira, dinheiro e vida profissional. Ser feliz em um cômodo é muitas vezes traiçoeiro, na medida em que você pode estar fisicamente em um cômodo e emocionalmente pensando em outro. Um cômodo desarrumado pode deprimi-la, mesmo que os outros estejam limpos e arrumados. Inversamente, um cômodo arrumado pode ajudar a levantar o seu ânimo, se você souber como usar isso.

Estamos aqui para ensiná-la como limpar os cômodos desarrumados e fechar as portas dos outros, para que, dessa forma, você possa ser mais feliz em toda a sua casa, todos os dias. Com essa metáfora, você aprenderá não só como ser mais feliz em cada cômodo emocional, mas também como viver o momento e apreciar o cômodo em que está, não se importando com a bagunça existente nos demais.

Ao avaliar os problemas que surgem nas entrevistas dos próximos capítulos, mostraremos a você como resolver os problemas. O processo que desenvolvemos funciona, e sou uma prova disso. Agora é a sua vez.

1

O que a deixa estressada quando tudo devia estar ótimo?

Todo mundo está implicado com *alguma coisa*, mesmo quando, aparentemente, tudo parece certo. É uma constante em nossas vidas. O próprio ato de nos preocuparmos nos mantém ocupadas, mas pode nos impedir de ver os problemas maiores.

O desafio é perceber o que realmente nos aborrece, quais padrões de comportamento autodestrutivo você quer mudar para ser mais feliz em cada âmbito da sua vida, em cada um dos seus cômodos emocionais. Talvez você possa se ver nesta queixa:

> Aparentemente, você pensaria que tenho tudo: uma casa linda, filhos maravilhosos, marido dedicado. Mas sou feliz? Acho que sim. Não há nada que esteja muito errado. Não há razão para que eu não seja feliz. Mas não me sinto tão feliz quanto simulo ser. Às vezes, tenho a sensação de haver mais, que ainda não encontrei. Mas o quê... e como ouso querer mais? Tudo isso que tenho não é o bastante?

Claro que é. E ela deve ter o suficiente. Então, o que está faltando? Em primeiro lugar, perspectiva. Uma vez que tenha posto todas as coisas pequenas em perspectiva, você pode começar a perceber a sua predileção e objetivo, e descobrir como pode dar uma significativa contribuição ao mundo.

Se você está fixada em toda a bagunça à sua frente, é muito fácil desviar a atenção do quadro maior. Depois de resolver o grande trambolho, fazer alguma coisa tão corriqueira quanto esvaziar a lavadora de pratos pode ser um prazer, se a sua cabeça estiver no lugar certo. Não estamos dizendo que você ficou maluca. É bem o oposto. Tudo que você faz pode ter um propósito, se você se entender melhor.

Quem é feliz?
Não é quem você achava que fosse

Como dizem, o dinheiro não traz felicidade. Nem a fama, o glamour, seu próprio show de TV e todas as coisas que você poderia pensar que contribuiriam para uma vida feliz. Vários estudos têm mostrado que as coisas que você pensa que trarão felicidade – ganhar na loteria, uma casa nova etc. – adiantam pouco para uma satisfação interna a longo prazo. Elas podem servir para uma noite inteira de celebração, mas em breve o seu antigo eu reaparece, o descontentamento e tudo o mais. Os efeitos são temporários – quer o acontecimento seja positivo (um novo emprego) ou negativo (perder o emprego) –; dentro de poucos meses, as pessoas voltam ao mesmo nível de felicidade que tinham antes. Na verdade, uma vez que as suas necessidades básicas estejam cuidadas, ter *mais* dinheiro, *mais* sucesso, uma casa *maior* e assim por diante não trará felicidade duradoura.

Existem vários estudos provando isso. Num estudo longitudinal de 72 anos feito em Harvard, uma pesquisa conduzida pelo renomado psiquiatra dr. George Vaillant observou o que faz os homens felizes durante a sua existência e concluiu que isso estava vinculado a ter bons relacionamentos, particularmente com seus irmãos e amigos, adaptar-se às crises e ter um casamento estável. Evitar fumar, não abusar da bebida, fazer exercício regularmente e manter um peso saudável também ajuda na felicidade individual. É o último de uma série de estudos que basicamente chegam à mesma conclusão: a felicidade está no nosso íntimo.

Na verdade, talvez tenhamos nascido com isso. Ou, pelo menos, com a metade disso. Os pesquisadores acreditam que cada um de nós tem o que se chama um *set point* para a felicidade, tendências e predisposições naturais de cada um que determinam 50% do quociente da felicidade. Os outros 50% são determinados pelo que acontece depois que você nasce. Desta metade, quase 10% dependem de onde e como você vive, as circunstâncias da sua vida. Assim, se você vive numa praia com palmeiras ou numa planície gelada, se tem muito dinheiro ou apenas o bastante para viver, esses detalhes contam apenas um décimo para a sua felicidade. Isso significa que colossais 40% de sua felicidade dependem completamente de você – determinados por como você sente, como reage aos acontecimentos, quais são os seus mecanismos básicos para vencer os problemas. Pense em quanto é 40% de *qualquer coisa*. Como você ficaria satisfeita se ganhasse 40% de aumento ou fosse capaz de acrescentar 40% de longevidade (cerca de trinta anos) à sua vida. Uma mudança de 40% é enorme. E isso é o quanto da sua felicidade você pode mudar com apenas um pequeno esforço. Tudo de que precisa é uma decisão sua de reconsiderar algumas presunções e padrões básicos.

Primeiro de tudo, compreenda que você é o único proprietário da sua felicidade. Você não é uma vítima ou um produto de acontecimentos – você está no comando. Isso pode funcionar da seguinte maneira, no escritório da sua casa emocional: você considera que a terrível situação econômica está "chegando até você", mas é sua a escolha de como reagir contra qualquer coisa que cruze o seu caminho. Imagine que o seu chefe chega à reunião e diz: "A companhia está passando por enormes dificuldades. Temos de cortar os gastos." Você pode dizer: "Sei que vai ser difícil para todos e ajudarei no que puder." Ou correr para o banheiro para explodir em lágrimas e apelar para o seu lado sugestivo, enquanto soluça: "Eu *sei* que vou ser despedida!" Qual pessoa você acha que vai ser demitida?

Ou, em vez de imaginar uma série de tristes acontecimentos, tente pensar no que aconteceria se todas as coisas boas que deseja se realizassem: vamos dizer que você tenha ganho na loteria e, de repente, está de posse de 30 milhões. O que isso iria mudar? Tudo? Nada? Eu viajaria mais, porém faria isso com sérios propósitos sociais. Adoraria criar uma fundação para ajudar as mulheres em todo o mundo a viver vidas autônomas, significativas e saudáveis. Eu iria desistir? Recuar e comer bombons? De jeito nenhum! Ter mais dinheiro não me faria mais feliz – faria crescer em mim a responsabilidade de retribuir e de ser uma pessoa melhor. Poderia propiciar uma mudança no gênero do meu trabalho ou até mesmo de endereço, mas isso não mudaria a minha felicidade. (Ou assim digo para mim mesma; o efeito me faz sentir mais feliz imediatamente.) O que acontece com você e à sua volta não está sob seu controle; como você reage a isso é que está, e, uma vez que compreenda isto, você pode decidir mudar a própria medida de satisfação íntima. Sua tarefa é parar de pensar que os acontecimentos a tornam mais feliz (ou infeliz) e começar a compreender que você é partícipe no como você é, ou não, feliz, e isto é uma coisa muito boa.

2

Você tem a chave de sua própria felicidade

Não acredita em nós? O.k., você está certa. Não é apenas uma chave. É um molho de chaves e, nos próximos capítulos, vamos explicar essas chaves que ajudarão você a quebrar os seus padrões autodestrutivos.

Uma das chaves é a Equação de Relacionamento A + B = C, onde *você* é A, B é alguém com quem você está tendo dificuldade para conviver (sua mãe, seu chefe, seu marido) e C é o relacionamento que você tem com essa pessoa. Você talvez nunca consiga mudar B, a outra pessoa, mas isto não importa. Você tem o poder de mudar o relacionamento alterando A, você própria. Ser capaz de mudar C, o relacionamento, é o que importa, e você pode fazer isso.

Catherine acrescenta que quando uma paciente chega e se queixa de que a mãe dirige como uma maluca, como tem feito durante os últimos 25 anos com sua vida, ela sente vontade de pular de alegria e dizer: "Isso é uma ótima notícia, porque você pode resolver esse problema. Para tornar as coisas melhores, sua mãe não precisa mudar. A única pessoa que precisa mudar é você. E, considerando que você está aqui, nós já sabemos que quer melhorar as coisas. Eu sempre digo: Olha, a minha paciente é você e não a sua mãe, e podemos ajudar você, com certeza. E, ao mudar você, mudaremos o relacionamento."

As chaves estão em seu poder, e você decide qual vai usar para resolver cada um dos problemas que causam sua angústia. Saber que você pode aumentar o quociente de felicidade interna é muito reconfortante e uma grande responsabilidade, uma vez que significa que você tem o poder de mudar – ou não. A decisão é sua.

Sobre o conceito de cômodos e de onde isso veio

Catherine me falou sobre um momento decisivo durante o seu terceiro ano na Escola de Medicina de Brown. Isso veio a ser também uma lição para mim, e foi a origem do conceito principal por trás deste livro. Aqui está a história, contada por ela mesma:

O terceiro ano para um estudante de medicina é, tradicionalmente, um ano excitante e desafiador, porque você fica na enfermaria "experimentando" ser um médico em várias disciplinas. Eu estava no turno pediátrico, sob a tutela da célebre professora dra. Mary Arnold. Fui vê-la para conversarmos sobre a minha carreira, e ela conduziu a conversa para a minha vida pessoal. Recorrendo a décadas de intuição clínica, ela me pressionou para saber o que eu realmente tinha em mente.

Comecei a falar sobre o meu namoro com um estudante de medicina com quem eu vinha saindo havia dois anos. Nós nos divertíamos tanto juntos que ignorei todos os nossos pontos divergentes e impeditivos de um bom relacionamento a longo prazo. Essa é uma das perguntas mais importantes que uma mulher deve fazer a si mesma: como será a minha vida com essa pessoa? Mas eu procurava evitar pensar nisso, provavelmente porque conhecia a resposta.

A dra. Arnold pegou um lápis e desenhou três círculos em um bloco de papel. Cada círculo representava uma área da minha vida com o meu namorado: social, romântica e familiar. A área social era onde partilhávamos os amigos comuns, o círculo da família representava a nossa formação e o círculo romântico, o nosso relacionamento. Depois, pegou o lápis e apontou para cada círculo e para mim, interrogativamente, como se dissesse: como está indo aqui, e aqui, e aqui?

Eu nem precisei responder. Ao ver aquilo no papel, ficou óbvio onde a minha vida estava boa e onde não estava funcionando.

Ela largou o lápis e recostou-se, como se dissesse: a sessão terminou. Com um simples desenho, ela me ajudou a compreender que o meu namoro, por mais que me divertisse, não se integrava bem com o resto da minha vida. Se havia apenas uma área funcionando bem, isso não me faria uma estudante de pós-graduação feliz. Para a maioria das mulheres, ter um parceiro que se ajusta nos três círculos é essencial para uma felicidade duradoura.

Agora, quando penso em relacionamentos, muitas vezes me lembro do diagrama Venn, sobrepondo círculos. No meu modelo, cada pessoa é um círculo completo e o relacionamento está na área do meio, onde os círculos se sobrepõem. As mulheres que estão experimentando muita sobreposição (círculos quase concêntricos) perderam a saudável percepção de si mesmas, enquanto aquelas que têm poucas sobreposições (círculos mal se tocando) têm carência de relacionamento. Esses tipos de problema aparecem, em grande parte, nos quartos de dormir.

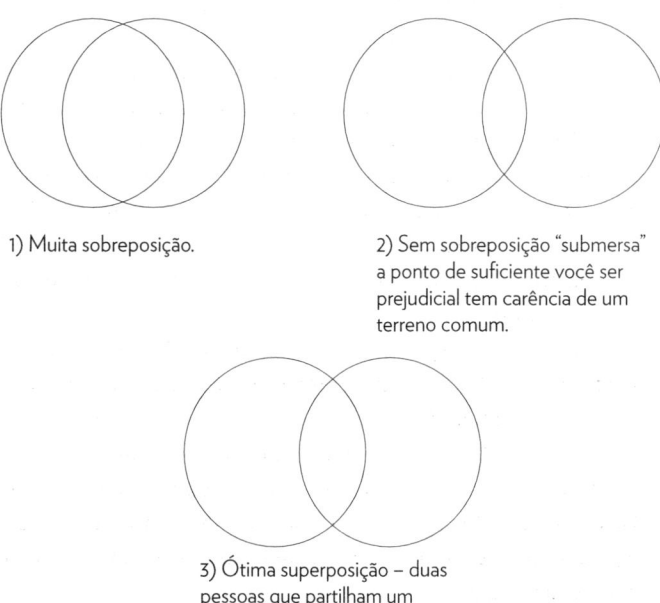

1) Muita sobreposição.

2) Sem sobreposição "submersa" a ponto de suficiente você ser prejudicial tem carência de um terreno comum.

3) Ótima superposição – duas pessoas que partilham um relacionamento saudável

Catherine contou-me essa história durante um almoço. Ela desenhou os círculos conectados e, quase que de imediato, tudo se tornou compreensível – percebi que a minha vida podia ser descrita como uma série de espaços e, juntas, Catherine e eu transformamos aqueles espaços nos cômodos de uma casa de mulher. Uma casa emocional.

Vimos que essa casa era uma forte metáfora de como as mulheres vivem e pensam. Vamos de cômodo em cômodo o dia inteiro, alternando funções e exigências com facilidade. E, no entanto, muitas vezes não estamos emocionalmente no cômodo em que nos encontramos fisicamente, por estarmos preocupadas com a bagunça na sala, lá embaixo. Isso faz com que seja impossível nos divertirmos e sermos felizes naquele momento.

A metáfora de cômodos emocionais é esclarecedora, já que pode ser usada para apreciar os aspectos de nossas vidas que estão indo bem, mesmo quando há algumas áreas que talvez precisem de uma pequena limpeza.

Como construir sua casa emocional

O primeiro passo é levantar algumas paredes e, em seguida, delinear quais sentimentos e comportamentos são apropriados para cada cômodo.

Passeemos por eles:

1. **O quarto** é onde você explora a intimidade – sexo, amor, desejo: nossa ligação com o nosso cônjuge ou nossa procura por um parceiro de vida.
2. **O banheiro** é onde você encara os problemas de saúde, bem-estar, vaidade, imagem do corpo, peso e idade.
3. **A sala de lazer** é onde você lida com os que lhe são mais próximos, como pais, filhos e outros mais chegados e queridos.
4. **O porão** está cheio de lembranças da infância, da sua formação, dos seus anos de escola e de todas aquelas memoráveis experiências que modelaram a sua vida.
5. **A sala de visitas** é onde acontecem os encontros sociais; aqui você lida com seus amigos, vizinhos e com todos os tipos de comparações entre si, como a inveja, por exemplo.
6. **A cozinha** diz respeito à alimentação e ao sustento emocional, até mesmo, algumas vezes, à comida. Você discute pequenas

tarefas e a divisão do trabalho aqui, na mesa multifuncional da cozinha.

7. O quarto das crianças diz respeito aos cuidados paternais e maternais, assim como às perguntas sobre ter ou não filhos.

8. O escritório é o seu emprego, sua carreira e outros trabalhos significativos. É também onde você se envolve com dinheiro e segurança financeira.

9. O sótão, nessa casa, guarda peças de herança emocional: expectativas dos seus ancestrais – de onde você veio e para onde querem que você vá.

É assim que construímos a nossa casa. Há muitas outras maneiras de fazer isso. Você pode decidir ter diferentes números de cômodos. Ou seus cômodos podem ser usados para outros propósitos. O que achar melhor. Você tem a chance de desenhar uma casa emocional que funcione para a sua vida.

E que casa seria completa sem um anexo? É por isso que incluímos um Décimo Cômodo, aonde você vai para fugir, pensar ou sonhar, para contemplar ou vegetar, fazer seja lá o que goste, ou não fazer nada, apenas desfrutar a solidão. Mas não é um lugar para você se autodestruir com álcool, drogas ou biscoitos. É um espaço positivo, produtivo, onde você pode pensar sobre as suas predileções e talvez até mesmo achar o seu objetivo, a atividade que seja mais significativa para você.

Você deve visitar esse Décimo Cômodo regularmente. Pode ser quase um lugar espiritual, considerando que é ali que você vai voltar ao seu verdadeiro eu, à pessoa que você é, quando não há ninguém por perto. Esse décimo espaço não precisa sequer ser um cômodo – pode ser uma atividade tal como correr ou andar, ler ou meditar, cozinhar, pôr roupa para lavar na lavanderia ou costurar –, mas é um espaço mental onde você pode pensar.

O Décimo Cômodo é onde você trabalha em você e realmente se torna a arquiteta da própria vida. Mas, primeiro, temos de arrumar os outros cômodos.

Quantos cômodos estão arrumados? Só um? É o bastante! Esse é um ponto muito importante. Você não precisa ter os nove cômodos arrumados para ser feliz. Ninguém jamais tem todos eles arrumados ao mesmo tempo. Na verdade, um processo-chave é aceitar bem os conflitos, eles a ajudam a aprender como estar feliz, mesmo que as coisas não estejam certas em todas as partes da sua vida. Isso é essencial, já que talvez você precise fechar a porta desse cômodo desarrumado e voltar a ele mais tarde, quando tiver tempo e vontade de limpá-lo.

A boa notícia: deve haver mais cômodos arrumados em sua casa do que você pensa. A má notícia? Você muitas vezes está no cômodo errado e precisa ir à fonte do problema para depois retornar. A melhor notícia é que, uma vez tendo feito a faxina pesada, você não precisa fazer isso outra vez. Seus cômodos ficarão tão bem arrumados que bastará uma leve espanada ou arrumação para que você se sinta feliz e descansada por um longo tempo.

Diga isso alto: Estou no cômodo errado!

Muitas vezes você não percebe, mas está sabotando seus relacionamentos e sua felicidade ao permitir que pensamentos provenientes de um cômodo desarrumado ditem seu comportamento em outros.

Aqui está um exemplo: não está havendo bastante sexo? Vocês dois se amam, mas, depois de um impasse ou de uma briga seguida de momentos de silêncio, voltar a um bom relacionamento não é fácil. As brigas são sempre sobre as mesmas coisas. Você está cansada e ele não está se esforçando para ajudar em casa. E o dinheiro não está entrando como antes, desde quando ele teve de aceitar um emprego com salário menor. Se, pelo menos, ele ajudasse mais na casa, isso aliviaria um pouco as preocupações e lhe daria um momento de relaxamento, sentar e pôr os pés para cima depois do jantar, e, quem sabe? Se ele arrumasse os pratos na máquina de lavar e lhe fizesse um carinho, por pequeno que fosse, as coisas poderiam começar a mudar. Assim, o problema não está no quarto, absolutamente; pode ter começado no escritório, onde as contas são pagas, ou na cozinha, onde vocês dividem as tarefas de casa.

Não pode aliviar a sua ansiedade no escritório, porque o problema *real* é uma diferença filosófica entre você e seu companheiro sobre o quanto gastar e o quanto economizar? Talvez você precise visitar o porão para explorar as lembranças da infância sobre os problemas de dinheiro da família. Mas a conversa deve começar na mesa da cozinha, e não no quarto. Quando, finalmente, voltarem para a cama, espera-se que vocês estejam mais animados e mais amorosos. Uma coisa é certa: reprimir o sexo não resolverá os problemas domésticos, só causará mais brigas.

Estamos sempre conscientes das coisas que correm certas (ou erradas) nos outros cômodos: contas a pagar, comportamento das crianças, tensões no trabalho etc., e isso torna quase impossível ser feliz no momento, até mesmo na cama. E aí está o problema. Você precisa aprender a fechar algumas portas.

Limpamos nossa casa real, mas raramente nossa casa interna

As mulheres são, por natureza, protetoras, cuidando frequentemente daqueles à sua volta antes de ajudar a si mesmas. A maioria das mulheres concentra seu tempo livre no mundo externo, os componentes de sua vida que existem na sua casa real: relacionamentos, filhos, emprego, parentes e o que vier disso. Limpamos e cozinhamos, lavamos roupa e saímos para trabalhar, levamos os filhos para passear de carro nos fins de semana e, quando temos um tempo livre para nós, é geralmente para o eu exterior que damos atenção: nos concentramos (alegremente, na maioria das vezes) em nos vestir bem, ir ao cabeleireiro, melhorar a aparência, ir à academia. E apesar de ser conveniente, até mesmo agradável, apresentar uma pessoa refinada ao mundo, isto não é idêntico a cuidarmos do nosso interior.

Às vezes, a separação entre o eu exterior e o eu interior é tão grande que não há conexão entre a pessoa que você projeta para o mundo e aquela que você identifica como a melhor versão de si mesma. Um dia, você acorda e não gosta ou do seu interior ou do seu exterior e pensa: o que *aconteceu* comigo?

Este livro não é sobre perda de peso...
Mas eu perdi dez quilos ao escrevê-lo

O que *você* quer perder? Que mau hábito ou comportamento autodestrutivo quer mudar? Você repete o mesmo padrão vezes sem conta (há anos) e nada evolui?

A aplicação dos conceitos deste livro ajudou-me a ver como eu ligava a minha felicidade à imagem do meu corpo, como eu usava o açúcar para tratar a minha ansiedade e o vinho para imergir no que eu chamava de meus "picos de estresse". Trabalhando com Catherine na minha sala de lazer e em outros cômodos bagunçados, fui capaz de ver que eu caíra em hábitos autodestrutivos (eu internalizava todo o estresse, atritos e conflitos com pessoas que amava). E, pelo simples fato de mudar a minha vida emocional interna, fui capaz de perder peso sem fazer uma dieta específica (*odeio* dietas!). Eu não precisava de tanta comida para me satisfazer, já que agora eu comia por prazer e sustento, não para me sentir melhor ou mais calma.

Este livro não é sobre perda de peso: é um livro sobre soluções de vida. Você pode ficar obcecada por algo em sua vida que está dando errado ou pode aprender a deixar as coisas que estão indo bem serem catalisadoras, edificarem o bom e minimizarem o mau numa reação positiva em cadeia, em que você deixa um acontecimento bom ser a centelha para mais coisas positivas. Quando você faz isso, de repente fica "tudo bem". Ou, pelo menos, *muito melhor*.

A maravilhosa ironia disso é que, se você toma mais cuidado com o seu eu interior, o seu eu exterior, em consequência, parecerá e se sentirá melhor. Não comecei com a intenção de mudar o meu corpo, mas, ao pôr a minha casa em ordem, mudei tudo: o eu interior, o eu exterior e minha forma de me relacionar com o mundo. As chaves estão aqui para você fazer isso também. Fique pronta para ser feliz.

3

Você é mais feliz do que pensa

Houve um tempo em que Catherine e eu pensávamos que as únicas pessoas realmente esclarecidas eram aquelas que haviam passado por uma experiência de morte iminente ou perdido uma pessoa querida. Pensávamos que aquelas experiências traumáticas tornavam os sobreviventes agradecidos e sensatos para sempre. Nós estávamos erradas. Tais experiências sofredoras podem mudar sua vida... mas, aparentemente, só por algum tempo. Depois, você volta ao seu antigo eu, para melhor ou para pior.

Quando trabalhava no Guia Anual do Câncer na Mulher da *Self,* que foi cofundadora da Fita Rosa para o Conhecimento do Câncer do Seio em 1992, encontrei muitas mulheres que haviam enfrentado o desafio de uma vida ameaçada – diagnosticadas com adiantados estágios de câncer no seio ou, igualmente ameaçadores, câncer de ovário ou metástase de melanoma. E haviam sobrevivido. A maioria dessas corajosas mulheres diz a mesma coisa: a difícil lição que aprenderam, quando enfrentaram a morte, torna-se menos marcante com o tempo. Assim que o cabelo cresce depois da quimioterapia, uma vez que você está "curada", você retoma os mesmos traços de sua antiga personalidade e conceitos de comportamento que tinha antes. Ninguém sabe se isso faz parte do nosso mecanismo de sobrevivência ou se é simplesmente a nossa felicidade se reafirmando.

Michelle, uma mãe que trabalhava em Los Angeles, agora nos seus quarenta anos, que sobreviveu a uma luta contra um câncer de cólon há dez anos, explica isso desta maneira:

> Você sabe que está curada e saudável e as coisas voltaram ao normal quando você se irrita com as pequenas coisas. É como uma bênção, as boas-vindas na volta ao mundo dos vivos. Porque, se posso ralhar com o meu filho por ele não ter arrumado a cama, nós

dois sabemos que voltamos ao normal. Eu sou apenas a mãe, não a mãe com câncer, que podia morrer em breve. Adoraria dizer às pessoas que a gente adota um modo de vida mais alegre e agradável depois de passar por algo assim, mas a verdade é que você, no final das contas, volta a ser a mesma pessoa outra vez.

Ela acrescenta que você adquire uma nova e maior perspectiva, a qual insere as irritações dentro de um contexto, e que isso tudo faz parte de uma vida normal e feliz. Michelle diz que tenta lembrar de não se estressar, mas acrescenta: "Não há nada de errado com as vicissitudes, com os aborrecimentos bobos. Sei que tenho sorte e sou grata, mas isso não significa que tenha de me sentir assim a cada segundo." Assim, parece que a lição é que "normal" significa ter altos e baixos. A virtude é saber apreciar ambos.

É possível aprender a amar sua vida e as pessoas que fazem parte dela sem ter uma briga com a morte. Consideremos os contrastes comoventes da vida e o casamento de Catherine. Catherine e seu marido, Dan Labow, cursaram a faculdade de medicina, mas escolheram caminhos diferentes para ajudar as pessoas – Dan é um renomado cirurgião-oncologista, especializado em um dos tipos de câncer mais graves: pancreático; Catherine é uma respeitável psiquiatra que atende mulheres envolvidas em crises de relacionamento e depressão, e orienta família e carreira, incluindo gravidez, infertilidade e maternidade.

Quando Dan recebe um novo paciente, alguém recentemente diagnosticado com câncer no pâncreas, ele está recebendo alguém que deve ter mais esperança do que tempo, enquanto os pacientes novos de Catherine chegam com mais tempo do que esperança.

Imagine que os seus novos pacientes pudessem trocar de lugar pelo menos por um dia. Como a sua perspectiva mudaria, se pensassem que poderiam possivelmente morrer dentro de um ou dois anos? Abandonariam os rituais diários? Mudariam tudo? Não mudariam nada? Se você pudesse imaginar por pelo menos um minuto que hoje é um dos últimos dias que passará no planeta, você apreciaria as coisas pequenas ou as desprezaria? O que você sentiria mais profundamente? Se tivéssemos que predizer sua resposta, seria: gratidão, amor irresistível, empatia e apreciação. Mas você não poderia sustentar isso durante cada minuto (mesmo que fosse por um dia), já que seria impossível. Não é próprio da condição humana.

Essa ideia é fortemente dramatizada na minha peça favorita, *Our Town*, de Thornton Wilder, onde o mundano toma um significado extra depois que Emily, a jovem personagem ingênua, morre, mas pode voltar a viver um dia de sua vida. Ela escolhe o dia de seu décimo segundo aniversário, porque fora um dia cheio de alegria. Ela não quer escolher um dia expressivo, como o dia em que se casou ou soube que estava grávida. A certa altura, ela pergunta ao contrarregra (o narrador da peça) se os seres humanos sempre apreciavam "todos, todos os minutos". Ele responde: Os santos e os poetas, alguns momentos apenas. É impossível apreciar "todos os minutos", mas, se tivermos sorte, podemos apreciar alguns momentos.

Na minha vida, tento identificar esses momentos, sempre que posso. Chamo isso de "momentos perfeitos", porque me fazem ver que a minha vida é cheia de bênçãos. Todas as nossas vidas são. Para mim, a melhor ocasião para identificar um momento perfeito é quando estou à beira-mar com pessoas queridas e vejo a luz resplandecente do sol faiscando na água, e posso tirar uma fotografia mental desta cena linda e dizer a mim mesma: é isso aí, um momento perfeito. E sinto que a minha vida é afortunada, abençoada e completa. E então, sem mais nem menos, o momento desvanece. Foi interrompido por alguma coisa e não posso fazer com que ele volte.

Aprender a não deixar que pequenas coisas a deprimam e apreciar os "momentos perfeitos" de um dia comum é trabalho para uma vida, mas há alguns truques que a ajudarão a transformar o discurso do não e seus hábitos autodestrutivos em um comportamento positivo, caso você queira.

Sejamos realistas – há coisas sérias que causam depressão

Não esperamos que este livro possa ajudar alguém a lidar com estresse e medo quando se enfrenta situações de vida ou morte, o trauma do divórcio ou a completa ruína financeira. Chamamos isso de problemas A, B, C. Este livro se destina a problemas X, Y, Z, aqueles pequenos problemas que devem vir no fim da lista de "O que está me contrariando?", mas que tendem a assumir a primazia em nossa mente. Quando os problemas X, Y, Z persistem, podem crescer rapidamente até atingir os níveis A, B, C, já que, por exemplo, uma mulher enfastiada que procura excitação talvez fique tentada a ter um caso e, assim, o que começou como um problema pequeno (falta de estímulo) rapidamente cresce e se torna um grande problema (tentação de deixar o casamento). Então, se não estamos felizes, mesmo quando tudo está o.k. no nosso mundo, podemos culpar o nosso marido ou as circunstâncias, em vez de olharmos para dentro de nós em busca de respostas. Se não chamarmos a atenção para eles, os problemas X, Y, Z, como descritos neste livro, podem se tornar problemas A, B, C, antes mesmo que você perceba. Cabe a você controlar X, Y, Z para que fiquem no fim do alfabeto, e se concentrar no que realmente importa na sua vida.

Mesmo que não haja razão para ficar ansiosa, as mulheres criam razões, e muitas vezes ficamos ruminando as coisas erradas, de acordo com o estudo da *Clinical Psychology & Psychoterapy*, no qual ficou demonstrado que 85% das coisas com que as mulheres se preocupam nunca chegam a acontecer. E mais, acrescentaríamos, as mulheres passam um tempo excessivo se atormentando com coisas que não podem controlar. Ainda assim, tais pensamentos nos incomodam dia e noite. A preocupação, em geral, parece ser uma epidemia feminina. Veja se algumas dessas queixas lhe parecem familiares:

- Sempre que há uma dificuldade financeira em nossa família, me parece o dia do Juízo Final. Estamos falidos. Vamos perder tudo! Voltarei a me sentir segura?
- Quando me olho no espelho, me comparo com uma amiga que parece dez anos mais moça. Por que não pareço tão jovem quanto as outras mulheres? Ou tão bonita?
- Meu marido é muito mais paciente com os filhos do que eu. Por que não posso ser como ele? Perco as estribeiras. Preciso de um descanso.
- Por que perdi tempo assistindo àquele filme tolo ontem à noite, quando podia estar lendo, trabalhando, pagando contas, dormindo? Tenho tanto o que fazer!

- Constantemente me pego refletida em uma janela e me acho gorda. O que os outros acham? Se eu fosse o meu amante, iria querer dormir comigo?
- Se pedir um aumento à minha superiora, ela vai rir – ou me demitir. Não sei como progredir. Trabalho tanto quanto qualquer um, mas não sou valorizada.
- Vejo, com preocupação, que a vida está passando por mim. Se eu fosse rica ou famosa, seria mais feliz. E poderia dar uma contribuição mais significativa ao mundo.

Catherine ouviu todos esses e muitos outros pensamentos negativos das suas pacientes, amigas e de todas as mulheres que conhece – esse monólogo interior é como música de elevador para muitas de nós, tocando constantemente como trilha sonora de nossas vidas. Se você não tem uma estratégia eficaz para lidar com esses problemas menores, eles podem se tornar grandes problemas. É por isso que as mulheres precisam repensar e mudar o paradigma.

Sua memória quer que você recorde os bons tempos

A memória é um filtro, editando nosso passado como um programa de recados e mensagens no computador. Você faz uma viagem, e todas as fotos que entram no álbum mostram você sorrindo, se divertindo, aproveitando o passeio. Uma foto de crianças emburradas ou tirada debaixo de uma chuva não entra nele, assim como outras fotos desagradáveis são descartadas. O total dos eventos positivos permanece, e até mesmo, com o passar do tempo, procuramos transformar uma história embaraçosa da infância em algo palatável. Uma lembrança realmente desagradável pode permanecer intacta para nos proteger contra prejuízos futuros, já que, se nós nos ferimos, precisamos nos lembrar de não fazer isso novamente.

Mas o filtro é seletivo, e Catherine explica isso como o "efeito do parto". Se você realmente se lembra de toda a dor que sentiu ao dar à luz, nunca mais vai fazer isso. Talvez seja essa uma das razões por que nossas mentes amenizam as partes ruins, nos deixando acreditar que nosso passado foi repleto, na maior parte, de lembranças positivas ou, pelo menos, que a dor "não foi tão ruim assim".

Na minha adolescência, minha família costumava ir de carro de Manhattan até o sul de Vermont, nos fins de semana, para esquiar. Eu me divertia durante as longas horas no carro escuro com o meu irmão, contando as luzes de Natal ou tentando acertar as placas dos carros. Chegando lá, dormíamos amontoados em beliches, no condomínio de um amigo da família, e acordávamos cedo para passar os longos dias gelados em corridas no gelo, perseguindo meus amigos mais rápidos pelas rampas e desviando perigosamente dos postes dos teleféricos. Lembro-me de que adorava cada minuto daquilo; então, quando meus filhos já estavam bastante crescidos para esquiar, enfiei todos no carro e dirigi mais de quatro horas numa noite escura de sexta-feira, tentando recriar aquela divertida experiência de união familiar. Foi, para dizer o mínimo, mais difícil do que pensava.

A versão moderna dos fins de semana de esqui tornou-se um teste de resistência que me deixou arrasada: eu tive de carregar os esquis (as crianças eram muito pequenas), estacionar o carro em uma vaga distante. Entramos, finalmente, na fila para comprar a entrada (pagando uma pequena quantia pelo privilégio de esperar em outra fila para o elevador) e, então, chegar a uma rampa onde todos começaram, imediatamente, a tremer de frio. Uma ou outra criança queria ir ao banheiro, ou ficar no frio, tomar um chocolate quente ou, sem ter paciência de esperar, ir esquiar sozinha. À tardinha, voltamos para o carro, exaustos, e fomos para casa para assistir à TV, fazer o jantar e dormir cedo. Antes de dormir, o telefone tocaria.

Era o meu marido, que não esquiava, ligando para saber como havíamos passado o dia.

"Foi ótimo!", exclamei, e nesta nova versão o sol estava brilhando e as crianças estavam felizes. Meu filho adorou fazer o *snowboarding* no *half-pipe*, minha filha caiu do teleférico Poma três vezes (o.k., então ela chorou, mas todos nós pensamos que estivesse representando, e agora até ela está rindo disso!). De repente, tudo estava reabilitado; até eu mesma comecei a acreditar que tudo fora muito divertido. Mas se alguém, um cientista, usando o que chamam de Método por Amostragem de Experiência, houvesse aleatoriamente chamado pelo meu rádio durante o dia, pedindo para que eu classificasse, numa escala de 1 a 10, o grau da minha felicidade naquele momento, eu teria dado 3 ou menos. No entanto, se houvesse sido perguntada no fim da viagem como fora o passeio, eu provavelmente teria marcado 7 ou mais. Essas são as peças que o cérebro nos prega. É a natureza humana. E, realmente, a aplicação desse método vem demonstrando que a memória é um filtro que vê as coisas sob uma luz positiva.

As avaliações temporárias eram sempre mais baixas do que a do final, o que levou os pesquisadores a concluir que nós somos nossos melhores programadores, quando se trata de lembrarmos como nos sentimos no passado. (Pergunte a alguém se está feliz no momento – tremendo de frio num banco gelado de um teleférico, por exemplo –, e ele provavelmente dirá que não. Pergunte no fim da viagem se foi divertido, e ele responderá que sim.) A questão é: com que finalidade? Por que a nossa memória nos prega peças?

Muitos talentosos e respeitados psicólogos, neurologistas, psiquiatras e outros passaram décadas procurando essa resposta.

O pai da psicologia positivista, Martin Seligman, da Universidade da Pensilvânia, escreveu que a qualidade da nossa felicidade, no seu todo, depende mais de como nos lembramos das coisas do que de como nós as vivemos. Seligman destaca que a interpretação que a nossa memória aplica aos acontecimentos é mais importante do que como nos sentimos no momento. Em sentido inverso, outros importantes psicólogos positivistas, tal como Daniel Kahneman, da Universidade de Princeton, enfatizam a importância da "experiência própria" como uma medida de felicidade mais do que a "própria recordação". Kahneman diz que é o momento, a experiência real, que importa. Claramente, os pesquisadores estão em desacordo sobre se a lembrança de um evento é mais importante para a nossa felicidade do que a experiência real do evento.

Sei que, rememorando a minha vida, vejo tudo através de lentes cor-de-rosa: sou uma otimista sentimental. Se uma vez me diverti esquiando, tomo como certo que vou me divertir esquiando outra vez. Seligman acredita que isso faz sentido, já que a felicidade não é como você se sente no momento, ela compreende três componentes essenciais durante toda uma vida de experiências: prazer, compromisso e significado.

Eu acrescentaria que, durante anos editando artigos a respeito do bem-estar de, sobre e para as mulheres, cheguei à conclusão de que a maioria de nós quer ser feliz. Do ponto de vista das minhas recordações dos frios fins de semana esquiando, talvez tenha havido muitos momentos ruins na montanha, mas, em minha mente, as filas são mais curtas, o chocolate quente é mais quente e cremoso, e o vento gelado, apenas uma brisa suave. Apesar da longa e penosa caminhada pelo estacionamento, carregando os pequenos esquis, digo para mim mesma que foi divertido. Quero ver o copo pela metade. E quero ser gratificada pelo meu otimismo natural. Enquanto estou em busca da felicidade, gosto de dizer a mim mesma que estou no caminho certo.

Aqui está a verdade sobre a nossa memória. Olhando para trás, os pequenos aborrecimentos desaparecem e acreditamos que somos felizes. Então, se perguntarmos a nós mesmas se somos felizes agora, encontraremos razões para rebaixar o presente de, digamos, um ótimo dia para apenas um bom dia. Peçamos a nós mesmas, no futuro, para relembrar o momento que vivemos agora e diremos que estávamos felizes então (significando agora), e que perceber isto foi muito bom. A chave é ter essa perspectiva *enquanto vivemos nossas vidas*.

Pense à frente, duas semanas, dois meses, dois anos, qualquer extensão de tempo, e diga a você mesma uma frase que caracterize o que está acontecendo na sua vida agora e como você se sente sobre isso. A minha seria alguma coisa assim: "Aqueles eram bons tempos! Escrevendo este livro, editando a revista *Self*, correndo triatlos, desfrutando o meu casamento feliz, criando dois brilhantes filhos adolescentes, tudo isso!" O estresse diário, como as contas, as brigas sobre o dever de casa a ser feito, os prazos fatais no trabalho, o peso que aumenta e diminui e todo o resto, tudo desaparece e deixa de ter importância. Então, por que não podemos sentir dessa forma *agora*, quando o estresse está ocupando a nossa mente?

À semelhança de selecionar imagens para o álbum da família, seu trabalho é perceber que, apesar das fotos que precisam ser omitidas, você está vivendo uma vida feliz. Se achar uma maneira de entender que tudo que não é ruim é bom, você pode entender isso: você é de fato mais feliz do que pensa ser *neste momento*. Então, se a sua memória quer que você lembre o *agora* como um momento feliz, por que lutar contra isto? A questão mais relevante é: como podemos nos ajudar?

Ninguém pode fazê-la feliz.
Bem, *quase* ninguém...

No Butão, o rei proclamou que desejava que o povo daquele país não usasse o Produto Interno Bruto, mas sim a "Felicidade Nacional Bruta" como forma de avaliação. Ele baixou um mandato oficial para produzir felicidade.

Por essa medida, a razão de nós, ocidentais, nos darmos mal é porque somos o número um em perseguir o PIB, priorizando todas as coisas materiais. A FNB é a medida emocional do sucesso e, pensando desta maneira, ao perseguir a felicidade, você se torna mais produtivo também. Nós aplaudimos essa maneira de pensar, mas o problema é que ninguém sabe como medir esse tipo de sucesso, ou sequer se estamos usando o termo certo para isso.

Felicidade é uma palavra enganadora, porque não é um *objetivo* que você alcança ou um estado sustentável de ser. É um sentimento que você experimenta, como qualquer outro, e ele vai e vem. Você pode produzir isso, mas não pode guardar; pode construir, mas não necessariamente agarrar-se a ele.

Catherine e eu achamos até que *felicidade* não seria necessariamente a palavra certa para o que procuramos. Costumamos brincar que é a "palavra F", porque pode significar algo negativo se as mulheres acharem que é a Flor da Vida, a perfeição. Em vez de perseguir a "felicidade" como um estado permanente, queremos que você aprecie os momentos em que ela lhe escapa, tanto como quando você a vivencia.

A minha palavra para *felicidade* é *gratidão*, como em *sou grata por todas as dádivas, tangíveis e intangíveis, que me são dadas*. Quando não me sinto grata por tudo que tenho, percebo que estou sendo infantil ou mimada. Para Catherine, a palavra é *contentamento*. Ela tenta apreciar e estar presente no fluxo da vida, em todos os momentos do dia a dia. Quando consegue fazer isso, não estar infeliz é suficiente. Aceitar as coisas como elas são é uma dádiva real, o estado mental que nos leva a objetivos e lugares mais elevados.

Sentir-se com disposição apreciativa das coisas boas que se tem é o que leva a experimentar mais de seja qual for o nome que se dê a isso: contentamento, gratidão ou – o.k. – felicidade. É o sentimento geral de uma emoção positiva que buscamos aqui, não o rótulo que usamos para descrevê-la. A meta não é ser obrigatoriamente feliz, mas se sentir mais feliz, não importando o que mais possa estar dando errado.

Qualquer autor que escreve um livro alegando ser capaz de fazer o leitor *feliz, mais feliz,* ou capaz de encontrar a *felicidade* está se predispondo ao fracasso. Nós não vamos realmente fazer com que você seja feliz, já que a única pessoa que pode forçá-la a fazer qualquer coisa é *você*. Catherine diz que sua piada favorita sobre psiquiatra é: Quantos psiquiatras são necessários para trocar uma lâmpada? Apenas um, mas a lâmpada precisa querer ser trocada.

Então, vamos deixar isto claro, de uma vez por todas: nós não vamos fazê-la feliz. Só você pode fazer isso.

Se a vida sem avaliação não vale a pena ser vivida e a vida avaliada é cheia de defeitos, a mulher mais evoluída examina a sua vida, vê as falhas e consegue avaliar a importância delas. Adoro esse pedacinho de sabedoria: "O tolo se acha um gênio e o gênio se acha um tolo."

Nosso corolário: A mulher infeliz acredita que deveria ser feliz o tempo todo. A mulher feliz acredita que há momentos em que ela é infeliz.

Que mulher você é?

4

Planeje sua casa emocional

O primeiro passo para imaginar a sua arquitetura interior é desenhar sua casa emocional. Você pode fazer isso na imaginação ou com lápis e papel. Nós sempre adoramos marcadores de texto e blocos de rascunho, então aconselhamos você a usar uma folha de papel para este projeto. (Prometemos que será divertido.) Uma observação: com o tempo, talvez precise redesenhar as paredes, já que, à medida que você evolui, o mesmo acontecerá com a sua casa.

A forma mais prática talvez seja um corte transversal, em que todos os cômodos fiquem expostos ao mesmo tempo, como uma casa de bonecas. Nós gostamos de desenhar uma casa de três andares com nove cômodos. Na nossa casa, o porão e o sótão ficam respectivamente abaixo e acima dos outros cômodos, e, no primeiro andar, ficam a sala de lazer, a sala de visitas, a cozinha e o escritório, considerando que estes são os espaços mais usados. Em cima, ficam o quarto de casal, o banheiro e o quarto das crianças, já que são interligados mais intimamente.

Nem eu nem Catherine moramos em casas com tantos andares e nove cômodos. Moramos em apartamentos na cidade de Nova York, e você sabe o quanto eles são apertados! Mas confie em nós, você precisa de um cômodo para cada área da sua vida emocional, e esse desenho não reflete necessariamente sua residência real.

Agora, faça uma lista de todos os cômodos que existirão em sua casa – incluindo os básicos (banheiro, cozinha etc.) e os seus específicos (quarto das crianças ou escritório), cada um correspondendo a uma área de sua vida. Você pode acrescentar ou subtrair um cômodo, dependendo da sua fase atual. Assim, se você sabe que não quer filhos, o segundo quarto pode ser de hóspedes ou um quarto onde você costure, pinte ou escreva. Uma vez que decida incluir um quarto, o problema mais importante é que tamanho ele terá. E isso está diretamente correlacionado a quanto tempo e energia emocional você investe ali e quão importante esse tópico é para a sua felicidade integral.

Para mim, o banheiro era sempre grande, porque eu me preocupava com peso, ginástica e saúde como uma forma de desviar a minha atenção de outros pensamentos, e, mesmo quando não estava no banheiro, essas abstrações me seguiam em todos os outros cômodos. Eu podia ir a uma reunião e pensar *Eu pareço gorda?*, em vez de *Oh, há isso e aquilo sobre o que eu preciso falar!*.

Muitas mulheres têm esses banheiros como os maiores cômodos da casa, já que é onde verificamos as escamações, as bolsas sob os olhos e realizamos todo tipo de autocrítica. É também onde precisamos gostar de nós mesmas e nos cuidar (fazendo uma checagem na pele, deliciando-nos com um banho de espuma ou lembrando de usar o fio dental). O banheiro faz ligação com o quarto, já que se achar gorda pode torpedear a libido mais depressa do que se consegue dizer *Esta noite não, querido!*. Faz conexão com a cozinha, se você estiver fazendo regime, e com o quarto dos seus filhos, se você não gosta da maneira como sua barriga está flácida depois de ter dado à luz um par de bebês.

Nesse ínterim, você pode pensar que a minha cozinha é pequena porque não cozinho. (Não há deusa do lar aqui!) Mas a maioria das cozinhas das mulheres é bem grande, quer cozinhem ou não, porque a cozinha não é só para preparar refeições, comer e lavar, é o lugar das pequenas tarefas, responsabilidades e conservação. Temos de discutir quem faz o quê e, se somos casadas e temos filhos, é ali que normalmente se conversa sobre quem vai pegar o filho no futebol, ou levar ao dentista mais tarde, ou qualquer um dos detalhes com que você lida no decorrer de um dia normal. É por isso que a cozinha é um cômodo com múltiplos propósitos, um lugar onde você cozinha e lava, sim, mas também onde discute todas as tarefas domésticas ao redor da mesa. É, literalmente, o centro da casa.

Para cada cômodo, pense nos grandes problemas em que você se vê envolvida ali, tanto quanto nos pequenos. Se você fica constantemente irritada em um determinado cômodo, ele deve ser maior do que os outros, porque você gastará mais tempo para colocá-lo em ordem. Um quarto pode também ser ainda maior se traz a você uma enorme alegria, como aquele recém-nascido no quarto das crianças. Se você não pode parar de pensar, por exemplo, na redução da sua poupança, isso faz com que o escritório seja maior do que os outros.

Sua casa emocional trará de volta a sua infância

A minha casa emocional sempre tem um elemento fortemente nostálgico – e, por isso, a sala de lazer é enorme, porque tenho um forte relacionamento com o meu irmão e seus filhos. Na verdade, tendo brincado juntos por muitas horas enquanto crescíamos (azucrinando um ao outro e nos engalfinhando, antes de o videogame tornar possível "matar" o irmão sem realmente infligir dor), continuamos a competir, agora no triatlo ou no esqui e em outras proezas dos tempos de criança. Essa rivalidade entre irmãos é tanto um prazer quanto um sofrimento, mas na maioria das vezes é uma alegria, já que ninguém consegue me importunar como o meu irmão, mas é ele também quem primeiro chamo quando há problemas de família. Estamos juntos para o melhor e para o pior, desde quando nossos pais se separaram, e será sempre assim. Por isso, a minha sala de lazer e o porão são ligados, e ambos são relativamente grandes.

Catherine explica que as lembranças que carregamos através da vida tornam-se uma parte importante, até mesmo essencial, da ideia de felicidade, quando consideramos nossos relacionamentos adultos e nossos padrões de comportamento. O porão passa a ser o cômodo maior, uma vez que é a fundação da nossa casa, e essas lembranças (tanto alegres quanto tristes) servem como esquema da nossa arquitetura emocional.

O Décimo Cômodo nem sempre é um espaço, mas você pode desaparecer ali

Um lugar importante para mim, quando criança, era o meu espaço pessoal – um pequeno quarto com dois metros e meio de largura, raramente usado, nos fundos do nosso apartamento de antes da guerra, aonde eu ia para desaparecer. Todo mundo precisa de um lugar assim. Eu me escondia às vezes naquele pequeno quarto atrás da lavanderia, perto da porta dos fundos. Meus pais o chamavam de "o quarto do cachorro", porque era ali que o vira-lata da família se escondia para ter sossego.

Era um lugar onde eu podia afagar o cachorro, ler e escrever sem ser vigiada. Nem toda casa tem um, nem todos têm o luxo de se esconder no meio do dia, mas a ideia é criar algum tipo de "santuário". É aonde você vai para pensar e refletir sobre o seu dia, a sua vida, o seu eu autêntico. Você pode fazer isso andando, enquanto nada ou onde quer que você possa estar sozinha com seus pensamentos. Para algumas mulheres, é a solidão da lavanderia; para outras, um longo banho de chuveiro ou apenas ficar na cama com um livro.

É crucial que você vá lá diariamente, nem que seja por vinte minutos, principalmente agora que tantas de nós vivemos amontoadas, nessas nossas vidas estressantes e trabalhosas. Vejo isso como uma "toca de rato", uma vez que você pode, basicamente, desaparecer nesse espaço e não ser encontrada ou aborrecida por ninguém.

As crianças são mestres em descobrir tocas de ratos, pois sabem muito bem se fechar no seu mundo, quando precisam fugir de barulho e das obrigações da escola e da família. É por isso que o esconderijo de Harry Potter embaixo da escada atrai as crianças de todas as idades; pode ser pequeno, mas é *dele* e, quando está ali, ele pode escapar do temível primo Duda. Nós todas temos a nossa versão de Duda e todas precisamos do nosso espaço embaixo da escada, uma toca de rato, mesmo que seja apenas um quarto em nossa mente.

Agora você está pronta e pode respirar ou até dar um passeio

Uma vez que você tenha desenhado a sua casa e aprendido a andar de um cômodo para outro, terá mais controle sobre si mesma e sobre suas emoções em cada um dos quartos. Então, estará apta a sair de casa e ver o grande mundo – e o seu papel nele – sem ter os pensamentos e sentimentos distorcidos pela constante preocupação com a bagunça nos cômodos. Mudando a dinâmica no interior da casa emocional, você pode finalmente ficar apta a sair e ver o mundo sob uma nova perspectiva: um lugar mais significativo, confiável e feliz.

E é preciso mobiliar!

Feita a planta baixa, é hora de colocar as importantes peças definidoras de cada cômodo – uma cama no quarto, uma TV na sala de lazer, uma mesa na cozinha, um espelho no banheiro etc. O objetivo agora é reparar como você passa o tempo em cada cômodo. Para algumas mulheres, uma cama bonita e lençóis luxuosos são a solução para os quartos. Para outras, talvez um *futon* no chão esteja ótimo, ou prefiram uma vista maravilhosa ou tonalidades da luz do sol jorrando ali dentro todas as manhãs, ou ainda uma confortável poltrona para ler. (Ou um ótimo sexo despreocupado, quaisquer que sejam as preferências sobre roupa de cama.)

Por mais que eu deseje ver todos da minha família sentados na sala de lazer jogando mexe-mexe toda noite, isso não vem ao caso. Tive de chegar a um acordo com a realidade da minha sala de lazer: meu marido, James, está com o laptop, escrevendo seu blog sobre fotografia; meu filho está usando o computador para descobrir acordes musicais e aprendendo a tocar guitarra, dedilhando, cantando e divertindo todos com canções tolas; e a minha filha está no msn papeando com amigos. Pode não ser um retrato completo da família de Norman Rockwell, mas, pelo menos, estamos todos unidos aqui e isto faz com que nos sintamos calmos, relaxados e contentes. Estou convicta de que, de vez em quando, partilhar o mesmo ar é o bastante.

É isso aí. Agora, o projeto está completo. Você tem uma casa emocional. A seguir, é preciso decidir que cômodos estão bem organizados e quais necessitam de uma arrumação.

Onde você quer gastar sua energia emocional arrumando a bagunça? É por onde se deve começar.

5

Pérolas e outras pitadas de sabedoria de bolso

Toda vez que se vê numa situação complicada, você tem de fazer uma escolha: ou fecha a porta atrás de si (prometendo que vai resolver isso mais tarde... quando tiver tempo, energia ou paciência), ou mergulha de cabeça. Pronta para começar? Vamos lhe fornecer uma coleção de solucionadores de problemas capazes de quebrar os velhos padrões negativos e substituí-los por pensamentos positivos (não pensamentos felizes, mas produtivos). Damos a isso o nome de *processos-chaves*, já que são usados para trabalhar diretamente com o problema e conseguir um novo entendimento. Você ganhará, então, um pequeno pedaço de sabedoria, chamado de pérola, para carregar com você e usá-lo da próxima vez em que o problema surgir.

Aprendendo a pensar de modo diferente e a reformular o problema, você estará apta a romper os padrões que a fazem (e aos que a cercam) infeliz em cada cômodo. Primeiro, você tem de reconhecer o padrão e, então, decidir mudá-lo. Os processos-chaves são como flechas na sua aljava, e você pode escolher aquela que for melhor para cada situação.

Um processo-chave é útil, uma pérola é para sempre

Uma pérola é um minúsculo prêmio portátil que se pode levar no bolso e lembrar dele no momento em que surgir um fato parecido. É como contas de rosário, porque faz com que você se lembre dos conflitos anteriores e como os resolveu. É um atalho ou um sinal que você pode utilizar sempre que for preciso, e é fácil de recordar. A ideia de chamar de pérolas a esses insights foi de Catherine, que se lembra das suas rondas na escola de medicina, tentando diagnosticar os casos.

Ela e seus colegas retinham na memória copiosas informações sobre doenças raras, sintomas incomuns e toda espécie de estados precários de saúde com nomes que mal se consegue pronunciar. Mas os melhores médicos também guardam na mente as verdades simples sobre casos raros e complexos, e a essas eles chamam de pérolas. Uma pérola era uma pitada de sabedoria que os ajudava a tratar os pacientes, geralmente com problemas de fácil diagnóstico. "Se parece com um pato e grasna como um pato, provavelmente é um pato." Isso a fará lembrar que você pode estar complicando as coisas e não vê os problemas óbvios que estão bem na sua frente.

Ou pode atribuir a culpa pelo seu estado de infelicidade a todas as coisas erradas e não notar a óbvia – você. Está em *você* fazer as mudanças que trarão mais felicidade (ou, no mínimo, menos descontentamento) a todos os cômodos de casa.

Arrumando o seu quarto bagunçado

Catherine explica que o primeiro passo é aprender a identificar os padrões de comportamento que estão lhe trazendo transtornos e criando confusão nos cômodos. Esses padrões são geralmente mecanismos de defesa, que usamos para nos proteger da dor emocional. Eles incluem coisas como regressão (você retrocede ao comportamento infantil), deslocamento (você transfere seus sentimentos em relação a uma pessoa para outra), reação contrária (você age de modo oposto ao que sente) etc. Esses padrões autoderrotistas e autodestrutivos se repetem frequentemente durante anos, até que algum acontecimento, como se fosse um reagente químico, precipite em você a vontade de alterá-los para sempre.

Você talvez nem perceba por que está tão infeliz, uma vez que esses mecanismos de defesa atuam a seu favor até começar a trabalhar contra você. A obstinação e a natureza persistente podem levá-la a ascender a postos altos na empresa, até que um dia você se encontra estagnada e entende que, para dar o próximo passo, você precisa aprender a ser mais cooperativa. Você vem resistindo às sugestões dos outros, e agora isto está lhe custando a próxima grande promoção; já é tempo de fazer alguma coisa sobre isso.

Ou, no âmbito pessoal, sua mãe pode levá-la à loucura toda vez que se falam pelo telefone (querendo saber quando se encontrarão de novo) e, então, você simplesmente deixa de ligar para ela. Isso só fará com que ela fique mais determinada a se encontrar com você e fazer algum comentário desagradável ou tentar mandar na sua vida. Esse exemplo degenera numa falta de comunicação, e o relacionamento é afetado de tal forma que, basicamente, vocês duas não se entendem mais. E agora? Acredite ou não, você tem o poder de mudar essa dinâmica e fazer com que isso funcione a seu favor.

Mas como? Catherine diz que isso exige vontade, trabalho e um verdadeiro comprometimento. E mais, você precisa ter algumas ferramentas à mão. Às vezes, pode precisar usar mais de uma. Felizmente, há uma série delas e, nas páginas seguintes, há uma tabela de fácil compreensão para ser consultada a qualquer hora em que você estiver tendo um problema.

Esses são apenas nove dos nossos processos-chaves favoritos para serem usados em uma determinada situação na qual eles podem ajudá-la a pensar de modo diferente. Alguns são o que chamamos de ciência caseira, e outros, pinçados de trabalhos de psicologia e psiquiatria, mas com uma interpretação amigável e leiga. Você os achará em cada capítulo, explicados mais detalhadamente.

A tabela também inclui pérolas, que se referem a cada processo-chave. Há nove delas relacionadas aqui, mas você pode incluir outras, de qualquer lugar e origem, que signifiquem alguma coisa para você – uma canção, um jogo, um poema ou a expressão favorita de sua avó: "O melhor tempo é o tempo presente." As pérolas são tão preciosas que você vai querer guardá-las para o resto da vida.

Esta tabela é a sua "cola".
Recorra a ela

PROCESSOS-CHAVES	PÉROLAS!
1. Recordação. Reprise das memórias da infância, como um filme. Freud escreveu que vemos os eventos de hoje através da "tela" dessa memória do passado, então essa é uma experiência importante ou uma cena relevante no presente. Você leva esse filtro ou perspectiva para todos os cômodos, mas a origem está no porão, com todas as suas outras lembranças.	**Não se pode viver no passado. Agora é agora.**
2. Sinalizar. Também chamado *espelhamento*, como definido por Heinz Kohut, é o feedback das pessoas amadas em quem você confia. Você usa esses pequenos traços como se fosse um sonar, para *"sinalizar"* o seu caminho, como um golfinho através dos baixios até mar aberto, e, finalmente, alcançar um ponto onde você possa seguir seu ritmo interior. Você *sinaliza, principalmente*, na sala de lazer.	**Ser autêntico, ser verdadeiro consigo mesmo.**
3. A + B = C. Essa equação de relacionamento se aplica a todos os vínculos que você tenha, mas é especialmente relevante quando você tem conflito com alguém que você ama – no quarto de dormir, na sala de lazer e no quarto das crianças. Se você quer mudar o resultado, é simples – mude A, você.	**Não se pode mudar os outros. Pode-se mudar a si mesmo.**
4. O diagrama Venn. Círculos superpostos mostram duas pessoas vivendo juntas um relacionamento saudável. O diagrama é útil para ilustrar o quanto você e seu companheiro estão conectados: muito, muito pouco ou normal. É mais usado no quarto de dormir, e você deve sobrepor, não fazer uma fusão total dos círculos. Desculpa, todos vocês fãs de *Jerry Maguire*, mas "Você me completa" é uma	**Não completamos um ao outro. Nós nos superpomos.**

besteira total. Vocês não se completam. Ninguém completa o outro, podem apenas se complementar. Cada um é um círculo completo.

5. **Autoenvolvimento.** Também chamado narcisismo. Você pode estar envolvida demais com você mesma, positiva ou negativamente, mas, seja como for, isto afeta os relacionamentos em cada cômodo da casa. O autoenvolvimento se origina no banheiro, onde está o espelho, mas você pode não gostar do que vê. O nosso conselho é que você se afaste do reflexo para ter uma vida mais íntegra, feliz e signicativa.

Nem tudo é sobre você.

6. **Não é um ou outro/ou... são ambos/e.** A ideia é abandonar uma mentalidade de tudo ou nada e perceber que você pode ter duas ideias contrastantes que sejam ambas verdadeiras. Você pode estar furiosa com alguém e amar aquela pessoa. Discordar, mas ser respeitosa. Mais competente na mesa da cozinha ou no quarto das crianças. A chave é não deixar que essas lutas pessoais evoluam. Aprenda a ser tolerante com desconfortos emocionais.

Conflito pode ser positivo.

7. *Acting out.* Quando não pode se expressar, você, em vez disso, representa (chegando atrasada, por exemplo, quando está aborrecida com alguém). Isso acontece em cada cômodo da casa, especialmente com pessoas que têm poder em sua vida, como um parente mais velho ou o chefe no trabalho. No porão, você se rebela contra as expectativas da família, em vez de dizer aos avós como você realmente se sente, já que isto pode ser prejudicial ao seu futuro e aos seus relacionamentos habituais. Isso caracteriza um desequilíbrio de poder.

Ações falam mais alto do que palavras.

PROCESSOS-CHAVES	PÉROLAS!
8. **Muito de uma coisa boa é uma coisa ruim.** Ser muito boa, muito prestativa permite que as necessidades de outros suguem a sua vida. Isso ocorre com tanta frequência na sala de visitas que a chamamos "a sala da doação". Você também vê isso no quarto das crianças e na sala de lazer. As linhas aéreas estão certas quando orientam que você ponha sua própria máscara de oxigênio. Tome conta de você. Isso não é egoísmo, é autopreservação.	Conhecer seus limites. Ser forte para ajudar os outros.
9. **Não decidir é decidir.** Se você está adiando uma decisão importante e pensa que ela pode esperar, a demora é, em si, uma forma de ação. Adiar é agir, mesmo que seja passivo. Você talvez perca o barco, ou se arrependa de não ter ido adiante em sua vida. Isso pode prejudicá-la. Há um velho ditado: Quem não arrisca, não petisca.	Continue (com o *status quo*) ou cresça.

Como um típico cenário funciona (da sala de lazer)

Sua irmã mais velha, que sabe que você já marcou suas férias, diz: "Eu acho que você não devia faltar ao aniversário de mamãe e sair de férias!" Normalmente, isso iria levar à culpa e ao conflito com a sua irmã mais velha controladora, como acontece há décadas. Mas há uma nova maneira de refletir sobre esta situação.

- **Primeiro, identifique o problema.** Neste caso, é o conflito entre você e sua irmã sobre o que deveria ser feito em relação ao aniversário da sua mãe. Analise a mensagem (ela talvez esteja certa) e, depois, a mensageira (ela pode estar com inveja dos seus planos divertidos) e, então, seus próprios sentimentos (você pensou durante muito tempo e com cuidado sobre essa viagem e era a única época em que você podia ir).

- **Próximo passo? Investigue a origem da confusão.** Catherine chama a isso reconhecer o "processo inconsciente" – um padrão de comportamento que pode, em certa época, ter funcionado, mas que agora a está incomodando. Catherine chama o que vocês duas estão fazendo de "compulsão à repetição", já que vocês estão neste padrão há muito tempo; é igual a uma antiga dança familiar e cada uma de vocês sabe o seu papel. É como vocês se relacionam.

- **Terceiro passo: Decida se você está no cômodo certo.** Se esses problemas começaram em outro lugar, você pode estar no cômodo errado. Para você e sua irmã, a sala de lazer é estreitamente ligada ao porão, já que seu pai morreu jovem e vocês duas se sentem compelidas a ser o esposo suplente de sua mãe e cuidar dela, principalmente no aniversário dela e em todas as outras datas festivas.

- **Quarto passo: Quebrando os padrões.** Encontre o processo-chave para limpar o cômodo. Aqui, a chave é aprender a viver com o conflito. Catherine chama isso de pensamento binário (tudo ou nada) e frequentemente diz aos pacientes: "Não é um/ou, mas ambos/e", que, basicamente, significa que você pode ter duas emoções opostas ao mesmo tempo. Voltando ao nosso exemplo, você, a irmã que vai faltar ao aniversário da mãe, pode dizer a si mesma: "Eu sei que mamãe ficará desapontada e minha irmã aborrecida, mas as minhas férias são importantes para mim e esta é a única época em que posso sair". As emoções conflitantes são coisas com que você pode conviver. Não é culpa *versus* prazer, é culpa e prazer. Catherine diz que seu processo de raciocínio não precisa ser "submeter e se sentir enraivecida" ou "ir e se sentir culpada". É preferível que você chegue a um acordo com o qual possa conviver. Talvez um jantar de aniversário antecipado, antes da sua viagem! Haverá sempre um conflito, mas é algo com que você pode conviver, desde que saiba como lidar com isso. Então, você pode se divertir nas férias e não deixar que a irmã mais velha estrague o passeio.

- **Finalmente, veja se você ganhou uma pérola de sabedoria.** Você pode guardar essa pérola no bolso para ajudá-la a evitar esses padrões no futuro. Nesse caso, o insight é que conflito faz parte de cada relacionamento, e é normal. Isso não deve fazê-la infeliz. Pense: "Talvez não consigamos concordar sempre, mas posso viver com isso. Nós ainda amamos uma à outra!" Isso pode até fortalecer o vínculo, pois o relacionamento passa a ser autêntico, em vez de repetir os padrões antigos. Uma forma de pensar sobre isso é que você pode tolerar a tentativa de sua irmã de lançar a culpa em você, e até querer se afastar dela por fazer isso. Então, diga a você mesma: *Posso viver com esse conflito e aproveitar as minhas férias*. Não é uma situação um/ou. Você pode ficar aborrecida com a sua irmã *e* se divertir na praia. Quando brindar com um drinque sob a barraca, repita conosco: Conflito pode ser normal.

Agora acrescente *suas* próprias pérolas à lista

Se você tem uma pérola favorita, sinta-se livre para usá-la, compartilhe, acrescente-a ao "fio de pérolas" deste livro. Pode ser a letra de uma canção, um mote ou um mantra. Eu tenho temas de canções. A minha favorita mais recente: "Miss Independent", por Ne-Yo, sobre uma mulher que tem o próprio negócio (é por isso que o seu homem a ama). Também gosto de "If I Were a Boy", de Beyoncé, pois é sobre o desejo de uma mulher de viver de uma maneira que seja verdadeira para ela, e não de acordo com as normas sociais. Outra canção inspiradora é "The Climb", por Miley Cyrus, com aquele grande verso que diz que há sempre uma outra montanha para ser movida. (Eu conto isso porque parece que nunca escolhi o caminho fácil.) Muitas mensagens positivas me são transmitidas sob a forma de música. Uso meus fones de ouvido enquanto corro, e isso me ajuda a lembrar que, mesmo quando me sinto deprimida, preciso tentar usar as pequenas coisas para me erguer e também tentar ajudar os outros. Assim, para mim, a música fornece pérolas de maneira constante.

Você também pode usar qualquer tipo de lembrança que funcione, tal como um diálogo num filme, um trecho de um poema, ou uma citação de um romance. Pode ser até uma fotografia. Não importa o que seja, desde que funcione para você.

O emprego desse processo de pensamento e das pérolas mais curtas será útil em cada cômodo da casa. Vamos começar – entre em um cômodo, qualquer cômodo. Uma vez que temos de começar em algum lugar nessa casa, vamos levá-la primeiro ao porão, aquele lugar escuro e assustador, onde todas as suas lembranças estão armazenadas e têm o poder de fazê-la infeliz hoje. Mas somente se você deixar.

> # 6

O porão

Onde as lembranças estão armazenadas

O porão é, às vezes, um lugar bolorento e sombrio, mas pode ser educativo descer aqueles degraus que rangem, forçar a tampa das caixas e fazer uma busca minuciosa em suas lembranças. Você pode ficar surpresa ao constatar de onde vêm suas aversões e preferências. Talvez esteja amedrontada com o escuro e se lembre daquela noite quando você era uma criança, andando por uma estrada no escuro, longe de casa, e sua irmã, irmão e primos a assustaram pulando de trás das moitas, fazendo com que você gritasse de medo. O.k., isso aconteceu *comigo*. E, desde aquele dia, convivo com o medo de estradinhas no campo em noites calmas, sem estrelas, e com a ideia de que alguém ou alguma coisa vai pular de trás das moitas em cima de mim e me machucar. Tudo por causa daquela brincadeira idiota, quando eu tinha nove anos.

O porão é onde todas as suas lembranças são armazenadas. (Não confunda os álbuns de recortes de sua infância com as lembranças de família no sótão; aquelas pertencem à sua avó e, para o nosso propósito, o sótão é onde as expectativas de seus ancestrais são guardadas.) O porão é onde todas as mágoas e os tormentos da infância estão estocados em gavetas e embaixo da escada. Seria melhor não voltar ali, mas é preciso fazê-lo para que você possa entender como pensa e sente hoje.

O porão é o maior cômodo da casa porque é o fundamento de sua arquitetura emocional; aquelas lembranças são precursoras de tudo o mais.

Gosto de dizer que todo mundo está sempre tentando dominar o seu "Rosebud". No filme *Cidadão Kane*, um grande e poderoso jornalista pronuncia, no seu último suspiro, a palavra "Rosebud", o que faz um intrépido repórter sair pesquisando o significado disso na vida do riquíssimo magnata. Rosebud, aprendemos na última cena do filme, era o nome do trenó que Kane possuía quando era jovem e feliz. (O trenó é o símbolo de sua inocência, dos seus últimos momentos de despreocupação.) Num flashback, Kane aparece andando de trenó, quando descobre que sua mãe vai mandá-lo embora para ser criado por um banqueiro egoísta, que surge inesperadamente.

Em nossas vidas, Rosebud pode não ser tão dramático ou tão fácil de ser detectado, mas há alguma coisa – um insulto ou uma ferida emocional – que cada um de nós jamais esquecerá e que jaz confinado em nosso consciente. Como uma cicatriz, nunca desaparece. Talvez não percebamos, mas reagimos a isso de alguma maneira para o resto de nossas vidas.

Pense sobre isso: Qual é o seu ponto nevrálgico emocional, o evento que é "a chave" do seu passado e que explica boa parte de suas motivações e busca da felicidade adulta?

Esses momentos críticos podem ser grandes (um divórcio) ou pequenos (uma professora que lhe diz: "Você nunca será boa em matemática") e, então, você passa o resto de sua vida reagindo a isto, tornando-se ou uma engenheira ou incapaz de extrair o saldo do talão de cheques. De qualquer forma, as lembranças são significativas, porque influenciam o seu modo atual de pensar e de agir, afetando cada relacionamento que você tem e criando conflitos em todos os cômodos.

Imagine que você está no quarto de sua filha, discutindo com a garota de 11 anos porque ela se recusa a escrever um cartão de agradecimento para a avó, sua mãe. Ela quer enviar um e-mail, mas você insiste que um cartão escrito à mão é mais apropriado. Você está num beco sem saída até perceber que essa "batalha" é um eco do seu passado, que você brigou com a sua mãe quando ela a fez escrever um cartão de agradecimento para sua avó. Agora, você não tem certeza se é a sua voz ou a da sua mãe nessa insistência, enquanto você quase obriga sua filha a pegar a caneta.

Isso não é sobre você e sua filha, ainda que você possa conceber que está no seu quarto (emocional) de criança. Você, de repente, tem uma visão clara de si mesma, sentada chorando à mesa da cozinha e sendo obrigada a escrever um cartão, antes de poder sair para brincar. Você lembra agora que a sua própria avó sempre apreciou – como uma delicada obrigação – os tais cartões. Isso é chamado de uma "lembrança encobridora". Ela parece tão clara quanto um filme para você, e você ainda está "recordando" seu comportamento e suas percepções por intermédio dela. Você precisa entender que as suas ações hoje em dia – incluindo a discussão com a sua filha – são distorcidas por essa memória. Escrever cartões era um ritual doloroso para você, porque a sua avó corrigia a sua grafia e a gramática com tinta vermelha e enviava o cartão de volta, como um dever de casa. Uma vez você se rebelou e resolveu agradecer o presente dela por telefone. Mais tarde, você viu que ela ficou tão sentida de não ter recebido o cartão de agradecimento que, como punição, não enviou o seu cheque de aniversário.

Conte à sua filha a história das suas lembranças dolorosas – as correções em vermelho e a suspensão do cheque de aniversário – e veja se isso a comove ou, pelo menos, se ajuda vocês duas a entenderem de onde a sua atitude provém. O objetivo não é ganhar essa discussão; o objetivo é se conectar com a sua filha e ver se chegam a um denominador comum.

Por que há algumas lembranças tão vívidas como uma cena de filme?

Freud criou o termo *lembrança encobridora*, mas nós a associamos aqui à ideia de que as lembranças da infância são como cinema em casa. O que deixou de acontecer no final não é tão importante quanto o que aconteceu, já que é isso o que você reprisa agora, décadas mais tarde.

Muito da nossa vida adulta é filtrado através do que nos lembramos da infância. A projeção da memória pode até não ter sido real, isto é, o que realmente aconteceu, mas é real para *você*... e pode deprimi-la de uma maneira que você nem mesmo imagina.

Essas lembranças são uma parte crucial do que você é, como age e pensa, visto que elas desempenham um papel importante em cada cômodo. Uma típica lembrança encobridora pode ser uma mágoa da infância, um castigo severo que você nunca esquecerá. Você continua a ver as coisas através dessa lembrança e, assim, se alguém ri de você por não escrever corretamente ou ser uma péssima cozinheira, você reage tornando-se um editor ou um chef de cozinha. Ou você se tranca para não ouvir mais críticas. De uma ou outra maneira você está fazendo o que chamamos de "recordar".

O medo mora no porão

O porão pode ser o lugar de medos poderosos. Para mim, no entanto, é uma fonte de fortes motivações. Aqui vai um exemplo: quando adolescente, eu era sempre assombrada por monstros – monstros no armário, embaixo da cama –, mas, graças a Steven Spielberg e *Tubarão*, aquele medo transformou-se em uma duradoura fobia por tubarões. Cresci frequentando Marthas's Vineyard e pude acompanhar aquela produção, por isso fui assistir ao filme na primeira oportunidade que tive. Eu era bastante jovem para ficar traumatizada (mas bem crescida para entender) com aquela cena do início, em que a jovem é esquartejada pelo tubarão e puxada para o fundo. A cena foi filmada em minha praia e ficou para sempre marcada em minha memória, como se tivesse acontecido comigo! O medo pode ser irracional, mas é real e pode ficar gravado no cérebro tão facilmente quanto um acontecimento real.

Uma das maiores façanhas de libertação da minha vida adulta foi me forçar a enfrentar o medo de tubarões e o medo de nadar em mar aberto. Disse a mim mesma que tinha de superar aquele medo, mas, como Catherine diria, primeiro eu precisava passar por aquilo. Antes, eu teria de reconhecer que estava empacada, que o meu medo de tubarões estava me impedindo de realizar meu tão desejado sonho de completar o triatlo.

Catherine diz que o que eu estava fazendo é chamado de contrafobia, que é fazer exatamente o que mais se teme. Algumas pessoas aprendem a voar, chegam até a tirar licença de piloto, porque têm medo de entrar em um avião. Contrafobia pode ser considerada como a maneira de o nosso corpo tentar superar o que racionalmente sabemos que não deveria nos causar medo. Enfim, é uma forma de reação, como o oposto da ação. Integrando a nova experiência, você pode mudar o que sente em relação a um determinado acontecimento e até mesmo em relação ao medo em geral. O que quer dizer que isso é algo que você pode dominar.

Eu não tinha ideia de como esse medo me prejudicava em outras áreas – era como se o medo de uma coisa estivesse contaminando os outros "cômodos" e me tornando medrosa de um modo maior ou menor. A ladainha dos medos era longa: medo do escuro, medo de falhar, medo de parecer tola e vulnerável ou de pedir ajuda. Mas, uma vez que comecei a superar esse medo de tubarão, foi mais fácil ser corajosa em cada área da minha vida. Como se dissesse: "Se eu posso fazer isso... então, por que não em todas as outras coisas?"

Superar isso, e passar por isso, foi um processo longo. Tive uma pequena ajuda do mundo natural, quando um outro acontecimento relacionado a barbatanas me ajudou a fazer o que Catherine chama de "remetabolizar" o meu medo de tubarões. (Ela quer dizer que eu tive a oportunidade de revolver isso e ganhar uma nova perspectiva sobre o assunto.) Há alguns anos, vi golfinhos brincando perto da praia na Carolina do Sul e pensei: *Nem toda barbatana é assustadora. Eles estão me chamando para nadar, venha brincar, entre na água!*

Quando, por fim, entrei na água, comecei, lentamente, mas com confiança, a me divertir nadando em mar aberto. Fui capaz, então, de completar o triatlo, um esporte que eu estava ansiosa para tentar havia anos, antes de ganhar coragem.

Catherine explica que o medo é paralisante, mas toda emoção relativa ao porão também pode ser paralisante. É lá que ficamos "presas" aos padrões do passado. Você pode ser capturada por um padrão de culpa, um padrão de raiva e por qualquer das emoções que têm raízes nas mágoas da infância.

> Viver com o passado significa guardá-lo
> em uma caixa, onde é o lugar dele

Todos nós temos lembranças que nos fazem encolher de medo, que gostaríamos de guardar em uma caixa num lugar de onde nunca saíssem. Algumas são dolorosas, outras apenas embaraçosas, até engraçadas (agora). Para a maioria das mulheres, as piores lembranças incluem homens com quem desejamos não ter dormido ou momentos de humilhação no colégio, quando as "garotas más" nos atacaram por não sermos legais ou rebeldes. Para algumas mulheres, essas lembranças são dolorosas o bastante para serem traumáticas, e as decisões diárias são ainda afetadas por elas durante anos, e até mesmo décadas mais tarde.

Mas você não tem de cair na armadilha de suas lembranças. Elas são suas, e suas para mudar. Catherine nos diz que todos têm de fazer as pazes com o passado, mas isto envolve sondar dentro dele e trazê-lo à baila, pensar sobre ele e compreendê-lo de modo diferente, de uma nova maneira. Você pode se sentir perturbada ou amedrontada de tempos em tempos, mas saberá de onde esse sentimento está vindo, e isso dissipa o seu poder. Então, você pode mudar o impacto dessas lembranças e, ao fazer isto, também pode mudar sua vida.

É essa a beleza do porão – pode ser o maior cômodo da casa, mas também não fica na casa, está embaixo dela. Isso quer dizer que você sempre pode subir a escada, apagar a luz e ir para qualquer outro cômodo que escolher, sem levar junto a bagagem.

TUDO QUE QUERO É UM POUCO DE INTIMIDADE!

"Sinto que os meus filhos estão crescendo e se afastando de mim. Quero organizar nossos fins de semana familiares de forma a estarmos juntos mais vezes – como quando eu era criança e passávamos longos dias na praia. Mas meus filhos estão sempre brigando comigo. Tudo que quero é que fiquemos juntos, partilhando horas agradáveis com a família. Parece que isso é impossível!"

– Judith, 43; Brooklyn, Nova York

Judith é uma advogada bem-sucedida, com escritório particular, o que lhe permite um controle razoável do seu tempo. Ela é casada e tem duas filhas e um filho, de nove a 14 anos. Quando Judith pensa no tempo mais feliz da sua vida, sempre volta àqueles dias de verão na praia, em Nantucket. As lembranças são tão fortes que ela fica feliz sempre que sente o cheiro de maresia no ar.

Aqueles dias de verão – que, ela se apressa em ressaltar, eram passados numa cabana surrada onde nem o telefone funcionava –

estão guardados em sua memória como um tempo dourado e sem complicações, em que Judith e o irmão estavam sempre no mar ou perto dele. Seu pai lia livros e jornais apoiado num cotovelo sobre uma toalha estreita de praia, até que o fluxo de palavras o exauria e ele cochilava. Sua mãe conversava com uma amiga ou andava ao longo da praia, procurando cacos de vidro do mar. Judith lembra que a mãe estava sempre feliz, olhando as crianças que brincavam, arrumando a casa ou preparando sanduíches de atum e batata frita. Para Judith, essa foi uma época em que a família estava descontraída e segura.

Pelo menos, é como Judith se lembra disso. Mas cutuque um pouco e ela admitirá que era uma miragem. Quando Judith tinha 13 anos, os pais se separaram e eles deixaram de ir à pequena cabana perto do mar. Duas décadas depois, ela levou o marido e os dois filhos de volta à cabana para mostrar o lugar. Foi uma visita agridoce – Judith ainda estava encantada com o lugar, mas percebeu que a praia era fonte tanto de suas lembranças mais felizes como das mais infelizes, porque foi onde seu mundo ideal havia implodido. Essa viagem foi uma ajuda adulta para ela ver que a sua memória era enganosa. Nenhuma de suas recordações da praia era realmente sobre intimidade. A praia, ela agora entendia, era um lugar onde ninguém da sua família se comunicava. Todas as atividades paralelas eram uma forma de evitar intimidade e franqueza. Como diz Judith: "nós estávamos constantemente próximos um do outro, mas não nos comunicávamos. A própria praia era um sanatório natural – tão bonita, pacífica e distante que podia suspender qualquer infelicidade ou angústia, pelo menos no mês de agosto".

Ainda assim, apesar de sua perspectiva recentemente adquirida sobre o que se passava com o casamento de seus pais e como isso lançou uma sombra em tudo o que aconteceu na praia, Judith ainda *tenta* voltar lá.

Durante os últimos 15 anos, Judith poupou arbitrariamente a totalidade da sua renda para comprar a sua casa própria na praia. Estava determinada a recriar os inesquecíveis anos para os seus filhos. Mas eles não querem frequentar a praia todos os fins de semana – eles têm amigos com quem sair, esportes para praticar, festas a comparecer.

Judith insiste, no entanto, em levá-los para o seu precioso refúgio de fim de semana, de qualquer maneira. Como resultado, uma atividade destinada a unir todos eles virou motivo de acessos de raiva, recriminações e lágrimas. As crianças estão aborrecidas e infelizes, já que não querem ir. E Judith está infeliz e confusa – por que isso não é divertido?

O problema, de acordo com Catherine, é que Judith não está na sala de lazer, como ela queria, mas no próprio pequeno porão cheio de lembranças, onde tenta recriar o passado, e agora é a época certa. É como se, na sua mente, a praia fosse perfeita, mas a família foi destruída e ela quer consertar isso agora, depois de todos esses anos.

O processo inconsciente, explica Catherine, é que Judith não superou a mágoa e está tentando controlar o trauma. Ela está empacada ali, porque foi uma experiência traumática, e agora quer avançar, mas, antes, tem de voltar e começar do início. Ela vai repetir isso até conseguir entender, como naquela cena do filme *Feitiço do tempo* em que o personagem de Bill Murray tem de repetir o mesmo dia vezes sem conta até perceber, em detalhes, o caminho que lhe falta.

Judith já sabe (embora não aceite muito) que suas lembranças estão distorcidas. Mas também precisa ver que há uma desconexão entre o que quer alcançar – uma ligação com seus filhos – e o que está fazendo – afastando os filhos. Judith quer que a família seja unida, mas ela não está criando os laços de união; está, simplesmente, empurrando goela abaixo, nas crianças, a própria fantasia inútil.

Quando Judith é pressionada a ser mais específica sobre as suas lembranças da praia – Como era, qual a sensação, como cheirava? Quem estava lá, o que cada um fazia? – ela começa a entender que sua lembrança encobridora é muito vívida porque era o esforço derradeiro para ver sua família como uma unidade, antes de ter sido separada pelo divórcio. Racionalmente, ela sabe que cada um estava afastado no seu próprio mundo particular – sua mãe conversando com as amigas, seu pai lendo ou cochilando. Judith e seu irmão brincavam sozinhos, alegremente, ignorando qualquer tensão conjugal – ou talvez escapando disso. Essa versão de sua família era o que ela queria, mas não o que tinha. Precisa admitir que *o que ela quer* (uma família unida e integrada pela comunicação) não irá acontecer precisamente por causa *do que ela está fazendo* (forçando-os a passar os fins de semana na praia). Uma vez que admita, ela pode sair do porão e voltar à sala de lazer no presente, onde acontecem os relacionamentos.

Se Judith ouvir o que os filhos estão pedindo, talvez possa alcançar o que realmente quer: um período de tempo agradável com eles. Depois de uma rápida negociação, talvez à mesa da cozinha, eles podem concordar que passarão fins de semana alternados na praia, e as crianças podem levar amigos, se quiserem. Cada um vai ter o que quer, e cada um estará mais sintonizado com as diferentes concepções de lazer do outro. Essa é a real *união* que Judith está procurando.

No caso de Judith, uma viagem ao porão faz com que ela compreenda melhor toda a sua casa. "Foi preciso ficar uma mãe completamente desorientada para fazer com que eu entendesse a minha infância", diz ela. "Explorar o meu porão fez com que eu me confrontasse com a falácia das minhas lembranças. Aprendi que você pode estar sentada numa toalha de praia no mais belo cenário, perto de alguém que você ama – e não estar se comunicando."

Assim, encarando a bagunça no porão, Judith criou agora uma sala de lazer bem-arrumada com pessoas que conversam, sorriem e riem. Pode não ser na praia, pode ser no shopping ou na fila do cinema, mas ela estará feliz, conectada com eles em qualquer lugar. Conectar, não controlar. O objetivo é conectar em todo e qualquer lugar – no shopping, no elevador, enquanto passeia com o cachorro. Até quando está sentada na apertada sala de lazer.

EU ERA A SEMENTE RUIM CRESCENDO

"Minha mãe sempre 'brincava' que quase a matei quando nasci. Mas isso não tinha graça para mim, e pouco depois virou parte do meu papel na família – a semente ruim. Ela, meu pai e meus irmãos e irmãs mais velhos sempre me diziam que todos sabiam que eu era problemática desde o dia em que nasci. Às vezes, diziam em tom de brincadeira algo como 'O que você esperava dela?', mas posso dizer honestamente que essa veio a ser a ideia que tenho de mim mesma e da qual não posso me livrar, mesmo depois de adulta."

— Arianna, 35 anos; Deerfield, Massachusetts

Arianna é uma artista da maquiagem que acredita no poder transformador da maquiagem e dos penteados para ajudá-la a ser quem você quiser, todos os dias. No entanto, ela não se permite esse luxo, pelo menos no seu íntimo. Sempre se sentiu a "ovelha negra", que nunca fez a coisa certa, nunca se formou e certamente nunca correspondeu às expectativas que sua mãe alimentava da filha perfeita.

Na escola, faltava às aulas, se unindo com todas as pessoas erradas, e entrou nas drogas e no refúgio do rock alternativo. Um dia, pegou um ônibus para Nova York, lá começou a fazer maquiagem para as bandas e nunca mais voltou para casa. "Eu pensei: Ótimo, posso muito bem ser uma rebelde, já que é assim que eles me consideram." Todos os seus irmãos e irmãs deram certo, trabalhando na comunidade local e constituindo família. Arianna, porém, ficou solteira e, na sua mente, foi sempre uma adolescente rebelde.

Mas agora ela quer crescer, mudar e ter filhos. "Estou com 35 anos e me ocorreu que é agora ou nunca, e, embora eu seja feliz, acho que poderia ser ainda mais se começasse uma família. Tenho um negócio que seria ideal para uma mãe que trabalha. Então, o que farei para que o papel de 'mãe' faça parte desse quadro? Minha mãe e eu não nos falamos mais."

Está claro que ela está presa à sua infância e precisa parar de reagir ao que a mãe lhe disse durante todos aqueles anos. Catherine diz que, enquanto ela acreditar que é aquela adolescente "ovelha negra", continuará empacada. É uma profecia de autoafirmação, mas ela pode pôr fim a isso a qualquer momento.

Primeiro, ela precisa reconhecer os padrões inconscientes e olhar cuidadosamente para a lembrança encobridora se repetindo várias vezes em sua mente. Arianna se sente tão revoltada quanto culpada, e não quer mais deixar que essas lembranças definam seu papel na família ou no mundo em geral.

Há várias maneiras de Arianna lidar com esse problema. Talvez ela possa levar em consideração a perspectiva de sua mãe e o que é quase morrer. O medo de sua mãe e a inabilidade de lidar com aquele susto talvez seja a razão pela qual ela "brincou" sobre isso durante todos aqueles anos, magoando inconscientemente os sentimentos de Arianna. Ou, talvez, em algum nível, a mãe culpasse Arianna.

Mas o que aconteceu *não* foi culpa de Arianna, e ela precisa acreditar nisto. Um método de reprocessar essa experiência traumática é chamado de ressignificação, que consiste em dar uma nova linguagem a acontecimentos antigos para tentar compreendê-los. Ela pode dizer a si mesma: "O que aconteceu não foi por minha culpa. Eu era um bebê recém-nascido e não queria machucar minha mãe." Além disso, Arianna precisa parar de tentar mudar a opinião que a mãe tem sobre ela de "criança problemática" e se concentrar no motivo que fez com que ela permitisse que os outros também a definissem desse modo. Ao pensar nisso, ela precisa perceber que a maior parte da culpa cabe à dinâmica da família. E reverter completamente esse quadro.

A chave do processo de Arianna é a equação de relacionamento: A + B = C. Ela tem de compreender que nunca mudará a mãe, mas que pode mudar a si mesma e, dessa forma, alterar o resultado.

Catherine explica que, embora Arianna não passasse de um bebê quando esse trauma ocorreu, ela assumiu a responsabilidade pelo que aconteceu com a mãe. Uma vez que decida mudar, ela pode descartar essas lembranças e sair do porão. Arianna, como toda mulher, precisa definir ou modificar a si mesma, ser o que deseja ser e construir a própria vida. Seu desafio é imaginar como é essa pessoa e o que a faz feliz.

NENHUM HOMEM É MEU CHEFE!

"Eu via meu pai mandar tanto em minha mãe que jamais esquecerei isso e, como consequência, não deixarei que nenhum homem mande em mim. Eu sabia que precisava ser financeiramente independente e nunca me preocupei com casamento, embora eu queira ter um relacionamento amoroso. Na verdade, qualquer homem (professor, treinador, chefe) que me diga o que fazer me faz querer fazer o oposto. Sei que isso está me refreando, mas não consigo mudar."

– Maxine, 30 anos; Filadélfia, Pensilvânia

Sempre travessa e extremamente independente, Maxine cresceu pensando que nunca faria o tradicional papel de esposa e mãe. Sua mãe jamais fora apreciada pelo seu pai, que implicava com ela. Ele mandava em todos da família; a única pessoa que o desafiava era "Max", uma vez que ela era a mais velha e entendia ser sua obrigação proteger a mãe e o irmão e a irmã menores do grande pai mau.

Mas, quando cresceu, ser obstinada e teimosa fez com que ela sofresse perdas, em termos de relacionamento, sucesso nos empregos e, também, em relação à sua felicidade. Ela sabe que precisa mudar, mas não sabe como. "Não confio em ninguém, a não ser em mim mesma, e não quero – como digo na minha maneira infantil – que ninguém seja o meu chefe." A lembrança encobridora que ela não consegue esquecer é quando seu pai avançou na sua mãezinha, cheio de raiva, e Max saiu em defesa da mãe e o enfrentou. "Juro por Deus que ele teria batido nela se eu não estivesse ali na frente. Era como se ele soubesse que eu era tão agressiva quanto ele." Daquele momento em diante, Max decidiu que ser agressiva valia a pena.

Mas ela nunca se permitiu ser vulnerável, e está preocupada por não progredir nos relacionamentos. Sabe que poderia ter uma família e se sentiria melhor em todos os aspectos de sua vida caso permitisse que outra pessoa assumisse ocasionalmente o comando e ela realmente desse ouvidos aos conselhos desse alguém. Em vez disso, ela o afasta. Com ela, *é do meu jeito ou fora*, e, por fim, seus amores escolhem cair fora.

Catherine diz que Max está presa no porão, e todos os outros cômodos, principalmente o quarto de dormir e o escritório, são afetados, porque ela não consegue manter um relacionamento e se mete em encrencas no trabalho, porque não tem jogo de cintura para seguir a política do escritório.

Seu processo inconsciente pode ser que, em sua lembrança encobridora, ela tenha agora trocado de papel com o pai, o que é clinicamente conhecido como "identificação com o agressor". Ela fez isso inadvertida e inconscientemente, e agora está presa ao próprio padrão de tentar ser tão dura quanto acha que são os homens à sua volta. Ela sente, erroneamente, que também precisa ser implicante para ser "igual", mas agora está competindo com antagonistas imaginários, porque as pessoas à sua volta não estão tentando lutar ou magoá-la.

Maxine precisa sair do porão e entrar no quarto de dormir, onde ela pode começar a ter um relacionamento saudável e adulto. Ela já reconheceu o motivo do seu comportamento. Uma vez que perceba que está constantemente reagindo a lembranças antigas, Maxine pode provocar um curto-circuito nesse comportamento e dizer a si mesma para "agir, não reagir". Primeiro, ela pode perguntar: qual é a melhor maneira de ser o eu autêntico? Ela pode começar agora e decidir mudar o futuro, ainda que não possa mudar o passado. O recordar, é certo, não precisa ser definitivo. Catherine lhe diria que ela pode evoluir, uma vez que decida fazer isso. "Continue ou cresça" é a sua pérola, significando que ela pode continuar como é, sem mudar, ou pode crescer, evoluir e ver sua vida melhorar. Uma vez ciente da escolha, torna-se claro o que deve fazer.

O MEDO REGULAMENTA A MINHA VIDA

"Tenho medo de tudo! Preciso parar de ter medo do escuro quando tenho de sair de casa, ou pensar que vou ser estuprada a qualquer momento quando estou sozinha num lugar desconhecido. Sinto-me amedrontada antes de fazer qualquer coisa nova, mas, depois que faço, me sinto ótima. Não quero que meus filhos saibam que penso assim. Mas o fato é que penso!"

– Georgia, 38 anos; Norfolk, Virgínia

Acontece que a mãe de Georgia também era nervosa. "Nós a chamávamos 'Nelly nervosa' e ríamos de seus pitis malucos, como, por exemplo, ligar para a casa de nossos amigos se estivéssemos cinco minutos atrasados e ficar no portão de braços cruzados, muito zangada quando entrávamos. Quando aprendi a dirigir, achei que ela iria explodir enquanto esperava por mim dirigindo de volta para casa... como se eu certamente houvesse morrido! Aquilo me deixava furiosa, mas eu a amo."

A família de Georgia tem um longo histórico de pessoas ansiosas, e nenhuma delas pensa duas vezes sobre isto. Mas Georgia sabe que herdou isso de sua mãe, embora, lá pelos vinte anos, vivesse fazendo coisas arriscadas, como excursionar no Nepal, correr de bicicleta através dos Estados Unidos com suas amigas, nas férias de verão da faculdade, e andar na garupa da motocicleta do namorado.

Pensando nisso, seu nervosismo veio à tona quando ela teve seus próprios filhos. "Lembro de achar que a minha filha recém-nascida era tão delicada e frágil que durante semanas não deixava que ninguém a segurasse. Nem o meu marido podia fazer isso direito, e nunca a deixei com uma babysitter. Eu ficava apreensiva com tudo: síndrome da Morte Súbita, vacinas, até mesmo que alguém chegasse até o carrinho e raptasse o bebê. Depois, à medida que ela crescia, era a gripe suína, e assim por diante. Quando ela foi para a escola, passei a me preocupar com sequestradores e estupradores, e percebo ter me tornado igual à minha mãe, apesar de todos os meus esforços ao contrário. O que aconteceu com aquela moça de vinte anos que viajava pelo mundo e andava de motocicleta? Então, sob certo aspecto, penso que se preocupar é igual a amar, e sei que amo tanto a minha filha porque me preocupo com ela. Bem, é isso que digo a mim mesma."

Georgia se sente mal em relação a sua ansiedade e está preocupada que sua filha possa herdar isso. Agora que a filha tem seis anos, está ficando mais difícil esconder essas tendências neuróticas ou refreá-las. "Me sinto como Debbie Downer, porque quando Mia me diz que quer ir nadar, meu primeiro comentário é: 'Nunca mergulhe se não souber a profundidade da água.'"

Catherine diz que é comum as mulheres, principalmente as mães, fazerem o que é chamado de "catastrofismo", imaginando o pior que pode acontecer, quase como uma defesa contra o perigo real envolvido. Desse modo, uma mãe pode ouvir *"skateboard"* e pensar em braço quebrado. Muitas mães têm esses pensamentos e eventuais preocupações, mas normalmente não as paralisam ou arruínam seu relacionamento com os filhos. (Se causam angústia e interferem de modo significativo em suas atividades diárias, então talvez o problema seja maior e precise ser tratado.) Para Georgia, no entanto, e a maioria das mulheres, esses pensamentos podem surgir e mesmo assim não a impedirem de avançar com os seus planos – a chave é aprender a apreciá-los sem catastrofismo.

Para quebrar o padrão, ela tem de sair do porão e entrar no quarto da filha, ou sofrer as consequências. No playground, ela fica indecisa e não quer deixar Mia ir a uma excursão da escola no parque aquático, a não ser que vá junto. Catherine diz que Georgia não quer fazer com a filha o que sua mãe fez com ela. Mas a ansiedade é de família, assim ela pode estar trabalhando contra o próprio DNA. Isso é chamado de "carga genética", um termo para quando as características são passadas através de gerações. A ansiedade tende a ter um componente hereditário, assim como a depressão, e, apesar dos seus melhores esforços, nem sempre você consegue se livrar disso.

Georgia vai ter de representar o papel de uma mãe calma, mesmo que não se sinta assim. Às vezes, é suficiente abrir novas linhas de pensamento, e, outras vezes, Catherine pede que a paciente faça o que é chamado de terapia cognitivo-comportamental (TCC), que basicamente significa tentar mudar o modo de sentir mudando o modo de pensar. Você aprende a reescrever, identificando pensamentos automáticos (*Alguma coisa ruim pode acontecer!*) e substituí-los por frases novas e mais positivas (*Ela saiu com amigos antes e correu tudo bem, então, agora, ela ficará o.k. Além disso, preciso deixar que ela faça isso!*). Georgia pode até acrescentar as palavras "Tenha cuidado, querida", mas pelo menos deve controlar para que estas não sejam as primeiras palavras a saírem de sua boca.

Georgia foi bem esperta ao ir a um terapeuta e aprender novas estratégias para se acalmar. Assim, agora ela está no quarto da filha e desfrutando mais do seu relacionamento, sabendo que pode deixar a menina crescer sem sufocá-la. O processo-chave foi afastar a própria ansiedade da experiência em potencial da sua filha. Lembra do diagrama Venn? Georgia estava muito envolvida com Mia, impedindo que ela tivesse alguma independência. Ela precisou se afastar para ajudar a filha e deixá-la crescer e experimentar a vida plenamente e com segurança.

Uma vez que você tenha pesado os riscos e os benefícios, precisa compreender que, não deixar sua filha fazer alguma coisa, é tão arriscado (para o desenvolvimento dela), quanto deixar que faça, para a segurança dela. Ser uma mãe preocupada é uma coisa boa, mas ser dominadora e superprotetora não é.

Um último pensamento no porão, que é fonte de tantos dos nossos comportamentos: o passado deve informar o presente, mas você não quer ficar presa a ele. Você não pode dirigir o carro olhando pelo retrovisor, sem bater. Para ir para a frente, olhe para o que está adiante na estrada, não para o que já passou. Uma espiada no espelho pode ajudar, mas o seu futuro está à sua frente. Olhe para a frente.

7

A sala de lazer

Onde as pessoas que você ama a deixam maluca

Quando eu era jovem, meu irmão e eu gostávamos de brincar juntos e competir, e desde aquela época continuamos a agir como crianças grandes, saindo para caminhadas, passeios de bicicleta e corridas curtas com o mesmo espírito competitivo que tínhamos quando eu estava na sétima série e ele, na nona. Nós disputamos um contra o outro em rampas de esqui e competimos sobre quem foi o último que ligou para a mamãe e quem vai pagar a hipoteca que ela fez (o.k., ele ganha na maioria dessas categorias). Catherine diz que nós ainda nos comportamos como adolescentes durante todas essas décadas porque esta era a idade que tínhamos quando vivíamos sob o mesmo teto. O modelo que se tem quando criança é aquele que se tende a reprisar, repetidamente, quando adultos, com todos aqueles a quem mais se ama. E é aí que surgem os conflitos – com sua mãe, pai, irmãos, tias, tios e com quem mais você haja convivido e ainda continue se encontrando com frequência. Você não é mais criança, mas eles ainda a tratam como se fosse.

A sala de lazer é onde a gente passa o tempo com as pessoas que mais ama, mas que têm a capacidade única de nos incomodar. Como você define sua família depende de você – pode incluir a melhor amiga ou a tia favorita, ou pode incluir primos em segundo grau com quem você cresceu e considera irmãos. Aqui, o termo que define é o quão próximo e o quão querida é a pessoa. Essa proximidade significa que vocês irão se pegar, talvez até mesmo xingar uns aos outros, mas você sabe que o amor estará sempre ali. Você pode usar o pijama e colocar os pés para cima, você pode arrotar e não ter escovado os dentes e, ainda assim, se sentir confortável com essas pessoas, porque elas são a sua família. Você tem de amá-las, não importa o que aconteça, mas não precisa gostar sempre delas.

Considerando que ninguém fica sempre bem-comportado na sala de lazer – por definição, isso a levaria à menos informal sala de visitas –, você revisita, com frequência, padrões de comportamento infantil que nem sempre são saudáveis em um adulto. Você pode "regredir ao tipo", que é a maneira de Catherine descrever como irmãos começam a interagir como se ainda estivessem na idade em que viviam juntos como uma família, antes de saírem para a universidade e seguir carreiras ou mudar para outras cidades. É a intimidade da infância que a traz de volta, não importa quão longe você esteve ou por quanto tempo; um bom soco em seu irmão, que está começando a agir como maluco, reduz os anos e a distância a zero. Você sabe que, outrora, pôde fazer ambos rirem disso, e é tranquilizador saber que ainda pode fazer isso agora, como se nada houvesse realmente acontecido entre vocês, nada de importante.

Você gosta da convivência da família e continua reprisando isto, mesmo quando não parece ser a maneira mais apropriada ou produtiva para construir relacionamentos adultos, que são baseados no aqui e agora. O fato é que, se todos estão felizes agindo como se ainda tivessem nove anos, você provavelmente não percebe qualquer conflito. Mas, muito frequentemente, um dos irmãos decide que é tempo de crescer, ou um fator súbito força com que entrem no mundo real dos adultos (perda de um emprego, execução de hipoteca, doença de um dos pais ou alguma outra crise na vida adulta) e, de repente, uma pessoa quer que o resto da família tome uma atitude mais razoável. Mas uma coisa estranha acontece: às vezes, eles não podem. Conhecem apenas uma maneira de interagir e estão empacados, como um disco rachado, repetindo a mesma dinâmica tola que pareceu divertida nos bons tempos, mas que é bem aborrecida quando você precisa de um irmão realmente adulto ao seu lado.

A psiquiatria chama isso de "compulsão à repetição", pois você, contínua e inconscientemente, repete padrões de comportamento, a não ser que os identifique e decida mudá-los. Pense sobre isso: você e sua irmã ou irmão não estão reprisando os anos em que ambos viviam em casa? Isso pode ser ótimo, e divertido, até que pare de funcionar para um de vocês.

Mantendo o concreto. Às vezes o real é doloroso!

Há maneiras de esses padrões antigos ajudarem a "manter o concreto", desde que você possa confiar naqueles que a amam a ponto de poder dizer as coisas como realmente elas são. E eles raramente respeitam seus sentimentos, e é por isso que a sala de lazer é tanto agradável quanto dolorosa, como fazer cócegas até que doa.

Para mim, voltar para casa depois de bancar a mandachuva o dia inteiro é refrescantemente real. Contei para o meu filho adolescente que as pessoas na última reunião do dia haviam achado a minha piada engraçada. Repeti a piada e esperei pela reação dele, que, impassível, respondeu: "Só riram porque é você quem paga a eles." Então olhou para mim e sorriu, como se dissesse "te peguei", e retornou aos seus amigos do Facebook. Sei que ele me ama e mostra isto não me fazendo nunca um elogio falso. Na maioria das famílias, não importa se você é a mandachuva ou a abelha operária quando chega em casa, você é simplesmente você e ainda tem de encher a lavadora de pratos e pôr o lixo para fora. Ninguém tem que ser gentil com você por motivos errados, e isso é uma coisa maravilhosa, porque garante que você tem um saudável contrapeso na sua vida.

Para ser emocionalmente completa, você tem de ser tratada normalmente pelas pessoas que não a consideram da mesma forma que o mundo lá de fora. Catherine colhe essa normalidade da sua filha de dez anos, que diz a ela, autoritariamente: "Mãe, você não pode vestir *isso* para trabalhar!" Eu tenho o que chamo de meu "armário de cozinha" – minha filha, meu filho e meu marido. Eles são confiáveis e me dirão exatamente o que pensam da minha última apresentação na TV – que me repeti ou que meu cabelo estava afrescalhado. (Obrigada, turma. Devidamente anotado.)

Feedback é crucial. Nós chamamos isso de "sinalizar"

Nós nos avaliamos e recebemos feedback minuto a minuto, a partir do primeiro dia em que somos bastante crescidos para comunicar e entender os outros, vale dizer do minuto em que nascemos. Em termos psicológicos, o processo que as crianças usam para medir tal feedback é chamado de espelhamento – eles veem o que é "espelhado" de volta para eles pelos pais, professores, treinadores e outros adultos, e aprendem com isto.

Como adulto, durante o seu dia, você procura o feedback que é útil para a navegação em águas turbulentas. (Como estou indo no meu trabalho? Desapontei meu pai no dia do aniversário? Passo bastante tempo com meus filhos?) Nós chamamos isso de "sinalizar", considerando que isso é uma forma de enviar pequenos sinais, tipo sonar, para pessoas à sua volta, e os traços voltam com força, tanto positiva quanto negativamente, e você aprende a entendê-los e medir como o seu comportamento é percebido. Como um golfinho, você precisa enviar os sinais constantemente e interpretá-los de forma correta para sair das águas rasas e chegar ao mar aberto.

É assim que você finalmente aprende a se conhecer e o que os seus sinais internos dizem a você. Com o tempo, esses sinais lhe ajudam a tornar-se autoconfiante, de forma que você pode seguir seu próprio ritmo interno, tomando uma direção da própria escolha. Algumas pessoas extremamente conscientes parecem achar sua voz interna com mais facilidade, mas, para a maioria de nós, é preciso prática, trabalho e uma vida inteira *sinalizando* até chegar a um ponto em que seguir sua voz interna torna-se uma coisa natural. O objetivo é ouvir seus sinais internos, mas para isso é preciso prática e algum feedback autêntico e útil de pessoas em quem você confia.

Há sinais verdadeiros e sinais falsos, e, finalmente, você aprende a diferenciá-los. Aqui está um exemplo de como aprender a ver a diferença, ainda criança.

Há algum tempo, a filha de Catherine mostrou a ela, com orgulho, um desenho que havia feito de um cavalo. "É o melhor desenho que já vi!", disse Catherine à menina. Hannah, uma criança esperta para os seus seis anos, não caiu na conversa. "Você só está dizendo isso porque é minha mãe", disse ela. "Bem, eu *sou* sua mãe", disse Catherine, sentindo que havia criado um problema, "mas *ainda assim* é um bom desenho." Hanna pegou um pedaço de papel e um lápis de cera, rabiscou algumas linhas e disse: "E *deste* cavalo, você gosta?" Ela estava testando o seu sistema de feedback. Podia confiar na mãe quanto a lhe dizer a verdade? "Bem, eu sempre vou gostar de alguma coisa *porque* é sua", disse Catherine, "mas isso é um rabisco e não um cavalo."

Hannah ficou satisfeita. Havia encontrado um sinal "verdadeiro", o que significava que ela podia confiar na mãe para lhe dizer a verdade.

Sinais são o seu GPS interno

O feedback na infância é crucial para moldar sua personalidade. Claro, a natureza representa também um papel enorme, mas padrões de comportamento e relacionamentos são, em grande parte, aprendidos com aqueles que estão à sua volta, na infância. Os sinais e o ato de sinalizar compõem um dos métodos pelos quais você aprende em quem confiar. É também como você aprende a confiar em si próprio. Começa nos seus primeiros pensamentos e ações – o choro da criança é a maneira com que ela manifesta as suas necessidades. Se está com fome, molhada, com sono? A forma com que a pessoa que toma conta dela responde a esses sinais contribuirá para como ela se relacionará com as outras pessoas no futuro. Exemplos opostos: a mãe ansiosa pode pegar o seu bebê todas as vezes, porque com qualquer choro ela fica nervosa. Embora bem-intencionada, essa atenção exagerada com as necessidades do bebê talvez leve a criança a ser excessivamente dependente, ou reprimida, ou necessitada de se rebelar para escapar da dominação materna; por outro lado, a mãe deprimida, que é incapaz de instigar e responder apropriadamente às necessidades da criança, pode não ser capaz de acalmar o bebê. Se essa falta de conexão continuar por meses e anos, esse bebê pode aprender que as necessidades e os desejos não serão satisfeitos pelos outros e, no futuro, esperar muito pouco de sua mãe, ou passar o resto de sua vida tentando extrair uma resposta dela, que foi inalcançável e indiferente. Essa mesma pessoa pode crescer e se tornar extremamente dependente dos outros à sua volta, em reação ao déficit materno inicial.

Portanto, uma quantidade saudável de conexão, atenção e feedback é o que estamos procurando – nem a mais nem a menos – quando criamos nossos filhos. Tanto a natureza quanto a educação estão agindo aqui (embora não haja nada que você possa fazer em relação ao DNA), mas a forma como fomos educados e como escolhemos educar é responsável por uma enorme parte do que somos. Se pudermos entender nossas próprias experiências de sinalizar, teremos chance real de mudar nossos padrões de comportamento e nossas interações com aqueles a quem amamos.

Catherine explica que esse feedback inicial ajuda a determinar nossas características de caráter (necessidade *versus* segurança, busca de aprovação à aparência exterior *versus* capacidade de confiar em si mesma). Você também desenvolve seu senso de autoestima, uma vez que sinalizar é uma maneira de ver para onde você está indo (lendo o sonar) e em que posição está na largada, como um GPS do seu eu exterior. Você é engraçada? Esperta? Atlética? Criativa? Musical? Sinais verdadeiros permitem que você conheça a realidade, razão pela qual é tão chocante quando um cantor obviamente horrível aparece no *American Idol* e faz papel de bobo. Cabe perguntar: ninguém disse a essa pessoa que ela não sabe cantar? Esses atores ruins estão frequentemente um pouco fora da realidade, e os observadores não podem fazer nada a não ser pensar: eles nunca tiveram sinais verdadeiros? É possível que eles nunca tenham se visto como nós os vemos, porque a reflexão na sua vida foi distorcida?

Sou o produto de uma mãe excessivamente positiva e de um pai adorável, embora inquisidor. Minha mãe às vezes pensa que sou o máximo, e sei que esse não é o caso, mas gosto do amor que ela tenta me mostrar. Por isso, hoje, sei descartar um elogio que chega muito facilmente e não o internalizo. Mas o mesmo é verdadeiro quanto ao lado oposto do espectro do feedback, porque durante toda a minha vida tive que suportar a avaliação honesta de meu pai, que, apesar dos seus melhores esforços em me apoiar, sempre dizia a mais pura verdade sobre o meu desempenho (*muito bem* sempre foi o maior elogio no dicionário dele).

Acho, agora, que fico muitas vezes na defensiva e espero pela desaprovação, antes mesmo de ela ser manifestada. Embora dê mais valor a um feedback crítico ou construtivo do que a um elogio fácil ou uma lisonja, é também verdade que fico na defensiva, mesmo quando a pessoa não pretende ser crítica. Meu movimento "preventivo" chega a ser, às vezes, demasiadamente crítico sobre mim mesma, antes que alguém mais possa fazer alguma observação desagradável, como uma forma de me autorreprovar e tentar contornar uma discussão. Ou posso lançar um comentário ofensivo para a outra pessoa, quando antecipo uma crítica a caminho.

Essa combinação de mãe intuitiva e entusiasmada e pai crítico e intelectual fez com que eu tivesse de achar o meu próprio caminho por entre os seus sinais contrários e descobrir o que era real para mim. Agora, sou grata a ambos pela forma como me tratavam, pois significa que consigo perceber muito bem o que é autêntico, o que é bajulação e o que é cáustico; hoje, ouço o meu próprio compasso íntimo e isso funciona, na maioria das vezes.

Um ditado que aprendi há muito tempo, "Você não é tão boa como nos seus melhores dias e não é tão ruim como nos seus piores dias", tem me ajudado nos altos e baixos da edição de uma revista. Outro favorito é "Não acredite na propaganda exagerada". Significa que você pode receber uma excelente crítica ou ganhar um grande prêmio num dia e, então, ser massacrada por um blogueiro no outro dia, mas você tem de continuar a trabalhar e fazer o melhor todos os dias, para merecer um próximo sucesso. Trabalhar muito e me cercar de pessoas que estão dispostas franca e generosamente a discordar de mim – em quase todas as reuniões – tem me ajudado muito. (Sinalizando como membros de uma verdadeira família!) Mas, depois, tenho ainda de fazer a ligação, tomar a decisão final e ir em frente, para o melhor ou para o pior, seguindo o meu instinto.

Parte disso é dominar o tipo de pensamento descrito neste capítulo. Primeiro, você tem de perceber de onde estão vindo esses sinais críticos externos, depois modifique essas ideias com as suas próprias noções sobre o que é direito para você e qual é a bagagem da outra pessoa que você não precisa carregar.

Catherine nos lembra que os sinais são sempre complicados, porque todo sinal vem de outro indivíduo, trazendo as próprias experiências dele. Pais severos talvez tenham tido seus próprios pais severos ou podem ser o produto de pais complacentes e estão reagindo contra eles. Um pai fraco pode estar reagindo contra uma educação rígida e tentando ser o pai que ele gostaria de ter tido. De qualquer maneira, sinalizadores geralmente não representam nenhum dano, e quanto mais cedo você perceber isto, mais fácil será não se deixar abalar por um sinal. Mas não esqueça de ouvir, porque a maioria dos sinais tem uma partícula de informação útil embutida na mensagem.

Os sinais vão em ambas as direções

Nós também emitimos sinais, distribuindo feedback para aqueles à nossa volta. Enviamos sinais para aqueles que amamos e esperamos confiantemente que eles sejam autênticos. Vamos supor que sua filha se recuse a estudar piano, mas quer que você diga que ela está pronta para o recital da próxima semana. Você emite um sinal: "Bem, se quiser tocar melhor, precisa praticar mais! Você melhora a cada vez que toca essa música!" Se ela se esforça, mas ainda assim salta umas notas, seu sinal pode ser mais complacente, mas ainda honesto. "Você está ótima, querida. Há alguns pontos que precisam ser aperfeiçoados, mas você conseguirá isto até a próxima semana." Mesmo que você queira dizer alguma coisa sarcástica, como "Eu podia ler um livro durante o tempo que você levou para achar aquela nota!", você tem de morder a língua e reformular a frase de maneira afetuosa. Os melhores sinais são quando você os mantém incentivadores e autênticos.

Imagine que seu filho não vai bem no jogo de beisebol... três *strikeouts* e perde um *fly ball*. Você fica desapontada, mas tem de disfarçar. "Mais sorte na próxima vez" ou "Boa tentativa" servirá de incentivo. O que não servirá? "Você devia ter pegado aquela! Fique de olho na bola!" Seus sinais importam mais do que o real desempenho do garoto... ou a falta deles. São deles que a criança se lembrará, não da má jogada. Sua *reação* ao fracasso dele pode durar a vida inteira. Nem todo mundo nasce para ser um musicista ou um atleta – a chave é ajudar seu pequeno Beethoven ou Derek Jeter a descobrir seu eu autêntico.

Ajudar os entes queridos a achar o próprio caminho significa que você pode cumprimentá-los por serem bem-dotados, mas no minuto em que estes dons se revelam menos olímpicos você não diz "O que aconteceu? Você era tão bom!". Dependendo do objetivo (ginástica, atletismo ou estudo), sua obrigação é perguntar "O que *você* acha que está acontecendo?" ou recuar e dizer "Enquanto você gostar disso, continue fazendo". O melhor é ajudá-los a entender a si próprios. Se você ficar frustrada, rapidamente eles reagirão à sua emoção, não à deles.

Na hora em que eles não conseguem êxito, precisam saber que você os ama de qualquer maneira; você é a mãe, não o treinador ou o examinador. Nessa altura do jogo, ou isso se transforma em uma paixão para eles ou, então, saem à procura de um outro objetivo. Sua opinião não deve ser um fator. É assim que eles irão achar seu eu autêntico: no momento em que não estiverem fazendo isso pelo sinal positivo, mas porque escolheram fazer assim, e não porque você quis assim.

Sua vida inteira é sinal, sinal, sinal, sinal! Do primeiro alento ao último suspiro, você sinaliza e será "sinalizado". Os melhores sinais serão aqueles que não são nem desestimulantes ("Essa canção fere meus ouvidos!") nem falsos ("Você é o melhor!"), pois assim a sua integridade como uma sinalizadora fica desacreditada. A questão em sinalizar é ser tão autêntico quanto possível, mas enfático também.

Todos nós procuramos o que é autêntico, em nós e nos outros. Não acreditamos em feedback que seja ou muito efusivo ou muito severo, razão por que respeitamos alguns críticos mais do que a outros. A sala de lazer é onde começamos a aprender em quem, nas nossas vidas, podemos confiar que nos dirão a verdade.

Assim, entremos na sala. Aqui estão histórias reais de experiências de mulheres que todas nós experimentamos na sala de lazer: as ferroadas daqueles que mais nos amam.

PASSO MAIOR DO QUE AS PERNAS

"Minha mãe sempre me disse que as outras pessoas, principalmente as mulheres, não gostarão de você caso tenha muito sucesso ou tiver tudo. Se você for magra, elegante, bonita ou, no colégio, a corredora mais rápida do time ou a presidente da classe ou a líder da torcida, as pessoas pensariam que você é muito convencida. Ela dizia constantemente: 'Não dê um passo maior do que suas pernas.'"

– Jean, 45 anos; Chicago, Illinois

Jean ainda guarda essas palavras na cabeça, após todos esses anos, e permitiu que elas freassem o seu potencial. Mãe de dois filhos, morando num rico subúrbio de Chicago, a uns oito quilômetros de onde cresceu, Jean conseguiu o seu MBA e trabalhava em consultoria gerencial, mas, quando ficou grávida do primeiro filho, decidiu ficar em casa com as crianças, enquanto eram pequenas. Jean cria os filhos, cuida da casa e faz outras tantas coisas muito bem. Os filhos cursam agora o ensino fundamental e estão progredindo, enquanto ela capta recursos para duas creches, preside o leilão da escola para angariar fundos, adora dar festas – e parece fazer tudo com a maior facilidade.

Embora Jean se considere abençoada, ela se sente culpada toda hora, "e não só porque sou uma católica irlandesa, mas porque às vezes não estou certa de merecer todas as coisas boas que têm acontecido comigo". Jean foi muito bem-sucedida no emprego, subindo ao topo do seu grupo de trabalho e ganhando um monte de dinheiro. Ela tem uma vida confortável, um marido bonito e incentivador, e dois filhos ótimos, além de uma casa linda e férias agradáveis, todos os anos. "Sou realmente uma pessoa de sorte." Então, por que a culpa?

Na perspectiva de Jean, ela e a mãe são muito unidas. Se falam por telefone várias vezes ao dia e se encontram outras tantas vezes durante a semana. Mas nem tudo são flores. A mãe de Jean a atormenta, lançando pequenos comentários, como "Quem você pensa que é?", quando Jean prepara uma daquelas festas deslumbrantes ou ganha um prêmio da comunidade pelo seu esforço em levantar fundos. Jean acha que essas pequenas estocadas se devem ao fato de que "Mamãe se sente insegura. Ela não conseguiu fazer a faculdade – criou quatro filhos, submissa ao marido, e se sente minha concorrente e mais do que um pouco ciumenta". Jean diz que a mãe parece se orgulhar dos sacrifícios que fez pela família. "Eu tinha tudo que precisava bem aqui em casa, com vocês, crianças, e o papai", ela costuma falar para Jean.

Mas Jean nunca acreditou totalmente que a mãe estivesse satisfeita com o que tinha. Percebe o ressentimento da mãe por não ter tido as mesmas oportunidades. Por mais que sempre diga que está orgulhosa de Jean, tem agido de tal maneira que erodiu a confiança de Jean e tornou mais difícil para ela desfrutar seus sucessos. Ainda no colégio, quando Jean disputava uma corrida *cross-country*, sua mãe podia sorrir quando sua equipe ganhava o campeonato da cidade, mas, depois, dizia a Jean para ter cuidado em não parecer ou agir como vencedora, pois "as pessoas iriam falar".

É hora de Catherine entrar em cena e ajudar Jean na identificação do problema. Jean parece se sentir culpada pelo próprio sucesso, em contraste com os muitos sacrifícios da mãe. Mas Jean está cansada do conflito e de toda aquela mágoa. Aqui, como na maioria dos casos, é importante reconhecer que há um processo inconsciente em andamento. Jean parece estar empacada, talvez porque, emocionalmente falando, ela não tenha sido adequadamente "separada" da mãe para tornar-se uma personalidade adulta independente. Em outras palavras, ela se preocupa muito com o que sua mãe pensa, mesmo que agora ela própria seja mãe, na casa dos quarenta. Quando esse tipo de superenvolvimento acontece, significa com frequência que você não completou totalmente o processo de desenvolvimento chamado separação/individuação, um termo criado por Margaret Mahler, uma renomada psicanalista de crianças e especialista em desenvolvimento na infância. Algumas crianças têm problema com essa fase de desenvolvimento, muitas vezes porque a mãe talvez tenha seu próprio problema de ansiedade e, consequentemente, ela e a criança se enredam e sentem dificuldade em se separar.

Agora, Jean quer quebrar o padrão, para sua própria felicidade, e está lutando para sair da dança que ela e a mãe fazem há anos. Jean tem de explorar o porão – suas lembranças de infância – para entender melhor a origem de seus sentimentos. Ela lembra um momento, quando venceu a corrida no campeonato estadual, e sua mãe, antes de felicitá-la, disse: "Você sabe, as pessoas vão te odiar por ser a Pequena Srta. Perfeita." Pouco tempo depois, Jean começou a comer mais, perdeu velocidade e parou de ganhar medalhas nas corridas, como se quisesse parecer mais agradável aos olhos da mãe e das outras mulheres.

O que nos leva ao banheiro, para que ela tenha de volta seu corpo saudável. Durante anos, Jean permitiu que os pequenos comentários sarcásticos e a amargura cruel de sua mãe fossem erodindo o seu respeito por si mesma. Mas, há um ano, ela teve um clique e decidiu não permitir que ninguém mais determinasse como ela seria.

Aconteceu durante uma viagem da família às Bahamas. Jean estava 12 quilos acima do peso, sempre cansada e sem desejo sexual. E se sentiu culpada e incapaz de se divertir, hospedada num hotel de alto luxo, num lugar maravilhoso e com sua linda família.

Ela decidiu que era hora de fazer algumas mudanças radicais em seu estilo de vida.

"Não posso passar a próxima metade da minha vida me sentindo assim", disse ela. "Tenho de fazer alguma coisa." Jean começou a correr na praia e limitar os coquetéis. Logo começou a se sentir com mais energia, mais interessada em sexo e, sem grande esforço, foi perdendo alguns quilos. Ela ficou orgulhosa, e seu marido e os filhos notaram a transformação e a elogiaram.

Mas seu sucesso foi agridoce: sua transformação provocou uma nova onda de comentários mordazes da sua mãe. Isso, entretanto, reforçou sua escolha. "Eu não ia voltar a ser gorda para que ela me amasse mais, então decidi ser quem eu queria ser, apesar do que as outras pessoas, incluindo minha mãe, pudessem pensar. Assim, quando minha mãe diz aquelas coisas desagradáveis, respondo: 'Sabe do que mais? Eu estou feliz.' E, com isso, ela cala a boca."

"Não dê um passo maior do que suas pernas" parece antiquado, como se fosse algo que pode ser levado de volta ao porão e colocado numa caixa com a etiqueta LIXO, pois não tem mais o mesmo poder sobre ela.

Agora, Jean pode ficar irritada com a mãe, mas isto não a toca do mesmo jeito ou causa o mesmo sentimento de culpa. "Tomei a decisão de me valorizar, me cuidar de novo, depois de anos focada somente nos outros, e esta é a fonte da minha força."

Assim, o processo-chave para limpar a sua sala de lazer foi parar de deixar que os sinais negativos de sua mãe afetassem tudo – seu peso, seu cansaço, seu nível de estresse. Jean percebe que pode descartar os sinais ruins.

Jean tem novidades no banheiro também. "Eu olho no espelho e me sinto orgulhosa do meu corpo e do que consegui, e penso: *Seu passo não é maior do que as suas pernas, é do tamanho exato.*" Dissemos a ela para pensar sobre isso como sua vitória pessoal, uma pessoa que não reflete em ninguém mais ou em suas experiências ou fraquezas. Seu corpo e o estilo de vida saudável são algo para se orgulhar, para serem tratados com carinho e cuidado, e ela alcançou um novo nível de saúde, aptidão e bem-estar. Ela pode ajudar os outros pelo exemplo, mas se deixar deprimir pelos outros não ajudará ninguém. Ela pode voltar à sala de lazer, onde ainda ocorrem observações ácidas, mas agora ela pode dizer a si mesma "Seja verdadeira consigo mesma" e não permitir que os sinais a derrubem. Seja autêntica, e dê o melhor de si.

TODO MUNDO ME AMA!
POR QUE NÃO MEUS PARENTES AFINS?

"Não suporto isso – a família dele me odeia. Para eles, não faço nada direito, principalmente para a minha sogra e a minha cunhada. No entanto, quando converso sobre o assunto com o meu marido, ele age como se eu estivesse inventando coisas e recusa tomar conhecimento do que está acontecendo."

– Joanna, 38 anos; Bernardsville, Nova Jersey

Joanna, uma vibrante, otimista e esperta mãe de dois filhos, está farta de seus parentes afins e tenta explicar a Rick, seu marido há 12 anos, como a família dele a torna infeliz. Ele sabe que Joanna se sente excluída e humilhada por sua família, mas não vê o mal que isso faz a ela. Ou não *quer* ver.

Na verdade, quando Joanna e Rick visitam a família dele em Massachusetts, tudo parece bem enquanto ele está por perto. Mas se ele sai para ir jogar golfe com o pai e Joanna fica com a sogra, as coisas ficam complicadas. Geralmente Joanna é capaz de controlar a situação, mas nas cinco horas de volta para a casa em Nova Jersey ela desabafa e diz que se sente humilhada e menosprezada, principalmente pela irmã de Rick, e que a mãe dele não faz nada para impedir isso. A família adora Rick e sempre achou que Joanna não era suficientemente boa para ele. Ela esperava que, ao passar a ser mãe dos filhos dele, a situação mudaria e ela fosse pelo menos aceita, mas eles fazem com que ela se sinta mal com os seus cuidados maternais – caçoando até do que ela dá aos filhos (comida orgânica, tofu, pratos vegetarianos)." "Eles detestam tudo que faço, e isto não é justo, porque eu me esforço muito."

Rick fica na defesa. Ouve Joanna, mas, na realidade, não reconhece nenhuma das suas queixas. No passado, ele simplesmente dizia para ela reagir, responder à sua irmã. (Isso funcionava com ele!) "Por que você não deixa isso pra lá?", diz ele. "Você é superior a tudo isso." Ele diz que a tensão resulta mais da necessidade que Joanna tem de ser amada e de fazer sempre a coisa certa do que qualquer comportamento maldoso da irmã e da mãe dele. "Não as leve tão a sério."

Joanna diz: "Não vou bater boca com elas. Eu podia facilmente entrar nessa disputa, mas aí eu seria tão insuportável quanto elas. Podia dizer que seus filhos estão sempre precisando de um banho ou alguma coisa igualmente tola, mas não é assim que quero ser. Quero ser respeitada por meus parentes afins, e eu preciso da ajuda do meu marido. Ele tem de dizer para elas pararem de implicar comigo."

Joanna se sente mal por não conseguir conquistar a simpatia das duas, já que a maioria das pessoas acha que ela é uma mulher afável. Já fez de tudo para agradar a família do marido, tal como sempre chegar com um presente e, antes de ir embora, fazer as camas com lençóis limpos. Ela até dá a Rick tempo de sobra para ficar sozinho com o pai nas suas visitas. Acredita que muito dessa tensão venha do fato de que os afins acham que ela devia sair do emprego e passar todo seu tempo fazendo jantar para o marido e paparicando os filhos.

"Em vez de verem em mim alguém que faz Rick feliz", diz ela, "veem em mim uma intrusa, que roubou o seu queridinho. Eu sempre tive de me defender. Elas esquecem que Rick é metade do time que cuida das crianças e participa de todas as decisões que tomamos."

Joanna já teria desistido dessas viagens, não fosse o valor que dá ao bom relacionamento que seus filhos têm com seus primos e avós, mas ela sempre se sente "uma intrusa indesejável".

Catherine argumenta que Joanna está concentrada na pessoa errada. Seu problema não é com os seus sogros ou com a cunhada, é realmente com Rick. Joanna sente que Rick não a defende, e Rick acha que ela é muito sensível. Eles precisam olhar mais de perto a sua dinâmica e reconhecer que há problemas separando os dois quando visitam a família de Rick. Ele começa a se relacionar mais com a irmã e a mãe, diminuindo a sobreposição com Joanna. Então, de repente, o diagrama Venn do casamento deles vira uma confusão, e eles não conseguem se entender em relação ao cuidado com os filhos e a todos os outros problemas que não são tão esmiuçados em casa. Se Joanna e Rick percebem que estão completamente desconectados um do outro naquele cenário, podem começar a ver que um padrão de disfunção emerge sempre que visitam a família dele. Apenas não sabem como se relacionar um com o outro quando são dominados pelos fortes laços que prendem Rick à sua terra.

Aqui, o processo-chave é reconectar os círculos do diagrama Venn deles, o que significa que Rick e Joanna têm de achar um espaço comum quando estiverem com a família dele: a maneira como eles interagem é a peça-chave do quebra-cabeça, visto que, se Rick for amável e protetor com Joanna e ficar ao seu lado, seus parentes poderão acompanhar sua conduta e tratá-la com mais respeito. Uma vez que estejam mais conectados e ela se sinta menos sozinha, a dinâmica irá mudar.

Nós diríamos à Joanna para pensar como ela contribui para desconectar os círculos. Está ela realmente encorajando Rick a desaparecer com o pai, mas ficando ressentida depois? Está ela fazendo cerimônia com seus rituais de praxe e não sendo flexível na adaptação à família dele? Talvez ela possa abrandar a dieta rígida, ou imaginar uma maneira de melhor se conectar, mesmo que seja só pelas crianças. O objetivo não é "vencer" ou ocupar de moral alta o espaço; o objetivo é fazer a sobreposição.

QUEM VAI SER BOA PARA ELE SE EU NÃO SOU?

"Eu me sinto extremamente responsável pelo meu irmão Teddy. Sou sua irmã e quero que se sinta amado, mas ele é agressivo e manipulador, e sempre foi. Há horas em que tenho vontade de bater o telefone, mas penso como ele se sentiria ofendido e, então, suporto sua arenga. Ele, às vezes, me deixa louca."

– Sarah, 37 anos; Palo Alto, Califórnia

Sarah briga com o irmão mais velho quase todo dia, e suas ligações abusivas estão acabando com ela. Sim, eles se amam, mas continuam tendo as mesmas brigas que tiveram a vida inteira, devido à mania dele de se meter em tudo que diz respeito à vida de Sarah. Ela suporta isso porque se sente responsável por ele. "Teddy é antissocial e desagradável, e sou a única pessoa que o tolera. Ele é solteiro, brilhante, mordaz e engraçado, mas é obcecado por tecnologia e passa a maior parte do tempo sozinho, não se conectando de maneira significativa com as pessoas." Ela diz que atura suas ofensas porque "de que outro jeito ele vai se sentir amado?".

Em consequência, ela atende, com regularidade, ligações em que ele vocifera, quando ela não faz exatamente o que ele diz sobre o que quer que seja, desde a sua situação de patroa até o relacionamento dela com o marido ou qualquer outra coisa sobre a qual ele tenha uma opinião. Ela desliga o telefone e tem vontade de chorar. Ela quer que ele desapareça, mas não consegue quebrar o vínculo.

Os pais ficam fora disso, porque são mais velhos e têm seus próprios problemas com Teddy, pois ele sempre foi uma criança difícil de ser educada. Sarah sente que ela é a única que pode salvá-lo do isolamento total.

A dinâmica do irmão é uma das mais complicadas das que temos de lidar como adultos, porque ambas as partes estão constantemente evoluindo, mesmo estando empacadas no passado. Quer você seja o "mais velho" ou o "mais moço", o "esperto" ou o "atleta", o "mais amável" ou a "criança problemática", o queridinho da mamãe ou a princesinha do papai, o papel que você representava na família, enquanto crescia, é quase impossível de mudar.

Eis o problema: eles estão empacados no passado. Catherine chama isso de "fossilizado". O processo inconsciente é mais uma vez a "compulsão à repetição". A pergunta é: para que propósito o padrão serve agora? Esse comportamento está, de alguma forma, confortando ou protegendo você? Em benefício de quem, e quem está deixando isso acontecer? Talvez haja algum benefício emocional, mas isso também a está deprimindo. Pergunte a você mesma: o que isso está custando a você e como está afetando a sua felicidade?

Para a resposta, você precisa levar em conta as lembranças no seu porão. Catherine diz que você está repetindo os padrões de como transmitia amor, quando criança, e se você cresceu em uma casa onde a briga era uma forma de conexão, então você percebe isso como amor. Você não pode brigar com seus amigos ou colegas de trabalho ou até mesmo com o marido, uma vez que eles verão isso como uma emoção negativa. Mas seu irmão entende que brigar é só o "nosso jeito", e pode ser confortador porque é familiar, assim como o ensopado de sua mãe... mesmo que a carne esteja cozida demais e os legumes, crus.

Não importando o quanto é doentio o relacionamento com um irmão, você fica "fossilizada" enquanto ambos puderem tirar alguma coisa disso, diz Catherine. Muitas vezes, o benefício é um sinal tranquilizador voltando para você, mesmo que seja negativo.

Perversamente, aqui na sala de lazer, a convivência traz satisfação.

Em dado momento, no entanto, você tem de perguntar a si mesma: Nós vamos continuar assim durante toda a vida? Assistindo Will Ferrell e John C. Reilly em *Quase irmãos* ou qualquer dos filmes de Judd Apatow em que os adultos agem como pré-adolescentes, todas nós rimos porque nos identificamos com eles sob muitos aspectos. É engraçado e doloroso ao mesmo tempo.

Terapeuta física e "confortadora" por natureza, Sarah quer "aliviar" dores e ajudar os outros a se sentirem melhor. Ela não tem filhos, então Teddy é como se fosse seu filho único. Ela é feliz com o relacionamento deles, a não ser quando ele fica malcriado. Ela precisa aprender a desligar o telefone sempre que ele se torna grosseiro, e dizer a ele: "Teddy, tenho de sair agora, mas te ligo mais tarde", e, quando fizer isto, ela pode dirigir a conversa para outra direção e ficar longe dos tópicos que despertam nele aquele comportamento.

Como Sarah pode mudar a dinâmica e impor limites quando for preciso? A + B = C. Ela é A, seu irmão Teddy é B e C é o relacionamento atual. Ela não pode controlar o comportamento dele, observa Catherine, mas pode mudar a dinâmica, recuando e se envolvendo menos, até mesmo desligando a chamada logo no início. Ela não precisa realmente bater o telefone, mas dizer, de maneira civilizada, que tem de sair e, então, desligar. Enquanto tentar contemporizar com ele – ou permitir que a perturbe –, ela vai ficar empacada no mesmo ciclo de dependência e nunca mudará as coisas.

Sarah precisa entender que é *irmã* de Teddy, não sua mãe, e basta isto. Só então poderão voltar a ter um relacionamento fraterno saudável. Sarah precisa saber que ela pode ser necessária, sem que isto lhe custe tanto.

O seu processo-chave é "muito de uma coisa boa é uma coisa ruim", significando que, enquanto achar que está sendo uma superirmã, sempre boa e carinhosa, estará prestando um desserviço a ela própria e ao irmão. Até os adultos precisam de limites. Colocar limites em nossos relacionamentos é saudável e necessário para a segurança, delimitação de espaços e conforto. Catherine acrescenta que devemos recordar: limites são uma forma de amor. Todos nós precisamos, e a nossa felicidade depende disso.

LAÇOS APERTADOS

"Meus pais me dão coisas tais como um carro novo a cada dois anos ou me ajudam no pagamento da faculdade, e esperam que eu faça tudo que eles querem, incluindo a ida a um cruzeiro no Alasca, que realmente não me atrai. Queria poder dizer não a eles – ao dinheiro e ao controle – e, no entanto, adoro as coisas que eles me ajudam a ter. Mas eu queria ser capaz de viver a minha própria vida."

– Nancy, 25 anos; Scarsdale, Nova York

Nancy está ganhando dinheiro suficiente para morar em um pequeno apartamento em Manhattan com o salário de bancária, e é excitante poder morar fora de casa, mesmo que a distância não seja maior do que uma curta viagem de trem até a casa dos pais, onde vai jantar aos domingos e leva a roupa suja para lavar. As férias seriam locais ou muito baratas sem a ajuda que os pais lhe dão, e ela, provavelmente, nem teria um carro próprio, quanto mais um carro novo. Seu orçamento é tão apertado que ela aceita a ajuda, embora odeie o fato de que isso permita que seus pais deem palpites em tudo que ela faz, a ponto de ela pensar *O que eles vão achar desse rapaz?*, quando encontra um possível novo namorado em um bar. Ela filtra todos os seus pensamentos através dos mesmos paradigmas mentais que tinha há anos, quando era uma adolescente morando com a família. É como se tivesse seus pais olhando por cima dos seus ombros, embora já seja bastante adulta para tomar as próprias decisões.

"Eles se intrometem em tudo, onde moro, com quem namoro, o que faço com o meu tempo... até na escolha das minhas roupas! Mas gosto do estilo de vida que eles me ajudam a ter. Detesto esses vínculos em que estou presa."

Seus pais sentem prazer com essa intromissão total no que ela faz e perpetuam essa dinâmica dando dinheiro a ela. Antes que Nancy possa ser feliz na sala de lazer, ela terá de passar por outros poucos lugares da casa e limpá-los. Comecemos com o porão, onde as lembranças são guardadas. Como ela mesma admite, Nancy gosta do sentimento confortável e aconchegante de ser paparicada pelos pais, tal como receber dinheiro do pai para fazer compras com as amigas. Na primeira vez em que estendeu a mão e seu pai lhe deu um maço de notas, ela pensou: *Isto foi fácil*.

Mal sabia que seu pai mais tarde pediria para ver o que ela comprara. Logo aprendeu que, se ele não aprovasse suas compras, daria menos dinheiro ou pediria que ela devolvesse os itens não aprovados, como daquela vez em que a fez devolver um top decotado e ela se sentiu humilhada, porque a vendedora da loja era sua conhecida. Na vez seguinte, ela comprou uma minissaia e guardou na bolsa para que ele não visse e só mostrou a ele as compras mais conservadoras.

Catherine diz que o processo aqui em andamento está dramatizado, e Nancy tem de se perguntar por que continua a se comportar como uma criança. No seu íntimo, ela sabe que ficaria melhor usando um vestido discreto que não a fizesse parecer excessivamente sexy, mas usa a saia que seu pai não aprovaria como uma forma de reação, em oposição à ação.

O problema: ela não quer ser controlada, então, na sua cabeça, está reagindo à autoridade do pai, em vez de tomar suas próprias decisões. Mas a que preço? Ela está deixando de seguir em frente, crescer e pensar: que papel quero representar no mundo?

Ela está "infantilizada", empacada no papel de criança. Catherine diz que Nancy tem de ser honesta com ela mesma e admitir que é materialmente conduzida, e, então, decidir se aceita o dinheiro dos pais e os constrangimentos ou vive uma vida diferente e menos dispendiosa, às suas próprias custas.

Nancy tem de sair do porão. Nós dissemos: dedique-se a fundo ao trabalho, comece a ganhar o próprio dinheiro e, então, viva dentro dos seus recursos. A formatura pode esperar, e você pode se manter sozinha e viver da maneira que escolher.

Assim, a chave para Nancy limpar a sala de lazer e ser feliz ali é pensar sobre a sua vida futura – crescendo e desatando os laços paternos – como uma forma de deixar o passado para trás. Se ela está realmente decidida a romper esse ciclo, precisa assumir a responsabilidade pelo comportamento e fazer algumas mudanças. (Arranjar uma companheira de quarto para dividir as despesas mensais? Viver sem o carro?) Ela não pode esperar que seus pais mudem o desejo de controlar a sua vida – que veem como forma de amor –, mas suas próprias escolhas podem ter um efeito real no relacionamento.

Sempre que um padrão de relacionamento se tornar frustrante, pense na equação $A + B = C$. Se Nancy é A e se concentra em algumas poucas mudanças no seu estilo de vida, todo o relacionamento se transformará, mesmo que seus pais não mudem. Nancy precisa afastar-se levemente, para adquirir mais personalidade. Ela pode recuar um pouco ou muito, mas precisa fazer isto de uma maneira apropriada (por exemplo, não rasgar o cheque e dizer: Pegue esse dinheiro e suma daqui!). Ela deve simplesmente dizer aos pais o que está fazendo, de forma que entendam que isto não é uma demonstração de desamor, mas sim uma atitude saudável. Cabe a ela decidir se quer continuar com o *status quo* ou crescer.

A pérola de Nancy é "Continuar ou crescer" – ela pode continuar com os hábitos da família e suas regras ou crescer, saindo do padrão e se tornando uma mulher independente. Esse é um exemplo de tomada de decisão adulta, que resulta na saída da sala de lazer e do ninho, financeira e emocionalmente.

SINTO COMO SE FOSSE CASADA COM A MINHA IRMÃ!

"Minha irmã e eu somos tão agarradas que parece uma loucura. Passamos todas as férias juntas, corremos juntas antes de ir para o trabalho e ela é a primeira pessoa para quem ligo quando qualquer coisa acontece comigo. Na verdade, se meu marido e minha irmã estivessem se afogando, certamente seria ela quem eu salvaria primeiro. Não posso viver sem ela. É como se fôssemos gêmeas. Mas não posso deixar de pensar que isso está me prejudicando de alguma maneira."

– Stephanie, 34 anos; Filadélfia, Pensilvânia

Stephanie, que ocupa um alto cargo num banco de investimentos, quer preencher ao máximo o seu dia, começando por uma corrida às margens do rio Schuylkill (com sua irmã Elizabeth), até sair após o expediente de trabalho ao encontro dos amigos para uns drinques (com sua irmã, claro). Nos intervalos, ela passa longas horas no trabalho, mas envia textos e telefona para a irmã várias vezes por dia. "Nem para o meu marido ligo tanto assim, por isso sei que é estranho. Mas, por outro lado, ele e eu não temos muito que conferir, porque não temos muito do que falar. Com Elizabeth é como se estivéssemos em passo de marcha. Sei que preciso diversificar e encontrar novas pessoas, mas não tenho vontade. E sempre que saio e trato dos meus próprios assuntos não é tão divertido como quando estou com ela."

Sempre as irmãs tiram férias juntas, e o marido de Stephanie já está resignado. Ele sabia, quando começou o relacionamento, que estava entrando numa "dobradinha", mas como ele e Elizabeth se davam bem, isso funcionou. Às vezes, é ela que desempata uma disputa e se torna uma aliada útil, quando ele precisa. Mas Stephanie agora receia estar empacada na sua infância e não quer sequer ter filhos até que sua irmã se case e tenha filhos também.

Catherine se refere a isso como transferência gemelar, um conceito descrito em primeiro lugar por Heinz Kohut, doutor em medicina, que acontece quando você está tão conectada com a melhor amiga, irmã ou colega de trabalho que você perde a sua identidade. Você quer ser semelhante para obter força, sentir segurança, ter um *sinalizador* positivo bem perto de você o tempo todo. É a sua capa de segurança interna. Essa transferência pode se dar em doses grandes ou pequenas, como num time esportivo, quando você encontra alguém para o qual você sempre passa a bola, ou com uma colega de dormitório, que é sempre quem lhe acompanha ao refeitório. Mais tarde, pode ser com alguém que você adore conviver, já que tem os mesmos gostos sobre filmes e teatro, restaurantes e bares.

Raramente, no entanto, você tem uma "gêmea" assim do berço ao túmulo; é aí que a gêmea pode se tornar um obstáculo. Você se separa da companheira de quarto, após a formatura na universidade, e pode trocar de emprego e se ver afastada da uma boa colega de trabalho. Com uma irmã é mais difícil de conseguir a dose certa de separação, já que o relacionamento dura a vida toda. O relacionamento de gêmeas pode interferir no crescimento pessoal. Stephanie, casada recentemente, não está criando vínculos com o marido, Sam, da maneira comum entre recém-casados, enquanto Elizabeth, que não está namorando ninguém, passa as noites com a irmã e o cunhado vendo televisão e não procura ninguém mais, nem mesmo um possível namorado.

Os dois jovens casados não estão criando a sua própria maneira de resolver conflitos e isso pode, mais tarde, ameaçar o relacionamento. Todos os casamentos têm seus solavancos. A forma de lidar com eles e a comunicação são a chave para quando você enfrenta o estresse inevitável. Se Sam e Stephanie nunca aprenderem a se conectar, então Stephanie se sentirá sempre "casada com" a irmã, e o casamento real talvez não sobreviva a longo prazo.

Sam e Stephanie podem ir para o quarto de dormir ou para a mesa da cozinha e tentar cuidar do relacionamento, mas Stephanie também precisa se afastar um pouco de Elizabeth.

Eis o processo-chave: Você precisa aprender a se afastar e tornar-se uma pessoa, com seu próprio esquema, prioridades e crescimento pessoal. Isso é o diagrama Venn tridirecional, considerando que Elizabeth e Stephanie estão muito sobrepostas, e Sam tem apenas um fragmento de superposição com a esposa, e seu círculo toca a linha exterior do de Elizabeth, pois eles são amigos. Mas a maior sobreposição é entre as irmãs e, até que Stephanie pare de se fundir com Elizabeth, o casamento não tem chance de evoluir. Ela precisa ser um círculo completo, separada da irmã, para ter um relacionamento saudável e maduro com o marido.

É possível Stephanie ficar perto da irmã e do marido – e de quem quer mais que escolha para amigo. Ela pode ficar perto, mas não muito. Em outras palavras, ela tem de se sentir casada com o marido e não com a irmã.

DETESTO MEUS PAIS IDOSOS!

"Sou uma filha má. Detesto ficar com meus pais idosos, porque isto me faz lembrar que eu também estou envelhecendo. Queria poder dizer que adoro estar com eles, aproveitando cada momento que passamos juntos, mas o oposto é que é verdade: eu os evito, não só porque estão ficando frágeis, mas porque estão se tornando mais negativos. Fico aborrecida quando estou perto deles, porque eles estão ficando velhos."

– Claire, 47 anos; New Rochelle, Nova York

Claire está sentindo, sem dúvida, o desconforto próprio da geração sanduíche, vivendo entre os filhos que está criando, já quase "dispensada" dos cuidados maternais, e seus pais, que, na casa dos oitenta, começam a entrar na fase de suas vidas em que dependerão mais dela quanto mais frágeis ficarem. Ela vê o futuro como sendo o de uma pessoa mal-humorada cuidando de pais doentes. Está vindo em sua direção como um trem desgovernado e ela quer ser mais independente, principalmente depois dos 15 anos bancando a "supermãe". "Agora que sou livre para viajar, viver minha própria vida e explorar todas as diferentes facetas da minha personalidade, vou ter de ficar presa aqui a cuidar dos meus pais, e sei que pareço egoísta, assim não tenho orgulho de mim nem para dizer isto em voz alta."

O problema aqui é que Claire sofre de um forte narcisismo, uma vez que não apenas vê seus pais como um fardo, mas também o próprio "futuro" que tenta evitar. O envelhecimento é o seu calcanhar de aquiles, e ela está olhando no espelho do banheiro, que lhe prega peças – quando olha para sua mãe, se vê com mais trinta anos.

O processo inconsciente de Claire, projetando neles o seu próprio problema de envelhecimento, impede que ela seja uma boa filha, uma vez que não são seus pais que ela detesta, é ela própria, a imagem futura do seu próprio envelhecimento. No momento em que entender que está descarregando isso neles, poderá começar a ser melhor e mais cuidadosa com eles, e não a filha egoísta ou petulante que sente ter se tornado.

"A minha mãe era tão bonita – como a Audrey Hepburn –, alta, elegante e chique, e agora ela está grisalha, encurvada e enrugada", explica Claire. "É deprimente, porque sei que o envelhecimento é inevitável, mas eu queria poder lembrar sempre de minha mãe no auge de sua beleza, e não como agora, uma velha senhora."

O mesmo acontece com seu pai, de quem sempre vai se lembrar andando tão rapidamente que era difícil para ela acompanhar seus passos, quando a levava à escola, trajando elegante terno de trabalho, maleta 007 na mão. Ele era tão bonito, diz ela, quanto o Cary Grant, e sempre contava histórias divertidas que faziam com que se sentisse bem com ela própria e com esse vínculo especial. E agora ele manca, e ela lamenta que todos aqueles divertimentos que usufruíam juntos, como velejar, pescar e andar, sejam coisas do passado.

Claire diz que eles não apenas estão fisicamente envelhecidos, mas que também agem como as pessoas negativas que sempre a advertiram para não ser. "Eles agem com o pior dos seus egos, com o lado deles que não é bom ou amável, uma vez que estão constantemente de mau humor."

Claire precisa entender que seus sentimentos estão relacionados ao fato de que seus pais não se cuidaram nos últimos anos, e que assistir à deterioração da sua antiga forma, cheia de saúde e vitalidade, é doloroso. Isso faz com que ela fique ainda mais determinada a viver saudavelmente, comer bem e se exercitar, como se quisesse parar o relógio da própria vida.

Mas Catherine salienta que isso não está relacionado a ela. É sobre eles e como ela pode ser mais útil e amável e servir-lhes de apoio. Sua atenção está tão intimamente focada em não envelhecer, o que é impossível, que ela é incapaz de enxergar que eles ainda são pessoas maravilhosas e apreciar o fato de que ainda têm muito a oferecer e vida a viver, mesmo que não mais pareçam ou ajam como artistas de cinema. Ela lamenta a perda da imagem que fazia de seus pais, em vez de ver a oportunidade de continuarem, juntos, a compartilhar experiências.

"Sinto como se estivesse vivendo a versão do filme *Num Lago Dourado*, onde o problema real de relacionamento está em mim, como Jane Fonda, e não no seu velho e excêntrico pai. Preciso ser uma filha melhor, mais amável e compreensiva, e não deixar que fiquem inativos. Eles provavelmente não se sentem bem a maior parte do tempo, e ainda assim raramente penso nisso." Aqui, o nosso processo-chave é tirar Claire do banheiro e pedir que pare de se olhar no espelho. Ela pode decidir viver no presente e compreender que seus pais não estarão aqui para sempre. O truque é aprender a apreciar o tempo que tem com eles agora. Ela precisa sair de si mesma e lembrar que não é o centro de tudo. Pelo menos, não agora.

IRMÃS DISTANTES, EM IDADE E EM CÓDIGO DE ÁREA

"Ter uma irmã quase seis anos mais moça foi quase como crescer como filha única. Eu mal notava sua existência, exceto quando ela invadia o meu espaço. Foi só quando estávamos na casa dos trinta que realmente começamos a nos conhecer. Ela era uma estranha para mim, e eu detestava isso. Percebi que queria um relacionamento mais próximo com a minha única irmã."

– Ava, 37 anos; Chevy Chase, Maryland

Ava é uma assistente social bem-sucedida na chefia da secretaria de uma escola, uma escolha de profissão claramente relacionada ao fato de que ela cresceu em um lar onde tudo parecia normal, mas onde nunca se sentiu completamente segura com seus pais, que eram, de vez em quando, postos à prova. "Eles eram umas crianças quando nasci, recém-formados. Usavam drogas com os amigos hippies e provavelmente não estavam prontos para ser adultos responsáveis e terem um filho. Eu os peguei fumando uma vez, quando eu tinha cerca de dez anos, e fiquei horrorizada, não sabendo exatamente o que acontecia – mas sabendo que não estava certo. Lembro que peguei a bicicleta e fugi para a casa do vizinho, para me sentir segura e em um lar estruturado. Esta talvez seja a minha maior lembrança: pegar meus pais usando drogas e pensar: *Não é um lugar seguro para mim; quem toma conta de nós, as crianças? Tenho de tomar conta de mim mesma.* Naquele dia, fui emocionalmente embora e nunca voltei. Coube a mim fazer com que minha vida desse certo. Nunca tive hora de voltar para casa. Meus pais eram tão tolerantes que eu impus meus próprios limites. Acho que eu própria me eduquei.

"Tinha pouca paciência com Eleanor, a pequena irmã desconhecida na minha casa, já que eu pensava que o mais importante era obter boas notas e entrar para uma boa faculdade, a fim de ser independente e deixar aquela casa caótica para trás."

Foi só quando Ava já era universitária e Eleanor, uma colegial, que ela percebeu que um relacionamento com a irmã mais moça poderia ser bom. Mas, então, Ellie já decidira que Ava não se importava com ela, nunca demonstrara interesse por ela, e que estava muito bem sem Ava.

"Depois da faculdade, Ellie e eu tivemos uma briga feia, durante umas férias junto com a família", diz Ava. "Tentei fazer com que ela falasse comigo, dissesse o que estava pensando – qualquer coisa –, e ela começou a esbravejar: 'Por que você se preocupa agora? Você não liga a mínima para mim!' Durante todos aqueles anos, isso havia sido verdade, mas agora eu estava pronta para começar a me preocupar. Mas isso não significava que ela estivesse pronta.

"Durante anos, ela fez com que eu me humilhasse, tentando conquistá-la, e isso me aborrecia, porque não era bom e me fazia sentir culpada por não ter estado ali para ajudá-la, ao longo daqueles anos. A verdade é que nós duas estávamos zangadas uma com a outra e com nossos pais, por não notarem que suas filhas não se conectavam.

"Muitas pessoas teriam desgraçadamente seguido adiante, não tentando se conectar, mas uma vez que minha irmã e eu, afinal, decidimos que queríamos um relacionamento melhor, foi como se tivéssemos de ter todas as brigas que não havíamos tido quando crianças, para 'compensar'. Senti que tínhamos de ser crianças outra vez e, então, crescer juntas em direção aos adultos que queríamos ser." Isso levou anos.

Ao lidar com sua irmã mais moça, Ava está no porão, agarrada a uma infância que a deixou ansiosa. Se os pais bebem, jogam ou ficam fora de casa até tarde, diz Catherine, uma criança pode se sentir como o único adulto da casa e, quando isso acontece, ela fica "paternalística" – a criança tem de agir como um pai. Isso deixa a criança insegura, então ela contrabalança e tenta ajudar a todos que estão ao seu redor e ser perfeita, nunca precisando de nada ou de ninguém. "Não se preocupe comigo" é o seu mantra. Quando Ava se casou e, finalmente, se abriu emocionalmente com o marido, percebeu que uma das coisas de que sentia falta era a sua irmã. Aquela que ela havia abandonado quando eram crianças e "deixado" emocionalmente, quando procurou refúgio na casa de amigos.

Ava compreende por que seus pais foram tão ausentes – estavam reagindo aos seus pais dominadores. Ambos queriam mais liberdade para crescer, por isso deram tanta liberdade a Ava e Ellie. As meninas, por sua vez, precisavam de mais sinais dos pais, então procuraram isso em outros lugares – com as professoras, com os vizinhos e, finalmente, com os maridos. Como consequência, Ava acabou na terapia e tornou-se assistente social; ela agora brinca com sua irmã, dizendo: "Tive de me graduar na faculdade para aprender como me relacionar com as outras pessoas, o que a maioria das pessoas aprende em casa."

Aqui, o processo inconsciente para Ava é sobre a culpa que ela sente por ter negligenciado a irmã. Apesar do fato de que Ava agora está pronta para um relacionamento, Ellie não está, e reage brigando e resistindo às propostas de Ava.

Elas podem estar no quarto certo, mas de maneira errada, e precisam voltar à infância para rever os conflitos. Brigar pode ser construtivo para elas, uma vez que essa é uma maneira de se relacionar e trabalhar através dos anos em que não houve relacionamento. As discussões continuarão até elas se exaurirem mutuamente e analisarem todos os sentimentos hostis. Uma vez que isso aconteça, elas podem quebrar o padrão e seguir em frente no tempo, até os dias atuais.

O processo-chave para as coisas melhorarem para as duas é fazer com que entendam que estão regredindo e que, se querem seguir em frente, têm de começar outra vez como adultas e empurrar todas essas emoções infantis para o passado. Fechar a porta do porão e mudar para a parte presente da casa. Alguma coisa geralmente acontece que empurra as irmãs para o dia atual, onde elas agem como adultas, finalmente não sendo mais crianças.

"Uma coisa que nos ajudou foi o nascimento do meu primeiro filho", lembra Ava. "Eu tinha uma vida ótima – um bom casamento, um filho recém-nascido e um ótimo emprego; e senti que Ellie precisava ser uma tia para essa nova pequena pessoa; procurei, então, por ela, outra vez. Ela se mudara para Santa Fé e não nos falávamos havia um tempo, mas o meu bebê era uma razão para ela *ter* de nos visitar. Liguei para ela e implorei que pegasse um avião para vir conhecer o sobrinho, e funcionou. Ela trouxe o namorado, que disse: 'Estou feliz em conhecê-la! Tenho ouvido tanto sobre você!' Foi a primeira vez que percebi que eu era importante para ela. Levou tempo, muitas conversas e brigas para juntar nossas famílias outra vez."

As duas irmãs, finalmente, criaram um novo relacionamento e consolidaram recentemente este vínculo, quando Ellie sofreu uma cirurgia de emergência e chamou Ava, que voou para ficar ao seu lado.

"O ponto decisivo para nós surgiu quando ela precisou de mim e eu estava lá. Ela tomou um susto com a sua saúde – achou um tumor e pensou que fosse câncer – e eu a coloquei em contato com um médico e assegurei a ela que provavelmente não era nada."

Avançando alguns anos: Ava tem, agora, um relacionamento agradável com a irmã. Elas se falam quase todos os dias. Elas – e seus maridos – passam muito tempo juntos. Embora morem em diferentes regiões do país, encontram-se frequentemente. Ellie é a primeira pessoa que Ava chama quando a mãe delas faz alguma maluquice típica ou o marido está pulando a cerca. Ava e Ellie agora são realmente unidas.

Na sala de lazer, as pessoas conhecem tudo sobre você, o que significa que elas sabem de onde você vem, mas nem sempre sabem para onde você quer ir (ou mesmo quem você é hoje). Elas continuam a vê-la como a "irmãzinha" ou a "filha", que pode ser sempre verdade, mas que é apenas uma parte do quadro. Você precisa deixar que a vejam crescer e evoluir, mas isso não significa deixá-las para trás. Você ainda pode fazer parte da família de uma nova maneira, uma maneira que reflete seu eu contemporâneo. E mais feliz, também.

8

A sala de visitas

Os amigos são a família que você escolhe

Há muitos tipos de amigos: conhecidos casuais com quem você cruzou devido a atividades em comum, tais como tênis, clubes do livro ou festas dos filhos, ou por meio de outros amigos. Outro tipo é o bom amigo com quem você fala francamente sobre assuntos pessoais – dinheiro e relacionamentos, trabalho e sentimentos. Vêm, então, os melhores amigos, os que a conhecem intimamente e a amam, apesar dos seus defeitos. Esses são o círculo íntimo, a família que você escolhe. O impacto das amizades na felicidade tem sido bem estabelecido, uma vez que estudos têm mostrado que pessoas com vínculos íntimos e significativos são mais saudáveis, mais felizes e vivem mais do que as que não os têm.

Infelizmente, o número de amigos íntimos que a maioria de nós tem está diminuindo, numa proporção de três há vinte anos, para apenas dois, nos últimos anos. A razão, de acordo com estudos feitos por sociólogos da Universidade do Arizona e Duke, é que muitos de nós passamos grande parte do tempo no trabalho. Outro dado assustador: um em quatro americanos não tem amigos íntimos, e as amizades que fazemos hoje em dia são superficiais e, frequentemente, mantidas on-line através das redes sociais da internet ou de celulares, de mensagens instantâneas etc. A maioria desses "amigos" on-line não é realmente amiga – são apenas caras conhecidas de pessoas com quem não queremos nos aborrecer com telefonemas. Aí você se acomoda na sua casa, digitando nas teclas, e pensa que está sendo social, mas, na verdade, está mais isolada do que nunca.

Se isso fosse uma epidemia médica, a perda das reais (como oposto a virtuais) amizades estaria nas manchetes da primeira página. Mas porque é discreto e emocional por natureza, vira notícia apenas em lugares como o consultório de Catherine. Apesar disso, para as mulheres, tem implicações reais na saúde, principalmente quando se trata da nossa felicidade. Mas, se a amizade pode ajudar a viver mais, o isolamento tem o efeito oposto, é um perigo para a saúde mental. A amizade é tão poderosa que só de estar em um "grupo" de gente feliz já é o bastante para fazer você mais feliz, de acordo com os vinte anos de pesquisa do Framingham Heart Study. Nos círculos acadêmicos, esse fenômeno é chamado "contágio social" e pode se espalhar como um vírus de e-mail.

Às vezes, as suas amigas mais íntimas têm um impacto maior na sua felicidade do que seu marido, e isto faz sentido, considerando que elas lhe trazem alegria e distração, mesmo que seu marido a esteja deprimindo. Catherine observa que a natureza característica desses tipos de relacionamento é diferente, pois seu marido está por perto 24 horas por dia, sete dias da semana, enquanto suas amigas moram a quilômetros de distância. Quer dizer, você pode convidar suas amigas (quando quiser), mas seu marido está presente, mesmo que nenhum dos dois esteja de bom humor.

Fim de linha? Pesquisas revelam o que já sabemos em nossos corações: quando os acontecimentos da vida se voltam contra você, as amigas são as suas salva-vidas.

Vamos ouvir algumas mulheres cuja sala de lazer emocional é uma confusão.

AS MINHAS AMIGAS SÃO COMO MINHAS IRMÃS

"Acho que ser uma boa amiga é como um pilar para quem sou. Sou uma boa amiga e tenho amigas tão chegadas que mais parecem minhas irmãs. Fazemos tudo umas para as outras e, por isso, ter um problema com uma amiga é devastador para mim."

– Charlotte, 27 anos; Austin, Texas

Charlotte é uma encantadora moça de cabelos ruivos e um sorriso franco que atrai muitas amigas, pois é gentil, atraente e divertida. Ela descreve a si mesma como uma boa amiga. "Se decepciono minhas amigas, me sinto como uma pessoa má. Fico completamente arrasada e incorporo isso. Nada me aborrece tanto – atrasar o pagamento do cartão de crédito, deixar o apartamento desarrumado ou qualquer outra coisa."

Esse distintivo de "boa amiga" é um problema para ela, porque, recentemente, começou a se encontrar com um antigo namorado de uma amiga íntima e, embora eles tenham acabado o namoro antes de Charlotte se envolver com ele, sente que isso é um grande problema, principalmente porque descobriu que a sua amiga ainda gosta do rapaz. Ele, por sua vez, disse para Charlotte que aquilo "já era". Agora Charlotte se sente mal porque gosta, realmente, do rapaz, mas quer esclarecer tudo com a amiga. "Quando percebi que ela ainda gostava do rapaz mais do que eu supunha, comecei a pensar muito sobre o assunto e isso se tornou, então, uma fonte de infelicidade. Tenho pensado: E se esse amor era o amor da vida dela e arruinei sua felicidade? Nunca farei qualquer coisa para magoar uma amiga. Prefiro perder o namorado à amiga. Se alguém fica sentida comigo, é muito doloroso."

Charlotte pretende ser sensível e compassiva, mas ela está nervosa e isso está interferindo na amizade e até na sua própria imagem de superamiga. Chalotte está se questionando se ela é realmente o "pilar" da amizade que uma vez pensou que fosse.

O fato é que sua sala de lazer está conectada com a sala de visitas. Parte da razão é que Charlotte é filha única, e cria vínculos de irmã com as amigas para preencher o lugar da "família", algo que fez em toda a sua vida. "Eu, decididamente, tento criar um monte de fortes vínculos com mulheres. Não tenho um monte de amigas de segunda classe. Só tenho amigas muito íntimas."

Diferente de irmãs, no entanto, amigas podem desistir de você. E Charlotte diz que, recentemente, perdeu uma grande amiga, quando brigou por causa de planos cancelados. Quando pensa sobre isso, ela percebe que provocou essa briga e não foi a primeira vez. Ela diz: "Acho que é um tipo de teste de lealdade: se posso perder a cabeça com essas pessoas e elas continuam junto comigo, então ficarão para sempre." Ela jura que essas confrontações não são planejadas. "Você não perceberá isso ao me conhecer, mas tenho um temperamento terrível e sempre acabo perdendo a cabeça com as pessoas a quem mais amo." Ela acha que isso é uma maneira normal de saber quem a ama.

"Uma vez que chegamos a esse ponto, é como se eu tivesse uma política de 'não divórcio' com essas mulheres e, assim, seremos amigas até a morte. Adoro saber que tenho esse forte vínculo. É um belo sentimento, como o de criar uma família." Charlotte sabe, no entanto, que suas amigas estão começando a perder a paciência com ela. Percebe, também, que não é próprio para uma mulher adulta agir de maneira tão infantil e ser abusiva com as amigas.

O problema é que ela quer que suas amigas sejam suas irmãs, e elas não são. Quando Charlotte era criança, seus pais podiam ficar gritando e vociferando um com o outro num minuto e sorrindo no minuto seguinte, então Charlotte imagina que isso seja uma prova de amor verdadeiro: você pode agir com o seu pior lado e ainda assim ter alguém que a ame! Mas, para suas amigas mais íntimas, ela está agindo de forma impetuosa, irascível e precisa mudar. Está dramatizando, em vez de dizer: "Você será minha amiga, independentemente de qualquer coisa?"

Ela pensa estar criando irmãs, mas, na realidade, está reproduzindo a própria criação como a filha única que tinha inveja de todas as suas amigas com irmãs. Elas podiam brigar, mas permaneciam sempre juntas.

Charlotte tem de reconhecer seus padrões destrutivos, se espera ter amigas que a amem – e a respeitem – para sempre, como verdadeiras irmãs substitutas.

Catherine diz que Charlotte está mostrando o que é chamado de "transferência". Ela está concedendo às suas amigas o papel das irmãs que não teve, e elas nem sempre gostam disto, principalmente quando testa a dedicação delas. O processo inconsciente de confundir amigas e família faz com que ela volte à sala de lazer, que está tentando povoar para se sentir menos sozinha. Para mudar esse comportamento destrutivo, ela tem de voltar à sala certa, a sala de visitas, onde a formalidade, ou pelo menos a civilidade, exigirá que Charlotte aja de maneira mais madura – e apropriada – com suas amigas. Isso a preservará de inúmeras tensões, uma vez que essas "explosões" não estão produzindo a segurança que ela quer. Em vez disso, são fontes de estresse.

Seu padrão de transformar suas amigas em sua família não está funcionando. Charlotte não é a "grande" amiga, como define a si mesma, visto que suas amigas íntimas não podem entender a razão de ela perder as estribeiras com elas. Charlotte espera que as amigas morem em sua sala de lazer, e precisa entender que elas se sentem mais confortáveis no papel de amiga, não de irmã. O processo-chave de Charlotte é desenhar o diagrama Venn e ver que ela está muito superposta às suas amigas, que não partilham da sua necessidade de uma família substituta. Se ela se afastar um pouco, as outras se sentirão menos presas à sua carência e hão de querer, realmente, se superpor mais, em vez de se retirar.

Trate as amizades íntimas como você faria com qualquer relacionamento saudável. Vocês devem se complementar mutuamente e não completar ou tentar se controlar mutuamente. Esse é outro caso de "conectar, não controlar". Quanto mais você tentar controlar as pessoas, menos conexão terá com elas.

A pérola de Charlotte é: Controlar não é o objetivo; conectar é.

SOU UMA OUVINTE TERRÍVEL E ISSO FAZ COM QUE ME SINTA UMA PÉSSIMA AMIGA

"Sou muito concentrada em mim mesma. Fico entediada ouvindo minhas amigas falarem de seus problemas e acabo, em vez disso, contando a elas as minhas próprias experiências. É como se dissesse: 'Chega de falar sobre você, vamos falar sobre mim!' Então, me sinto mal sobre isso. Sinto que estou perdendo a capacidade de ser uma boa amiga!"

– Mary, 42 anos; Los Angeles, Califórnia

Mary gosta de suas amigas e das horas divertidas que compartilham, mas sente que as desaponta com frequência. Toda vez que escutam pacientemente um dos seus supostos e intermináveis dramas, ela fica maravilhada, achando que a "entendem", a apoiam e sabem pelo que está passando: sucesso no trabalho, os altos e baixos de um relacionamento, as preocupações financeiras, os problemas com o peso. Abre-se com elas sobre quase tudo, e elas ouvem. Mas quando é a sua vez de ouvir as amigas, ela começa a bocejar. Tenta mudar, mas é difícil, e ela quer saber: "Por que não consigo fazer isso? Fico pasma. Devido ao fato de já ter tido um filho que passou pela terrível idade dos dois anos, penso que posso dar conselhos, mas não me sinto disposta a ouvir histórias que se parecem com as que já vivi. Tenho de reprimir o pensamento aborrecido que diz: *Conheço isso, já passei por essa*. Sou uma pessoa má? Uma narcisista? Não sou solidária?

Apesar disso, Mary, uma estilista que mora em Los Angeles, tem duas amigas íntimas há décadas, que são como suas irmãs. Elas talvez nem saibam que Mary se considera uma amiga ruim, já que ela esconde muito bem a falta de empatia. Na verdade, está sempre pronta a dar conselhos, quando sabe a resposta. Mas, quando não sabe o que responder, sente-se incompetente e se desespera. "Uma amiga teve um aborto espontâneo e o marido a culpou por fazer muito exercício. E, desde que senti que não podia dar nenhum conselho útil, embora tentada a lhe dizer para se separar dele, me calei. Sei que ela precisava que eu dissesse algo significativo, mas eu não sabia o que dizer. Sou muito boa para resolver problemas sobre coisas que entendo. Mas, quando está além da minha compreensão, fico perdida, como se estivesse deixando de ser uma boa amiga. Eu só quero dizer a elas o que fazer. E isso não é ser uma boa ouvinte, que é do que elas, de fato, precisam."

Catherine observa que Mary é, obviamente, muito esperta e, até certo ponto, consciente de si mesma, mas parece que ela sempre quer se sentir uma perita nos assuntos. Sua personalidade dominadora está atrapalhando suas amizades. Quando tem as respostas, ela se sente à vontade. Quando não sabe a resposta, sente-se insegura e mal consigo mesma, e isto faz com que se cale e se afaste da amiga em apuros. Sente-se inútil, que é o pior sentimento que pode ter. Mary quer ser prestativa e necessária, então oferece conselho, mesmo sem ser pedido.

Sugerimos a Mary ir ao banheiro, olhar no espelho e pensar por que precisa ser ouvida, se não é capaz de ser, ela própria, uma ouvinte. Ela se envolve excessivamente, e o motivo disto pode ser porque está cheia de si – talvez porque tenha baixa autoestima. Ela supercompensa agindo com uma dose de confiança maior do que a que sente.

A carência de empatia de Mary provém da infância. Quando a família se mudou para Atlanta, por causa do emprego do pai, ela sentiu que ninguém a ouvia quando pediu para terminar o ginásio com suas amigas. Ficou muito perturbada e tornou-se impermeável à mágoa. Concluiu que mostrar suas emoções não a levava a lugar algum, e precisou bloquear parte de sua vulnerabilidade para sobreviver àqueles anos.

Mas, agora, isso está colocando-a em dificuldades com as amigas, que precisam que ela seja compreensiva. Aprenderam a não recorrer a ela para qualquer coisa mais importante do que jogos de tênis e cinema à noite, e isso está afastando-a de vínculos mais íntimos e duradouros.

Para ser uma boa amiga, Mary não tem de saber a resposta certa – e não deve achar que suas amigas precisam de conselhos. Elas só precisam conversar, e ela, ouvir. Se quiser ser uma amiga melhor, precisa ser calma e não tentar oferecer conselho e "resolver" cada problema. Também não ajuda mostrar que "isso aconteceu comigo!". Mary precisa entender que, para ser uma boa ouvinte, precisa trabalhar para isso. Se ela tem uma reação a alguma questão que está sendo posta, é necessário que aprenda a controlar o pensamento que está borbulhando na sua cabeça. Pode começar dizendo a si mesma que aquilo não lhe diz respeito. Mais importante, diz respeito a sua amiga, a quem ama. A pérola: Nem tudo lhe diz respeito, é preciso ser comedida.

EU SEMPRE ACHO QUE TENHO
DE SALVAR MINHAS AMIGAS

"Minha amiga mais antiga é muito carente e depressiva e, sempre que me liga, perco horas ao telefone ou sou obrigada a sair com ela, mas tenho muita coisa para fazer. Sinto como se ela estivesse sugando a minha vida."

– Cyndi, 28 anos; Nova York, Nova York

Cyndi diz que as quatro amiguinhas dos tempos da faculdade são suas melhores amigas. "Três de nós moramos em Nova York e nos encontramos muito. Uma outra mora na Califórnia, e a quinta amiga voltou para Atlanta, onde foi criada. As "Cinco Fabs", como, às vezes, se referem a elas próprias, procuram se encontrar pelo menos uma vez por ano. Sabem tudo uma das outras, tendo passado por inúmeros términos de namoro, pelo divórcio de um par de pais, pelo suicídio de uma irmã, assim como pelas experiências mais corriqueiras de procurar emprego, entrar (ou ser rejeitada) para cursos de pós-graduação e escolher o que usar no primeiro encontro.

Atualmente, no entanto, Cyndi não está satisfeita com seu relacionamento com Gwen, que perdeu o emprego num banco de investimentos, há alguns meses, e está deprimida. Ela se lamenta interminavelmente com Cyndi, que sempre se considerou uma ótima ouvinte. Mas nem toda a atenção do mundo ajudaria Gwen, e Cyndi começa a se perguntar de que adianta tentar ajudar alguém que não aceita conselhos nem tenta ajudar a si mesma?

Toda vez que Gwen liga para Cyndi ou saem juntas para jantar (duas ou três vezes por semana), Cyndi fica com dor de estômago. "Eu sempre me sinto mal quando fico nervosa, mas isso é diferente. Pior. Começo a sentir como se tivesse uma úlcera, quando vejo como Gwen está deprimida. Sugeri que ela fosse a um terapeuta, mas ela não está interessada e não tem dinheiro, assim acabo sendo o seu muro de lamentações e isso está me matando – e ao meu estômago."

Cyndi percebe que o papel que está representando junto a Gwen é muito parecido com o seu papel dentro da própria família. Cyndi era a "menina de ouro", enquanto crescia, e sua irmã mais moça, Emily, constantemente falhava com o boletim escolar e brigava toda hora com os pais. "O meu trabalho era acalmar a situação, me assegurar de que todos se dessem bem (ou pelo menos não gritassem uns com os outros). Ao mesmo tempo, eu me sentia culpada pelo sufoco que Emily passava na escola. As coisas estavam tão tensas entre Emily e nossos pais que ela não podia esperar muita ajuda deles. Passava uma infinidade de tempo corrigindo seu dever de casa, ajudando Emily a se preparar para os exames e terminar os trabalhos. Fiquei muito preocupada com ela quando tive de sair para a universidade, mas foi também um grande alívio ter de tomar conta só de mim."

Catherine esclareceu: Está claro que a amizade com Gwen saiu da sala de visitas e, passando pelo hall, se mudou para a sala de lazer. Cyndi transferiu seus sentimentos em relação aos problemas da sua trabalhosa irmã mais moça para Gwen, e está se relacionando com Gwen como se ela fosse Emily, a quem precisava socorrer sempre que havia um problema. Mas ela não é capaz de ajudar Gwen, e toda essa angústia e drama estão sendo um peso para ela. Em vez de Cyndi ajudar Gwen a sair dessa situação, Gwen está puxando Cyndi para baixo, para junto dela. As dores de estômago de Cyndi são, certamente, um sinal de que ela precisa cuidar mais de si mesma.

Cyndi precisa ir ao banheiro e dar uma olhada no espelho. Não está sendo uma boa ouvinte – ou uma boa amiga –, se os problemas de Gwen fazem com que ela tenha de apelar para o Maalox Plus. Ela, primeiro, tem de tomar conta de si própria, algo que, realmente, nunca fez, enquanto crescia junto à irmã caçula.

A chave do processo aqui é "muito de uma coisa boa é uma coisa ruim", pois Cyndi está sendo uma amiga "muito boa" para Gwen, mas está comprometendo sua própria saúde e bem-estar (sem falar na sua habilidade em ajudar Gwen).

Quando Cyndi foi para a universidade, ela deixou de ser a zeladora do comportamento da irmã e assumiu sua própria identidade (necessidade e tudo o mais). Ela precisa fazer isso outra vez. Assim como o salva-vidas não pode permitir que o nadador o puxe para baixo, Cyndi precisa compreender como ajudar sem comprometer sua saúde e sua felicidade. Isso é válido com amizades, na família e em outros âmbitos de sua vida. Sua pérola: Você tem de ser forte para ajudar os outros.

AS MULHERES ME ASSUSTAM.
MEU MARIDO É O MEU MELHOR AMIGO

"Eu realmente não tenho muitas amigas íntimas com quem possa desabafar. Uma ou duas, talvez. Na maioria das vezes, conto com meu marido para companhia e intimidade. Quero dizer, a amizade feminina é, de fato, tão importante?"

– Jenna, 32 anos; Evanston, Illinois

Jenna está casada há cinco anos com Sean, um promotor distrital. Ela sabe que devia se esforçar para manter amizades com outras mulheres, mas reluta em compartilhar demais. "Eu fui queimada. Na escola, contei a uma boa amiga uma coisa muito pessoal e aquilo foi espalhado pela escola. Fui muito humilhada. Não preciso dizer que isso acabou com a nossa amizade." Ela é feliz em poder falar qualquer coisa com o marido, mas, atualmente, está sentindo algum estresse, pois seu marido nem sempre está disponível, porque tem estado extremamente ocupado com um caso de trabalho. "Isso me chateia. Não gosto de falar com ele no começo do dia, quando ele passa pela porta do nosso apartamento."

Jenna tem umas poucas amigas ocasionais – uma vizinha no prédio onde mora, uma amiga artista a quem, de vez em quando, dá carona, e uma amiga da faculdade que mora nas redondezas –, mas ela não as considera particularmente instigantes. Raramente marca encontros com elas e, quando isto acontece, sente-se muito entediada. "Nós simplesmente não temos muita coisa para conversar. A minha colega de faculdade continua participando da nossa antiga irmandade, e fico nauseada ouvindo-a contar o que cada uma está fazendo. Acho que elas são legais, mas detesto fofocas, a tentativa de querer se mostrar melhor do que os outros e o sentimento de que você ou se adapta ou se torna um perdedor. Agora estou bem, cuidando das minhas coisas, me preocupando com meus negócios." Jenna pensa em convidar sua vizinha para tomar um café, mas tem medo de que, se elas não se derem, passe a ser embaraçoso quando se encontrarem no corredor.

Jenna, claramente, não teve muitas experiências positivas com amigas. Ela é muito dependente do marido, que nem sempre está disponível para aconselhar sobre essa parte de sua vida – ela não deveria esperar por isso. Quando pressionada, Jenna admite sentir ciúmes da sua amiga de faculdade, que tem um bando de amigas. Ela fica admirada com a habilidade de sua amiga em manter intensas relações, compartilhar histórias pessoais e simplesmente "se divertir com as meninas". Jenna, relutantemente, admite que gostaria de ter mais amigas, mas é incapaz de entender como fazer isso. Assim, quando

Sean trabalha até tarde, ela acaba ficando sozinha em casa com seus dois gatos, sentindo pena de si mesma.

Jenna acredita que tem razão em ser cautelosa ao compartilhar detalhes íntimos com uma amiga, mas seu porão cheio de lembranças dolorosas está agora impedindo que ela confie nas mulheres, e ela está sentindo falta desse relacionamento. Mesmo remexendo nos antigos anuários e na parafernália de líder de torcida, ela só sente dor. Ela não pode deixar de reviver aquelas últimas semanas na escola, quando os rumores de que seu namorado a enganava com a sua melhor amiga se espalharam, e ela ficou tão humilhada que não foi mais a nenhuma reunião.

Os padrões de Jenna ficam se repetindo, já que ela está empacada no tempo em que suas amizades não serviram de ajuda. Seu porão está repleto de lembranças dolorosas de fofoqueiras ou de meninas mesquinhas, e, assim, isso é o que ela sempre pensa quando tenta ter amigas. Mas a verdade é que ela é tão insegura que, quando encontra uma nova amiga, ela própria começa a futricar, na tentativa de se conectar. Dessa forma, acaba afastando qualquer amizade, porque ela própria se torna uma fofoqueira.

Catherine chama isso de "identificação com o agressor", e acontece principalmente quando uma pessoa jovem é criada em um lar onde há ofensas. No caso de Jenna, sua mãe é muito ríspida, competitiva, e não dá tréguas à filha, como nunca deu. "Eu me lembro de ela me dizer: 'Você não é uma atleta, você é igual a mim.' Sempre competiu comigo, quer fosse na maneira de assar o peru no Dia de Ação de Graças ou até mesmo como cortar os morangos para uma salada de frutas. Nunca diz alguma coisa agradável, e o meu marido me aconselha: 'Pare de bater com a cabeça na parede. Não vê que ela nunca vai mudar? Não deixe que ela te domine.' Mas ela continua, o tempo todo, e isso acaba comigo."

Jenna está no quarto errado e precisa ir para a sala de lazer e "arrumar" a bagunça da identificação com a mãe brigona, antes de voltar para a sala de visitas e tentar ter amizades femininas incentivadoras. Tem de reconhecer que não pode mudar sua mãe crítica. Tem de mudar o modo como reage à mãe, se quiser modificar o resultado das suas interações.

A chave para resolver isso é a equação A + B = C, em que sua mãe é B e Jenna pode decidir, como A, não deixar que sua mãe a domine. Só então o resultado e a relação irão evoluir.

Ela também precisa parar de levar todos os problemas para dentro do quarto de dormir, obrigando o marido a lidar com eles. Ele talvez não reclame, mas há de querer que ela fale sobre outras coisas (por exemplo, como foi o dia *dele*). Ele é o seu marido, não o seu psicólogo, e ela precisa encontrar uma maneira melhor de se relacionar com ele. Precisa encontrar algumas amigas para trocar ideias e abrir perspectivas. Ela se sentirá vulnerável no começo, mas pode aprender a fazer isso, e *deve* fazer isso.

A receita para isso é: só você pode mudar a si mesma, e isso é uma coisa boa, porque o poder está sob seu controle. Jenna tem de aprender a ser mais aberta e confiante com as mulheres. "Eu encontrei um ótimo marido, então, obviamente, sou capaz de unir e tenho de aprender a confiar nas mulheres da mesma maneira que confio nele." Isso vai exigir saber se relacionar com as mulheres de uma maneira completamente nova, e não se preocupar com fofocas mesquinhas, como atualmente. Ela tem de se expor um pouco e estar disposta a compartilhar detalhes da sua própria vida, e não da alheia. Ela precisa perceber que tem fugido de relacionamentos femininos. Sua pérola: Continue ou cresça, e assuma o risco. Isso pode não ser tão assustador, afinal de contas.

ESTOU CANSADA DE SER GUIA DE TURISMO!

"É sempre de mim que todos dependem para fazer planos, organizar festas, arranjar as entradas, ser guia de turismo. Costumo brincar me chamando de Julie McCoy, de *O Barco do Amor*, mas a verdade é que eu queria depender de alguém. Mas nunca funciona dessa maneira."

– Linda, 33 anos; Los Angeles, Califórnia

Linda é uma loura gregária e uma divertida produtora teatral que está "conectada" com todo mundo desta atividade. Ela tem um enorme grupo de amigos e dele depende como apoio emocional, já que seus pais são doentes e ela não tem irmãs. Sua extensa família de amigos está sempre presente – nos feriados, durante fins de semana de intensas e divertidas atividades, e em noites preenchidas com exibição de filmes e jantares em seu apartamento, onde ela adora cozinhar.

É, portanto, natural que os amigos se voltem para ela quando querem se divertir. Ligam e perguntam o que vai rolar no fim de semana e, de repente, ela sente a pressão de ter de montar um roteiro cheio de eventos que os irão estimular e surpreender. "Eles dizem coisas assim: 'Nós devíamos arranjar ingressos para essa nova peça que todo mundo está falando'. E sei que o que eles querem é que eu providencie isso, porque eu posso e porque vou conseguir os melhores lugares. E sabe o que acontece? Eu faço isso! Então, eles dirão: 'Por que não vamos assistir a esse novo show no Getty?', e eu sei que preciso começar a planejar. E, na maioria das vezes, não fico nem um pouco aborrecida."

Embora Linda consiga vantagens incríveis por causa do seu emprego e adore organizar e entreter, sente às vezes que seus amigos estão se aproveitando dela. "Se eu ligo para eles e digo 'Vamos jantar fora', eles respondem 'Ótimo, pode marcar'. É como se eu trabalhasse para eles. Por ora, não me importo, mas não quero estar sempre na posição de ter de *arranjar* essas noitadas. Não sou santa e não sou Julie McCoy. Quero alguém que cuide das coisas para mim, pelo menos uma vez."

O relato nos faz querer abraçar Linda... e obter favores. O problema é que ela pensa que os membros dessa família substituta a abandonarão, se os ingressos e o divertimento deixarem de fluir. Ela está começando a ficar ressentida e acha que ninguém liga para ela. Porque não tem família, Linda sente que precisa agradar continuamente seus amigos ou eles a deixarão.

Este processo é inconsciente? Catherine explica que Linda evidencia uma defesa comum chamada pelos psicólogos de "formação reativa", que, basicamente, significa fazer o oposto do que você realmente quer. Assim, se o que você quer é que lhe deem atenção, mas acha que isso é inaceitável ou tem medo de demonstrá-lo, você toma conta de todos ao seu redor. É como se você desejasse de volta tudo o que deu. Mas, geralmente, o oposto acaba acontecendo e você se sente usada e esgotada, em vez de cuidada.

Catherine diz que Linda é excessivamente solícita com os caprichos e necessidades de seus amigos. Sua habilidade em planejar eventos não deve significar que ela tem de agir assim para manter seus relacionamentos. Às vezes, ela deveria dizer não ou sugerir que *eles* façam os planos. Linda está tão habituada em ser a guia de turismo que é difícil parar, embora esteja ficando ressentida. A chave para limpar a sala: muito de uma coisa boa é uma coisa ruim. Ela não tem de trabalhar o tempo todo. Pode fechar a porta do escritório e pedir a seus amigos para servir-lhe uma taça de vinho, pôr os pés para cima e deixar que, por uma vez, outra pessoa planeje o programa para a noite.

Fazendo isso, estará alterando a dinâmica – ela tem de entender que, se determinar certos limites e eventualmente não procurar pelos ingressos, seus amigos irão se aproximar. Isso, no princípio, pode ser desagradável, mas a mudança sutil alterará o resultado – e ela começará a se sentir cuidada. Lembre-se que, aqui, muito de uma coisa boa é uma coisa ruim. O cômodo alugado pode dar retorno.

NÃO SUPORTO QUANDO MEUS AMIGOS SE TORNAM AMIGOS!

"Sempre que apresento um dos meus bons amigos a outro dos meus amigos íntimos, fico, no princípio, excitada, pensando que será muito divertido fazer meu pessoal favorito se conhecer e que, talvez, até possamos sair em grupo. Mas, então, se ouço que eles saíram juntos e eu não estava presente (mesmo que tenha sido convidada), sinto-me enciumada e explorada, e penso: espera um minuto, apresentei esses dois e, agora, odeio ser deixada de lado. Começo a sentir essa tensão horrível no estômago e fico doente, desejando nunca ter feito aquela apresentação."

– Danielle, 27 anos; Tampa, Flórida

Como promotora de eventos de uma das menores universidades da sua cidade, Danielle, uma mulher bem-sucedida que adora ser social e fez disso uma profissão, se considera "o máximo em popularidade" e acredita que, regularmente, reúne grandes grupos. Está sempre organizando eventos, tais como um jantar para o reitor da universidade e seus visitantes, ou para a assembleia ou formatura, ou preparando a *open house* do próximo mês para receber os alunos novos e suas famílias.

"Eu adoro meu emprego. Nasci para isso, e é muito gratificante fazer o que realmente gosto para sobreviver. É por isso que tenho a tendência a me esquecer de que, quando uma das minhas melhores amigas da faculdade vem à cidade para passar as férias e eu a apresento a um dos meus amigos mais queridos que mora aqui, fico sempre desapontada – e mais ainda, com ciúme – quando eles combinam tão bem que me sinto como uma terceira na roda! Não gosto de me sentir assim. É tão infantil, mas é verdade. Como se eu estivesse do lado de fora olhando para dentro. E penso: *O que eu fiz?*

"E, então, toda a minha insegurança vem à tona: *eu não sou legal, ou eu não sou a mais esperta, a mais espirituosa, ou a mais bonita.* Sou apenas uma das melhores amigas de todo mundo, de quem eles dependem e que está ali disponível para eles. Adoro esse papel, mas, estranhamente, me sinto sozinha e abandonada quando os outros não me incluem em seus encontros. Quero dizer, o que eu fiz para que não me queiram junto a eles? É normal se sentir dessa maneira, agora que sou adulta? Sinto como se ainda continuasse no colégio. O que significa essa expressão? A vida é como uma escola com dinheiro. Acho que é a pura verdade.

"Quando estou insegura, desejando ser mais ponderada e não me importar tanto com que os outros fazem ou pensam, parece que estou voltando no tempo. Dar um passeio a pé ou apenas desistir de tudo e viver a minha própria vida. Mas, então, quero que alguém venha comigo e lá estou eu, planejando outra vez. Vamos todos dar um passeio a pé. Sou muito previsível e estou farta de mim mesma. Eu me deixaria de fora também."

Danielle está bem constrangida com esse seu pequeno "segredo". Ela não contou para ninguém, exceto para seu noivo, porque pensa que irá parecer patética e imatura. "Isso é ridículo, eu sei, mas sempre que um dos meus amigos se torna íntimo de outra pessoa apresentada por mim, fico com muito ciúme."

Catherine diz que sentir ciúme, quando amigos se tornam íntimos, é – até certo ponto – completamente normal, mas Danielle é hipersensível sobre isso devido à sua dinâmica de irmã, que até hoje continua a prejudicar seus relacionamentos com outras mulheres. Quando estava crescendo como a irmã do meio, sentia-se preterida ao ver como a sua irmã mais velha e a mais nova eram apegadas, pois lhe parecia lógico que ela fosse a cola, já que era a irmã do meio. Mas suas irmãs compartilhavam esportes e o gosto por todas as coisas competitivas (embora tivessem quatro anos de diferença, pareciam gêmeas, e ela as chamava de "gêmeas de rabo de cavalo"), enquanto ela era mais do tipo líder de torcida. Era comum as irmãs se juntarem para falar de futebol ou de tênis ou dos seus jogadores favoritos do Tampa Bay Buccaneers, mas, quando tentava se unir a elas, mesmo que fosse apenas sentando no sofá durante um programa de TV, desmanchavam seu cabelo, ou sua maquiagem, ou sua minissaia, e riam dela até que ela saísse da sala para não chorar. Agora, suas irmãs são adultas e continuam muito unidas, e ela se sente desprezada. Sua sensibilidade em ser posta de lado é uma velha ferida que incomoda ou reabre facilmente.

Quando Danielle transfere esses padrões de comportamento para as suas amigas, ela está deslocando para elas o seu desapontamento por não ser uma irmã integrada na ordem das irmãs. Então, desiste muito facilmente, como se já estivesse resignada a ficar de fora.

Catherine diz que ela contribui para que as coisas sejam assim, já que, de certa forma, está perpetuando essa dinâmica. Ela, basicamente, desiste e vai embora, pois presume que acabará se sentindo mal, então, de certa maneira, acelera o processo. Isso vem a ser uma profecia que se cumpre por si própria.

Se Danielle está no porão (recordações das "gêmeas de rabo de cavalo") ou na sala de lazer (onde ainda hoje é difícil estar com elas) ou na sala de visitas (onde ela se mortifica projetando essa dinâmica sobre as suas amigas), tem de identificar o padrão e decidir quebrá-lo. O processo é uma forma de dramatização, pois se ela se abrisse e simplesmente explicasse que era sensível a esse respeito, suas amigas poderiam passar a compreendê-la melhor. Na perspectiva delas, talvez nem lhes tenha ocorrido que isso acontecia. Elas não podem ler sua mente, então Danielle tem de aprender a comunicar seus sentimentos abertamente e não ficar com medo de ser magoada.

Sua pérola é ser direta, não representar, mostrar-se como realmente é: Ser honesta consigo mesma e com aqueles à sua volta, a fim de ser uma amiga melhor, para si mesma e para os outros.

EU QUERO NOVOS AMIGOS!

"Eu preciso de novos amigos. Estou cansada de conversar sempre sobre as mesmas coisas. Agora que somos um pouco mais velhas, elas começam a falar de testamento e reserva de túmulos! Ainda não estou pronta para falar sobre isso; por que não podemos falar sobre a nossa próxima aventura?"

– Joelle, 56 anos; Rochester, Nova York

Joelle sempre teve milhões de amigos. "Na adolescência, meus amigos significavam tudo para mim. E quando meu marido e eu mudamos para outra cidade, era importante para nós formarmos novas e boas amizades, e assim fizemos. Nesses 15 anos em Rochester, festejamos muitos aniversários e eventos importantes e sempre achamos tempo, nos fins de semana, para *brunches* e reuniões de família. Foi ótimo."

Ultimamente, no entanto, Joelle se sente decepcionada com seus amigos. "Parece que eles falam sempre sobre os mesmos assuntos. Na semana passada, num churrasco, todos começaram a falar sobre os planos para seus enterros. Fiquei horrorizada. Queria sair daquela sala e achar novos amigos! Queria cuspir no chão o que mastigava e gritar: 'O que está errado com vocês, caras? Não estão cansados de vocês mesmos?'" Foi então que Joelle soube que sua vida chegara a um momento crítico.

Embora Vin, seu marido, não tivesse se envolvido na conversa sobre enterros, ele concorda com Joelle que seus amigos estão se tornando aborrecidos. "Vin e eu, recentemente, fizemos um trabalho voluntário interessante no estrangeiro, e me sinto revigorada", diz Joelle. "É como se eu tivesse um senso de propósito renovado. Mas nossos amigos não parecem, realmente, muito interessados nisso. É verdade que vieram para jantar e para a exibição dos slides, mas então isto foi esquecido e voltamos às conversas habituais. O que está ficando cada vez mais e mais desagradável."

O problema é que Joelle não se sente tão velha quanto seus amigos. Ela pode se olhar num espelho e reparar que não está envelhecendo tão rapidamente quanto eles, o que é uma coisa boa, mas que causa tensão. Ela exibe aqui um traço narcisista, já que pensa: *Vocês podem estar morrendo, mas eu estou melhor do que vocês, porque me recuso a envelhecer.* Ela acredita que essa é a maneira certa e, embora atrasar o processo de envelhecimento seja ótimo, não precisa ter aversão a seus amigos só pelo fato de eles reconhecerem que estão envelhecendo e até mesmo aceitarem a fase da vida em que estão entrando.

Joelle está também fazendo o que é chamado de "deslocamento", que é redirecionar sentimentos sobre uma coisa (seu envelhecimento, o fato de que seus pais morreram recentemente, sua própria mortalidade) para uma outra (seus amigos e as preocupações deles com assuntos relacionados a envelhecer e até morrer). Joelle pode tentar ficar jovem para sempre, mas não pode querer forçar esses sentimentos em seus amigos ou ficar ressentida pela forma como estão agindo.

Joelle devia compreender que os seus amigos pensam que ela é incoerente e que não planejar a inevitabilidade da morte ou do envelhecimento é uma tolice. É admirável que Joelle se sinta cheia de vida e saudável e queira ficar desta maneira, fazendo-se rodear de pessoas jovens e ativas. "Sei que estou envelhecendo", diz Joelle, "mas tenho de agir como uma velha senhora antes de ser uma?"

Ela quer crescer e evoluir, mas jogar isso sobre seus velhos companheiros seria um erro. A solução para ela é encontrar novos amigos sincronizados com essa fase da sua vida. Ela ainda pode apreciar as histórias compartilhadas com seus amigos antigos, enquanto tem aventuras excitantes com os novos.

Aqui está o processo-chave para limpar a sala de visitas: não é qualquer um/ou, é ambos/e. Joelle pode manter seus amigos antigos e seus novos amigos, embora, provavelmente, não possa esperar que eles combinem. Esses dois grupos representam partes de sua vida – seu futuro (novos amigos) e seu passado (amigos antigos) – e ela pode apreciar o tempo que passa com cada um, no presente. A pérola: Conflito pode ser positivo. Nesse caso, isso significa que você pode ter diferentes amigos para diferentes facetas da sua vida.

EU PAQUERO O MARIDO DE MINHAS AMIGAS

"Toda vez que me reúno com certo grupo de amigos, há um casal que me faz pensar: *Queria ter me casado com ele*. Então, depois de uns drinques, começo a paquerá-lo, e fico envergonhadíssima no dia seguinte, porque imagino que todos repararam, e, então, fico atormentada por ter sido má com meu próprio marido e com minha amiga. Mas adoro flertar com o marido dela... me faz pensar que, se tivesse me casado com ele, a minha vida poderia ter sido diferente – mais livre e melhor."

– Diane, 42 anos; San Diego, Califórnia

Diane tem tudo: um ótimo marido, uma firma bem-sucedida de marketing esportivo, dois filhos adolescentes e uma vida maravilhosa. Ela é ativa, bonita, esbelta e uma mulher alegre e otimista. Mas, depois de um ou dois copos de vinho, começa a flertar, embora nunca tenha sido infiel ou pulado a cerca. É como se, nesses momentos, ela precisasse de mais atenção, principalmente dos homens na sala. Nas festas, isso frequentemente toma forma de flerte com Nick, o marido de uma das suas mais antigas amigas, Kathy. Diane e Nick se conhecem desde o tempo de colégio e sempre sentiram um pelo outro uma certa – mas silenciosa – atração. No entanto, a pequena centelha entre Diane e Nick ainda parece estar lá, e isso incomoda Diane, porque, quando os quatro estão juntos, ela e Nick falam mais do que deviam, e ela não acha isso certo nem para o seu marido nem para a sua amiga Kathy, que sempre finge não reparar.

"Sei que ele me acha divertida e me faz sentir muito bem comigo mesma, e acho que é um cara muito legal, mas no fim da noite fico feliz de estar indo para casa com Tom. Sei que tomei uma boa decisão me casando com ele. Então, por que passo a noite inteira chamando a atenção de Nick e fazendo com que ele ria de minhas piadas? É constrangedor. Eu me odeio, me sinto culpada e juro que nunca mais farei isso. E, de novo, *faço*."

Catherine diz que Diane luta com problemas de autoestima e, provavelmente, está menos interessada em Nick do que na atenção que ele lhe presta e que faz com que ela se sinta jovem, bonita, inteligente, engraçada etc. Diane não está competindo com Kathy ou enciumada pelo casamento dela, mas buscando atenção masculina onde se sente em segurança ao obtê-la.

Diane precisa de uma afirmação positiva vinda de fora do seu casamento, porque não está se sentindo bem com ela mesma – com o envelhecimento (principalmente sua aparência) e com a sua contribuição ao mundo. Diane parece ter tudo, mas, sob o seu ponto de vista, sua estrela está perdendo o brilho, e ela precisa saber que ainda "consegue". Isso é uma expressão de narcisismo, já que é uma forma de superenvolvimento com o ego, embora ela esteja, realmente, atraindo a atenção de outra pessoa. É uma admiração refletida, porque seu amor-próprio não é suficiente e ela precisa sentir isso de todos à sua volta.

Catherine nos lembra que há uma coisa chamada narcisismo saudável. Todos nós precisamos nos amar, é essencial, assim como uma forma de autopreservação. Mas isso pode criar um padrão capaz de prejudicar nossos relacionamentos e nos magoar. Tom diz a Diane que ela é bonita, inteligente e poderosa, mesmo assim ela precisa procurar o mesmo feedback em outra parte, como se os elogios dele não bastassem. Diane vê Tom como uma extensão dela própria e, como ela nem sempre acredita em seus próprios sinais, também não confia nele.

Para Diane, a autoestima (achar-se atrativa) é combinada com autoaversão (sentir-se velha). Quer você se sinta excessivamente positiva, quer negativa, isto pode ser um problema. Qualquer tipo de superenvolvimento com o ego é considerado um narcisismo doentio. Achar-se uma pessoa poderosa ou se achar uma pessoa inferior é igualmente narcisístico, explica Catherine. Então, quando Diane se repreende na manhã seguinte pelo seu mau comportamento, esta variação extrema de humor torna-se parte do que lhe está causando problema. Ela precisa compreender que, mais do que se sentir muito especial ou muito inferior, pode ser apenas ela própria. Diane tem que ir para outro cômodo, já que passa muito tempo no banheiro, se examinando no espelho. Seu banheiro está muito junto do resto de sua casa e, em particular, da sala de visitas. Ela precisa encontrar satisfação e desenvolver outras facetas da sua personalidade.

Diane está se definindo com base em como os outros a veem, mais do que a partir do seu interior. A solução é passar mais tempo no que chamamos de Décimo Cômodo, onde ela pode organizar seu sistema de valores e não permitir que seja definida pelos sinais alheios. Para fazer isso, ela tem de se valorizar de uma maneira saudável e produtiva. Primeiro, precisa encontrar seu autêntico eu interior e, então, desenvolver essa pessoa. Ela tem de aprender a acreditar que é atraente sem que ninguém diga isso. Se puder depender do seu próprio feedback sem precisar do que vem dos outros, então ela poderá ser a melhor versão de si mesma, não alguém pedindo ou precisando que o seu eu seja refletido para ela pelos outros.

Catherine diz que os narcisistas, muitas vezes, adquirem padrões chamados de idealização/desvalorização, em que ficam flutuando entre emoções de polos opostos sobre eles próprios, de forma que ou amam a si mesmos ou se odeiam. Em um minuto, pensam que são o máximo, ou superiores aos outros, e, no minuto seguinte, se acham inferiores, com o mesmo exagero. A verdade é que todos nós temos características e comportamentos positivos e negativos; todos os relacionamentos contêm bons e maus comportamentos, e tudo o que vem no meio. Você pode gostar de si mesma e também aceitar que tem falhas e que, como todo mundo, comete erros.

Para o narcisista, o objetivo é reconhecer que você tem tanto traços agradáveis quanto aqueles com os quais você precisa aprender a conviver. A chave é aprender a amar e aceitar a si mesma, com defeitos e tudo. Só assim você poderá, verdadeiramente, se abrir para a vida alheia. Quanto mais conectada com os outros, tanto mais feliz você será. Saia da sua própria cabeça, fique longe do espelho e volte para a sala de lazer, onde todas as pessoas interessantes esperam para conhecer quem você realmente é.

Então, o pensamento final para a sala de visitas é que ali é lugar de conectar, envolver-se e escutar, não de competir. A expressão "não ficar atrás dos vizinhos" foi baseada na família do pai de Edith Wharton, que era rica e sociável, mas não necessariamente feliz, como indicam suas histórias. É uma expressão ainda hoje pertinente, depois de todas essas décadas, porque é da natureza humana se comparar aos outros e ver se estamos à altura deles. Sempre que invejo a riqueza que vejo ao meu redor, lembro que fiz minhas próprias escolhas e me sinto feliz com a minha vida, meus filhos, marido e emprego. No fim do dia, não trocaria de lugar com ninguém, mesmo com aqueles que têm mais do que eu. A sala de visitas não é um lugar para se abrigar inveja ou se comparar com os amigos ou "dar" muito de si mesmo. É um lugar para desfrutar a companhia dos outros, oferecer apoio, empatia e amizade, e aceitar o mesmo em retribuição.

O escritório

Você recebe seu salário...
e seu estresse

Bem-vindo ao seu escritório, onde você lida com questões relativas a qualquer coisa que defina como seu trabalho, seja em casa ou em um local de negócios. O escritório emocional em sua casa é onde preocupações com dinheiro, carreira e objetivo precisam ser negociadas. É onde você trabalha no seu "trabalho", mas o que você faz ali se espera que seja recompensador sob o ponto de vista pessoal.

Estresse é o nosso estado perpétuo de ser

As mulheres, na sua maioria, sentem que estão "loucamente ocupadas", mas sempre querem fazer mais. No momento em que descubro um espaço na minha agenda superlotada, acrescento um projeto, seja rediagramar a revista, uma experiência nova ou coescrever este livro. Parece loucura, mas adoro ter muita coisa para fazer e ter pouco tempo para tudo isto. Do que deveria abrir mão? Não da minha família, não do meu emprego, não dos meus exercícios físicos. Eu corro, ando de bicicleta, nado pela manhã, assim estou pronta para o resto do dia, sem sentir vontade de levantar e ir dar uma voltinha. Essa atitude me ajuda a sentir que estou aproveitando o máximo de mim mesma e da minha vida, mas, às vezes, isso pode ter efeito contrário, como quando me sinto deprimida. É quando tenho de repelir o estresse de achar que eu sempre poderia fazer tudo melhor.

A maioria de nós diz que tem muito que fazer ou que muito pouco do que faz – além de nossas obrigações com a família – tem sentido. As mulheres querem causar impacto. Elas também tentam se equilibrar entre suas necessidades e as necessidades dos outros. Catherine e eu ouvimos frequentemente as mulheres dizerem "Não posso dizer não", porque elas não querem desapontar ninguém. Elas têm um chefe, um marido, filhos, pais e amigos que querem, todos, um pedaço delas. A pergunta é: como você pode ter tudo – a família e o emprego, um tempo para você e um tempo para os outros – e não sentir que está se enganando em algum destes componentes da sua vida?

Faço tudo isso... só que com muito menos perfeição do que gostaria

Se alguém me diz "Não sei como você faz isso!", é como acenar uma capa vermelha para um touro. Quero retrucar, imediatamente: "O que você quer dizer? Está dizendo que não posso fazer um bom trabalho com tantas coisas ao mesmo tempo?" A insinuação de que devo estar faltando com as minhas responsabilidades de mãe, esposa ou funcionária está implícita nessa observação. Sei que muitas vezes isso é dito com admiração, mas acho que, em parte, é um julgamento contra a mãe que trabalha – tento, então, desarmar a situação dizendo: "É fácil – faço tudo isso muito mal." Ou, se é sobre maternidade, eu chuto o balde: "Meus filhos foram criados por lobos." Ou pelo cachorro. Ou, simplesmente, eles próprios se criaram.

Imagino que, se eu puder rir de mim mesma, meu inquisidor rirá também. Mas, então, pergunto a mim mesma: *É assim que realmente me sinto? Por que estou fazendo tantas coisas?* E a verdade é que, às vezes, acho que eu poderia ser mais presente para a minha filha ou para o meu marido, que mais uma vez terá de pegar nosso jantar, ao voltar para casa do trabalho. Quando me sentia assim deprimida, costumava beber um copo de vinho para dar uma esfriada e apagar essas fagulhas de estresse no meu cérebro. Agora, vou nadar ou correr. É uma forma mais saudável de lidar com o estresse e, muitas vezes, chego a uma solução enquanto vou progredindo com os movimentos repetitivos da natação ou da corrida, que põem meu cérebro "regulado" e permitem à criatividade fluir.

Catherine diz que outra chave é dizer a si mesma que você está fazendo o melhor que pode no dia de hoje e se perdoar por algumas das coisas que você não consegue realizar. Você tem de acreditar que "bom o bastante" é realmente bom o bastante.

Quaisquer que sejam as suas responsabilidades diárias, a emoção universal parece ser o estresse causado pelo temor de não fazer tudo suficientemente bem. Para reduzir seu sentimento de discordância em relação a isso, você precisa saber quando está no seu escritório emocional e quando está em outro cômodo, sentindo-se culpada de não ter ido ao recital de violino do seu filho ou ao jogo de hóquei.

"O compromisso ruim" e outros conflitos

O compromisso ruim é uma expressão que gravei há alguns anos, quando o meu filho Julian, então com dez anos, disputava a corrida de cem metros no "dia dos esportes" da sua escola, e estava tão ansioso e tenso em relação ao seu desempenho que ficou doente na noite anterior. Mas eu era a nova editora de uma grande revista e naquela manhã não queria decepcionar nem a revista nem a família. Foi um desastre.

Fui à cidade para uma reunião e planejei estar de volta ao parque às 11 horas, a tempo de assistir à corrida. Mas as coisas no escritório atrasaram e eu estava esbaforida ao entrar num táxi, e, depois, disparei sem sapatos pelos campos de basquete até chegar onde os meninos corriam. Quando cheguei, percebi que já era tarde. Uma das mães, bem-intencionada, me disse: "Viu só? Ele foi ótimo. Ganhou e ficou muito feliz." Quase rompi em lágrimas.

Meu filho correu para mim com a sua medalha e disse: "Mãe, você me viu?" Eu respondi: "Sim, querido. Você foi fantástico! Estou muito orgulhosa." O resto do dia foi um sufoco para mim devido à culpa que sentia por ter perdido os únicos trinta segundos que importavam para Julian e pela mentira que eu dissera a ele. Na hora que voltei para o trabalho, eu tinha um nome para esse enredo: o compromisso ruim. Isso significa, basicamente, que, se alguém tenta estar em muitos lugares na mesma hora, está ganhando tempo para se enforcar, como foi o meu caso. Eu encerrara às pressas a reunião de trabalho e, no entanto, perdera a corrida e dissera a meu filho uma rara mentira. Foi uma perda de tempo total. Tentei agradar a todos e terminei não agradando a ninguém.

Foi também um momento de reavaliação. Jurei jamais deixar esse tipo de burrice acontecer outra vez. Agora, quando tenho um conflito dessa natureza, quando sei que tenho que dar um tiro certeiro, faço a ligação mais cedo e planejo como vai ser. Digo à minha equipe que "tenho de assistir à corrida de Josie e poderemos nos reunir mais cedo ou mais tarde", e, às vezes, digo a Josie que "gostaria de poder assistir a todos os seus jogos, mas não posso, vamos então ver quais são os que você acha mais importantes, aí deixo um tempo livre e, com certeza, estarei lá". Então, ponho "Lucy ausente" na minha programação de trabalho e, com isto, a minha diretoria pode planejar outras atividades para aquele espaço de tempo (raramente me sinto culpada, pois leio até tarde da noite para compensar as horas de trabalho que tenho de faltar, de forma que tudo chega aos eixos até o final do dia).

Reconheço, também, quão sortuda sou em ter um emprego que é mais flexível do que a maioria. Houve um tempo em que trabalhei para um jornal no qual eu era um dente de uma enorme engrenagem e tinha de trabalhar durante as horas que o meu chefe queria, não importando o que estava acontecendo na minha vida pessoal. Eu terminava a minha matéria para o diário e tinha de ficar ali sentada vendo o editor de texto fazer outro trabalho, e quando finalmente ele lia a minha história, a minha presença ali só era necessária para que ele pudesse fazer, vez ou outra, uma pergunta. Eu tinha literalmente de ficar vendo o editor comer, atender ligações pessoais e examinar a minha matéria quando bem entendia, de forma que eu não podia sair, embora não houvesse mais nada para fazer além de ficar sentada, esperando. As horas se arrastavam. O outro emprego em jornal aconteceu anos mais tarde, nos dias do telefone celular, quando eu já tinha um filho de dois anos e mais um a caminho. Eu disse ao editor de texto (sistemas raramente mudam) que ia para casa para dar o jantar do meu bebê e que ele podia ligar para mim. Ele não permitiu. *"Se eu tenho de ficar, você também tem de ficar"* foi a sua atitude. Parecia que tudo que eu fazia tinha que passar por um momento "cara a cara" com alguém. Tornou-se outro bordão para mim.

Agora não acredito em momento cara a cara. Parece mais um momento de "jogar na cara", já que é hostil e desnecessário. Atualmente dirijo uma revista onde predominam as mulheres, e digo a elas: Seu trabalho tem de ser excelente e os compromissos pessoais – filhos, consultas médicas ou qualquer coisa que a tire do escritório durante o dia – não podem prejudicar as reuniões e as tarefas da revista mensal que editamos. Fazemos, então, malabarismos com nossas vidas em torno de grandes reuniões e de prazos fatais e ajudamos umas às outras quando alguém tem uma babá que não aparece, ou um pai que fica doente, ou qualquer outro acontecimento imprevisto. Além disso, todas temos de viver e trabalhar, e, enquanto o fazemos, descobrir a melhor forma de fazê-lo.

Tenho um orgulho imenso do ambiente que criei no meu escritório, pois não inclui o compromisso ruim (a não ser quando absolutamente necessário), tampouco exige o confronto do cara a cara, mas consegue gerar um valioso produto. Na minha vida pessoal, meus filhos sabem que adoro trabalhar, que sempre terei algum tipo de trabalho e estão tranquilos quanto a isso. Mesmo quando significa uma dose de ausência em suas vidas.

Tenho, agora, com a minha filha, um pequeno código que é meio brincadeira, meio sério. Eu pergunto a ela: "Teremos uma conversa de divã mais tarde?", e ela diz: "Não." E depois pergunto: "Será muito importante para entrar num ranking das dez mais?" E ela diz: "Nem mesmo das cem mais." Ela também sabe que se precisar realmente de mim, deixarei tudo de lado e voltarei para casa tão logo quanto possível. Ela sabe que é assim que funciona, então não me solicita muitas vezes.

Sempre tive uma vida "dividida" em termos de trabalho e filhos, e digo para a minha equipe que "sempre atendo as ligações" dos meus filhos, o que, às vezes, significa o lar se intrometer no trabalho. Mas é uma via de mão dupla e os limites não são perfeitos, porque há muitas noites em que preciso trabalhar em casa, depois do jantar. Até agora, desde que eu não assuma compromissos ruins, tudo se resolve no meu escritório emocional. Minha pérola, aqui, é que você tem de ser autêntica e não se preocupar com o que os outros pensam (os sinais do escritório e da casa). Para essa situação, também uso esta pérola: Não é um/ou... é ambos/e. Não é ruim que haja algum conflito, desde que aprendamos com ele ou que ele nos leve a tomar decisões melhores no futuro.

É por isso que chamam de trabalho

Nem todo mundo tem o privilégio de gostar do trabalho, mas você pode gostar das coisas que obtém com ele. O problema é saber por que você trabalha. Há casos em que um cheque de pagamento é suficiente. O ideal para todas nós é receber pagamento por algo que adoremos fazer. Se, entretanto, você não pode combinar as duas coisas, não tem importância. Apenas esteja consciente de que o dinheiro mantém o que você gosta em seus outros cômodos. Raramente você consegue misturar paixão, objetivo e cheque de pagamento, mas, quando isso acontece, é mágico.

Esse estado "mágico", em que você fica tão absorvida no que está fazendo que chega a sentir uma embriaguez natural, é também conhecido como "fluxo", um termo criado por Mihaly Csikszentmihalyi em 1960 para descrever qualquer coisa – uma atividade ou um estado mental produtivo – na qual você pode se perder. Quando sente o fluxo, você está tão enlevada naquele instante que perde a noção de tempo e o foco vem facilmente. Não parece trabalho, vem sem esforço. Alguns atletas e músicos experimentam o fluxo – ficam tão envolvidos no que estão fazendo que quase entram em transe. Cada um de nós é capaz de sentir isso também.

Na nossa experiência, sentir esse fluxo no trabalho significa que o que você está fazendo pode ser uma fonte de grande felicidade, mas também de estresse, quando ela não vem e você não acha o "ponto perfeito". Se você é uma pessoa que procura o fluxo, os riscos se tornam mais altos, porque, ao atingir aquele sentimento de foco e satisfação, você acrescenta mais desafios para continuar engajada. Se você é uma pessoa com fortes motivações próprias, o trabalho pode tanto ser o mais compensador como a parte mais sofrida de sua vida, dependendo de se você está tendo um bom dia – sentindo o fluxo – ou um dia ruim.

Não são apenas as personalidades excepcionais que encontram o fluxo; Catherine observa isso quando está sentada numa cadeira, ouvindo uma paciente falar. "Eu me perco no meu trabalho", diz ela. "É um privilégio fazer o que faço, ajudar as mulheres a se sentir bem e ser paga por isso. É aí que tenho o fluxo."

Por mais que escolhamos o que fazer com o nosso dia e por mais que chamemos isso de "trabalho", o que importa é como nos sentimos em relação a isso. Para algumas mulheres, o maior dos luxos é ficar em casa, no papel de mãe; para outras, isso é um grande sacrifício. De qualquer maneira, todas nós concordamos que isso também conta como "trabalho".

Tomar conta de uma casa e filhos pode não ter pagamento, mas suas obrigações (cozinhar, lavar, dirigir, tomar conta das crianças, ensinar etc.), se fossem pagas no "mundo real", valeriam 125 mil dólares por ano. A pergunta, na verdade, não é se você é apreciada – deve ser pelos entes queridos, quer expressem isso ou não! A pergunta mais importante é: *ela* é feliz e se sente útil nas tarefas do seu dia a dia, assim como no quadro geral da sua vida? Catherine e eu apoiamos qualquer escolha que uma mulher faça, desde que ela sinta que foi sua a escolha e que seu dia tem um propósito. Isso é válido para as que escolhem trabalhar em casa, para a advogada, a contadora, a psiquiatra e a editora de revista. Mas, se você não está se sentindo valorizada, queremos que avalie o que está acontecendo e, então, procure mudar e encontrar o objetivo que lhe falta.

Neste sistema econômico, nem sempre você tem escolha em relação ao que faz ou como ocupa o seu dia, mas há sempre a escolha de como se sentir em relação a isso.

SINTO FALTA DA MINHA FAMÍLIA, MAS QUERO UMA CARREIRA

"Vim para cá para seguir meus sonhos, mas sinto falta da minha família. Sei que meu pai não vai viver para sempre e fico pensando se me arrependerei das escolhas que fiz. Mas, então, converso com ele sobre isso e ele quer que eu fique em Nova York e viva a minha vida, e isso foi o que escolhi fazer."

– Kristi, 30 anos; Nova York, Nova York

Kristi é uma moça da Califórnia que se mudou para Nova York logo depois de terminar a faculdade, para seguir seu sonho de ser redatora de revista e editora. É uma maneira dura de viver – jornalismo pode ser glamouroso como é mostrado no *Betty, a Feia* e *O Diabo veste Prada*, mas a realidade implica trabalho duro, longas horas de esforço e uma competição feroz para um decrescente número de empregos com milhares de mulheres inteligentes, talentosas e impulsivas. Devido ao árduo horário de trabalho, Kristi não pode ir para casa tantas vezes quanto gostaria.

"Perdi a festa de noivado da minha irmã. E quando voltei para o seu casamento, recebi uma porção de reclamações das minhas amigas. Senti como se elas estivessem me julgando. A maioria delas vai se casar com os namorados da época de escola, nunca saíram da vizinhança e vivem a mesma vida chata que suas mães viveram. Mas não consigo fazer isso."

Kristi sabe que fez a escolha certa, mas se sente em conflito quando sua mãe lhe manda um e-mail carinhoso descrevendo o habitual passeio de bicicleta domingueiro da família pela orla do Pacífico, ao pôr do sol. Kristi fica com vontade de chorar porque sente que não está incluída nas coisas mundanas que fazem a vida da sua família tão especial.

O que faz com que se sinta ainda pior, por estar tão longe da sua família, é o fato de que seu pai está muito doente. Se ele morrer enquanto ela estiver em Nova York, jamais se perdoará por não ter passado mais tempo com ele. Ela não consegue descobrir a maneira de ser uma jornalista de sucesso e uma boa filha.

Kristi diz: "Estou feliz vivendo os meus sonhos e tentando ser mais independente. Sinto que, se houvesse ficado em casa, eu seria uma a mais do mesmo, e quero mudar. Não tenho nada contra as escolhas que minhas amigas fizeram, mas sei que fiz a coisa certa, vindo para cá." Seu caminho a levou para longe de casa e da sua zona de conforto, e agora, ao voltar, ela se sente uma estranha. Suas amigas não entendem como ela pode viver tão afastada, e são felizes por estarem juntas.

Como você pode fazer uma conciliação entre seguir seus sonhos e ter de se mudar para longe das pessoas e coisas que você ama? Como encontra esse equilíbrio? Será que tal coisa existe?

Catherine responde: Balança é uma barra fina pela qual você tenta andar quando está na escola primária. A noção de "equilíbrio" permite às mulheres não cair da sua barra. Você pode, por um momento, manter tudo equilibrado, mas, eventualmente, poderá tombar para um lado ou para o outro. Assim, melhor do que sentir que falhou, você tem que pegar as coisas cada uma a um tempo e aprender a priorizar.

Aquilo que desperta a sua atenção deve significar alguma coisa. Mas é uma lista rotativa, pois um dia é o seu filho que precisa de você e, no dia seguinte, é o seu chefe. Esse é o fluxo natural da vida. Então, o importante é você se engajar totalmente nesse momento, antes que venha o próximo. Nós dizemos: estar presente é a nova balança. A chave para ser feliz é não tentar fazer de tudo e tudo ao mesmo tempo. O objetivo é fazer apenas – e apreciar – o que está fazendo no momento.

Kristi está convivendo de maneira saudável com um dos muitos conflitos típicos dos vinte e poucos anos. Está fazendo a transição entre menina e mulher, mas seu conflito é intensificado por viver distante de sua família. Essa separação torna a transição mais crítica do que se ela estivesse na sua cidade natal. Catherine explica que Kristi está experimentando a separação/individuação enquanto constrói a sua própria vida e a carreira, o que é doloroso, mas próprio desta fase da vida. Os vinte anos são muitas vezes repletos de empurra e puxa entre os laços com sua família e a vontade que você sente de criar uma vida e uma carreira independentes.

O escritório e a sala de estar, por comodidade, são muito próximos na casa emocional de Kristi, mas ela não precisa ver isso como um caso de tudo ou nada. Nesse caso, não é um/ou, é ambos/e. O que significa que ela pode administrar o conflito, procurando aceitar a dor da falta da família e desfrutando a sua vida em Nova York. Claro, com as novas tecnologias é mais fácil preencher esse vácuo, mas, obviamente, ela não pode viver em dois lugares ao mesmo tempo.

Você não precisa morar perto dos seus pais para ficar conectada. Kristi pode se considerar feliz por desfrutar desses laços emocionais, que podem continuar a florescer do outro lado do país.

Catherine explica: Um sinal de maturidade emocional é reconhecer que não há solução perfeita, e que a vida é cheia de compromissos. Você pode simultaneamente ficar emocionada ao receber um crédito no seu artigo em Nova York e, também, triste por não estar com sua família naquele dia. Isso é maturidade, e Kristi deve festejar o fato de que está saindo da sua zona de conforto, sentindo-se bem com os seus compromissos e ainda conservando o vínculo com a família, que, afinal de contas, está tão orgulhosa dela.

CHINELOS NO ESCRITÓRIO

"Às vezes fico tão confortável no trabalho que sinto como se estivesse usando chinelos no escritório! A minha melhor amiga trabalha do outro lado da sala e nós nos divertimos muito, mas meu trabalho não rende. O problema é que quero seguir em frente, ser promovida e fazer uma carreira. Ela é capaz de se concentrar, mas eu, por alguma razão, não consigo."

– Cynthia, 27 anos; Boston, Massachusetts

Cynthia, rindo, descreve seu trabalho como um tedioso mundo de registros contábeis. Apesar dessa observação severa, ela se diverte no escritório, principalmente porque se dá muito bem com sua colega, Alice. Elas são inseparáveis e passam muitas horas trocando e-mails a respeito de encontros, compras on-line e tudo o mais, exceto sobre o trabalho que devem fazer. "É muito divertido ir para o trabalho, é como se eu estivesse em casa com a minha melhor amiga. Tenho, contudo, de ser honesta sobre isso: compartilho com ela mais do que devia. Se o chefe critica algo que fiz, corro e mostro a ela para que me diga se acha que está bom. É claro que ela concorda e, então, decidimos que o chefe está completamente errado e, em vez de melhorar o meu trabalho, me mantenho na defensiva. Sei que devia ouvir de meu supervisor sugestões de aprimoramento, mas é mais fácil pedir a Alice para aprovar o meu trabalho."

Cynthia sabe que essa tática está obstruindo o seu sucesso, e ela deseja realmente ser promovida. Na verdade, Alice teve um aumento há um ano e Cynthia ficou contente, mas, ao mesmo tempo, sentiu inveja disso. Percebeu, então, que não estava sendo levada a sério, mas relutou em mudar sua atitude em relação ao trabalho. E aí vieram os chinelos...

Certa vez, Cynthia e Alice decidiram dormir juntas depois do trabalho para assistir ao show favorito delas na TV, de forma que Cynthia levou o pijama e chinelos para o escritório. Ela quebrou o salto do sapato antes do almoço e não tinha nada para usar a não ser os chinelos. "Entendi, então, que, junto com minha amiga, havia transformado o escritório em um aconchegante clube de mulheres e, enquanto andava de chinelos até a máquina automática para apanhar um biscoito, percebi que estava agindo, no escritório, como uma garota de cinco anos e precisava mudar de atitude e usar saltos, antes que fosse demitida."

Catherine diz que o salto quebrado foi a melhor coisa que já aconteceu a Cynthia. Aquilo lhe ajudou a perceber que confundia o escritório com a sua sala de lazer. Ela estava, na verdade, se esforçando no emprego e sentindo insegurança no trabalho. Mas, em vez de se concentrar para fazer o melhor e conseguir uma promoção, ela achou mais confortável se socializar com as amigas e criar uma atmosfera doméstica no trabalho, mantendo uma mentalidade de colegial e não a de uma profissional. O fato de ter colegas/amigas de trabalho não é ruim, a não ser que interfira com o trabalho. E se uma amiga é promovida e você não, isto pode ter um efeito adverso não só na sua carreira, mas também na sua amizade.

Cynthia precisa aprender que ela pode ter relacionamentos no trabalho, mas tem de criar limites. Ela e as amigas precisam entender que, se aspiram evoluir, precisam se concentrar em seus trabalhos e se comportar profissionalmente. Isso não significa que não possam socializar e se divertir, mas, se esta é a principal motivação e o trabalho é secundário, é preciso admitir que alguma coisa está errada. Talvez ela deva até considerar um novo emprego, onde se engaje e seja recompensada pelo trabalho e não apenas pelas colegas de serviço.

Cynthia está na sala errada: devia estar no escritório, mas está, na verdade, na sua sala de visitas e usando o trabalho como uma grande festa.

Catherine diz que Cynthia está "fossilizada", e a maneira que tem para romper esse padrão é crescer no trabalho ou sair do escritório.

Nem seu chefe vai impedir, nem suas colegas; ninguém vai impedi-la... a não ser ela mesma.

Ou explicando mais simplesmente, se quer ser promovida, levada a sério e tratada como uma adulta, você precisa agir da mesma forma. Aqui, o processo-chave é que as ações falam mais alto do que as palavras. E ela está agindo como uma criança. Diz que quer uma promoção, mas age como se quisesse voltar ao lar de sua infância ou ao seu clube, ser cuidada e se divertir. Sua pérola: Continue ou cresça. Continue da maneira como você é ou mude. A escolha é sua.

NÃO TENHO PAIXÃO

"Tenho uma boa educação, mas nunca encontrei alguma coisa que realmente me apaixonasse. Na faculdade, estudei pedagogia e agora só trabalho nas escolas, mas não leciono. Ir para o trabalho tornou-se uma coisa rotineira. Não sou infeliz, mas entediada, e gostaria de fazer alguma coisa pela qual me sentisse apaixonada. Mas até agora não encontrei. Fico imaginando se algum dia conseguirei."

– Lynn, 42 anos; Phoenix, Arizona

Lynn tem ocupado posições burocráticas e se sente estagnada em sua carreira como administradora de uma escola. É diretora de um educandário, mas seus dias são ocupados em marcar compromissos e atender ligações, e ela não vislumbra um caminho para qualquer carreira que seja mais gratificante. Lynn está nessa atividade há 12 anos, mas ainda não sabe o que fazer com o resto da sua vida.

Ela mora com o namorado e é feliz nesse relacionamento, mas se sente vazia no trabalho e não tem certeza sobre qual deva ser o seu próximo passo. "Sempre pensei em abrir um negócio, mas não tenho o perfil. Sou muito sensível e não aceito crítica. Tendo a desistir das coisas. Não posso começar nada."

Falta confiança a Lynn, mas não talento. Depois de conversar com ela por algum tempo, fica evidente que adora cozinhar. Seu rosto se ilumina só de falar sobre isso... embora não se considere uma excepcional cozinheira ou capaz de viver disso. Mas, se ela tivesse um objetivo – por exemplo, vender suas tortas na padaria local ou, talvez, até mesmo algum dia começar o próprio negócio, poderia ser induzida a trabalhar nisso e prosperar.

Lynn se sente perdida. Ela diz que talvez volte para a escola e aprenda uma nova profissão, mas não sabe sequer o que estudaria. Seu namorado arranjou um emprego melhor em outro estado, e ela vai com ele porque não há nada que a prenda aqui. Lynn está desorientada. "Meus pais sempre me disseram: 'Seja feliz.' Foram muito pressionados pelos próprios pais e não querem fazer este tipo de pressão sobre mim. Mas não sei o que é preciso para ser feliz."

Catherine diz que Lynn está presa no porão, onde seus pais ainda querem que ela seja feliz. A autoestima é desenvolvida na infância por meio do sinalizar dos pais, irmãos, professores e amigos. Você aprende em que você é naturalmente capaz e em que você tem de se esforçar. Algumas pessoas trabalham em coisas nas quais são naturalmente capazes pelo resto de suas vidas; outras acham que as atividades mais recompensadoras são aquelas em que se tem de trabalhar muito no princípio.

É uma situação delicada para os pais – querer elogiar os filhos, mas também ensinar a eles como aceitar críticas e decepções. Tudo volta à questão do sinalizar autêntico. Os pais de Lynn jamais deram um feedback severo (ou realista), assim ela nunca aprendeu a discernir os seus talentos e nunca ousou falhar em nada. Ela não podia correr o risco de que alguém não gostasse do seu trabalho e, então, escolhe se congelar em vez de evoluir. A ambivalência de Lynn – "Acho que cozinhar é a minha paixão" – é problemática. Ela não se decide, porque isto, em si mesmo, seria um risco. Pois se ela disser "Essa é a minha paixão" e ninguém gostar das suas tortas?

E mais, ela não se decide por esse caminho porque não quer receber um feedback crítico, já que seus pais nunca lhe deram nenhum e ela nunca aprendeu a receber uma crítica de modo construtivo. Faz parte do crescimento aceitar riscos, receber feedbacks e entender que não é uma afronta pessoal se alguém diz: "Sua torta de maçã é ótima, mas sua torta de blueberry é um pouco massuda." As pessoas de sucesso usam esse tipo de crítica para evoluir. Essa é uma experiência de vida que Lynn não tem. Ela não tem uma carreira para se preocupar porque não está disposta a se expor.

"Gosto de comparar receitas e descobrir combinações de bons temperos. Essa é a minha paixão." Então, por que não arranjar um emprego numa padaria e aprender como se dirige um negócio? Por outro lado, se ela sabe que jamais irá seguir esse caminho, não há nada de errado em depositar seu cheque de pagamento no banco e passar suas horas de lazer fazendo tortas. Só porque você adora velejar, isso não significa que você tenha de ser um marinheiro profissional. Seja honesta consigo mesma e reconheça que seu trabalho nada mais é do que um meio para atingir um fim. Defina seu objetivo (fazer dinheiro ou qualquer outra coisa) e se sinta bem.

Flutuando pela vida, seguindo o namorado, ou não mudando de trabalho, ela permitiu que a sua vida fosse definida independente dela. Está negligenciando a própria capacidade de se autodeterminar. Sua bússola íntima não aponta para lugar nenhum e, assim, ela fica à deriva, permitindo ser levada pela maré.

Sua vida está sendo direcionada, apesar da sua própria falta de direção. O processo-chave, aqui, é ela reconhecer que está fazendo escolhas ao não fazer escolhas. Nós dizemos: Não decidir é decidir. Se ela se levanta da sua cadeira no trabalho para fazer alguma coisa, seja o que for, com que se preocupa, aonde isso a levará? À mercearia para comprar ingredientes? Ao mercado para comprar as frutas mais frescas? Essas são pistas, e ela precisa segui-las como migalhas de pão para sua nova vida e paixão. Sua pérola: Dê o primeiro passo. Então, o próximo. Permita que esses pequenos passos sejam o começo de um novo caminho para uma vida significativa.

ODEIO CRÍTICAS!

"Adoro estar certa e odeio que digam que estou errada. Não posso ouvir críticas sem sentir o sangue ferver. Quando dizem alguma coisa negativa sobre mim, se tornam 'o inimigo'. Sei distribuir críticas muito bem, mas odeio ouvir as que fazem parte do dia a dia do escritório. Eu gostaria de não ser assim, mas sou, e isso agora talvez esteja me prejudicando, porque eu não coopero adequadamente."

– Lydia, 28 anos; Nova York, Nova York

Lydia é redatora publicitária numa grande agência de anúncios de Manhattan. Ela é bem-sucedida, inteligente, charmosa e os clientes geralmente gostam do que faz. Apesar disso, fica fisicamente doente quando tem de entrar numa sala cheia de pessoas e deixar que analisem seu trabalho.

À noite, na véspera de uma apresentação, ela tem vontade de atirar tudo para o alto. Fica com dor de cabeça e no pescoço e não consegue dormir. Para acalmar os nervos, toma sorvete à meia-noite e, às vezes, toma um drinque. Finalmente, por volta de uma e meia, ela cai no sono.

Tirando essas angustiantes noites de domingo, Lydia ama sua vida. Tem ótimos amigos, se diverte nos fins de semana e viaja. Ela é extremamente dinâmica e empreendedora e, agora, o que deseja é uma carreira brilhante. Claro, ela gostaria de ter um relacionamento sério, mas, como só tem 28 anos, pensa que há tempo para isso. Ainda existem muitas coisas que quer fazer: criar sua própria agência, comprar uma casa de veraneio e viajar mais. A coisa mais importante, no entanto, é seu trabalho. Ela quer melhorar e ter o nome conhecido, pois assim poderá levar alguns dos grandes clientes da sua agência atual para a dela, quando tiver uma.

Lydia sabe que a sua incapacidade de aceitar críticas é um problema, pois vê este mesmo tipo de comportamento em seu pai. Ele sempre ensinou que tentasse ser perfeita. E isso é uma armadilha – quem pode ser perfeito o tempo todo?

A solução está no seu passado. Catherine descobriu, depois de conversar longamente com Lydia, que tudo isso provém de uma lembrança dolorosa da infância (o porão). Ela está sendo detida por uma lembrança encobridora. O problema subjacente de Lydia torna-se claro quando ela conta a história do "primeiro grande momento crítico" da sua vida. Aos sete anos, ela queria aprender sapateado, mas seus pais a obrigaram a prometer que tentaria o balé por um semestre, antes de tentar sapateado. Lydia concordou, relutantemente.

Naquele verão, ela estava tendo problemas para controlar a bexiga e tinha de ir ao banheiro a toda hora. Frequentemente molhava a calcinha. Seus pais tentaram de tudo, até mesmo fazendo com que ela lavasse sua roupa de baixo. Em vez de parar, ela preferiu esconder o fato de que molhava a calcinha e começou a lavá-la sem ninguém saber.

No seu primeiro dia na escola de balé, ela estava segurando a barra e tentando prender o xixi. Quando a professora disse "Todos plié!", Lydia manteve as pernas cruzadas, sabendo que, se tentasse fazer o plié, ela iria urinar no chão. A professora gritou para ela: "Lydia, pliééé!" A turma voltou os olhos para ela e, assim que dobrou as pernas, o xixi escorreu. Ela saiu correndo da sala e se recusou a voltar. Foi o fim de sua carreira de dança e o fim do problema urinário. Aquele acidente ajudou sua mãe a compreender que Lydia devia ter um problema clínico. Ela foi levada a um médico, que descobriu que Lydia tinha uma grave infecção urinária e precisava ser hospitalizada imediatamente. Ela teve de tomar antibióticos intravenosos para tratar o problema.

Um dia, no hospital, seu pai sentou ao seu lado na cama e pediu desculpas por tê-la repreendido pelo problema urinário. "Devia ter sabido que era um problema clínico", disse ele. "Você continua perfeita!" Quando ela se mostrou preocupada em faltar à escola, ele disse: "Não se preocupe – você é mais inteligente do que as outras meninas e não teremos problema em tirar o atraso; diabos, você talvez seja até mais inteligente do que a professora!" E eles riram por causa disso. Ela se lembra de ter dito a ele: "Você sabe, não foi culpa minha molhar a calcinha." E ele respondeu: "Eu sei. Foi a infecção. Você é realmente perfeita!" E esse foi o seu vínculo. Ela se recorda de querer sempre ser perfeita. E, desde então, sempre que alguma coisa dava errado, ela queria gritar: Não foi *minha* culpa!

Quando Lydia conta essa história, fica evidente, mesmo para ela, que essa lembrança é uma crítica, em todos os sentidos. Essa é a lente pela qual todas as críticas são filtradas. A cena do balé clássico e do hospital, e até mesmo as cenas em que ela molha a calcinha e lava sua roupa de baixo são suas lembranças encobridoras. Na sua versão, a assustadora dama do balé representa a vilã e seu pai, o cavaleiro de branco. Mas ela também vê que seu pai, inconscientemente, prepara a filha para uma vida de desapontamento, porque ninguém pode ser perfeito o tempo todo.

O processo-chave para interromper o "recordar" é começar a viver no presente e decidir, nos termos de Catherine, "remetabolizar" o passado. Eis como isso funciona: primeiro, descubra se você está permitindo que um determinado momento afete o seu dia. Em seguida, diga a si mesma que aquelas lembranças nem sempre são perfeitas. Catherine diz que elas servem a um propósito na vida – para Lydia, elas a salvaram e a deixaram escapar da sua própria crítica interna, mas agora não funcionam mais para ela, e o seu objetivo de progredir na profissão está sendo prejudicado. Remetabolizando, você aprende a ver isso sob uma perspectiva diferente. A malvada professora de balé estava, na realidade, tentando ajudar; o pai incentivador estava cego para o fato real de que você (uma extensão dele) nem sempre é perfeita. Troque os papéis e você começará a entender que um feedback crítico pode ser útil. Fechar os ouvidos a isso pode parecer teimosia.

A percepção de Lydia de que jamais irá progredir no trabalho se não aprender a aceitar melhor a crítica está correta. Quando pensa em abrir sua própria agência, percebe que muitas das suas colegas não irão com ela. Acham que ela é muito rígida e que não sabe cooperar.

Ultimamente, Lydia se preocupa em como está se dando no trabalho e liga para a irmã pedindo conselhos. É durante essa conversa com a irmã, uma compositora, que surge uma luz. "Quando alguém diz que a minha música não está boa para o filme que estou musicando, respiro fundo e procuro entender o que dizem. Eu não pegaria mais nenhum trabalho se repelisse o comentário e dissesse: 'Isso é porque eles são burros.' Assim, embora seja eu que tenha composto, tento não tomar aquilo como ofensa pessoal. Diga a você mesma que é sobre o seu *trabalho*, não sobre a sua *pessoa*."

Lydia começa a entender que é possível ouvir uma crítica sem odiar seja o reparo, seja a pessoa que falou. Pode até aprender com isso. Ela jura que será mais do que uma construtora de consenso; em vez de cortar relações com os discordantes, ela solicita a opinião dos outros e os encoraja a dizer a verdade. Ela também pratica, dizendo a si mesma: *Não é nada pessoal*, e esse é o primeiro passo para absorver realmente a mensagem e não recusar, nem a crítica, tampouco o mensageiro. "Tento rir de mim mesma e digo alguma coisa do tipo 'Diga-me como realmente você se sente!'", diz ela. "Eu me sinto orgulhosa porque o meu pai jamais conseguiu fazer isso. É como se finalmente sentisse que estou crescendo, e isso é uma coisa muito boa." Nós acrescentamos: às vezes, é preciso olhar para trás para seguir adiante.

EU NÃO DEVIA TER DESISTIDO!

"Meu marido e eu concordamos que, quando ficasse grávida, eu ficaria em casa para criar meus filhos, e nós dois pensamos que isso fosse o melhor para a família. Agora, no entanto, quero fazer mais, contribuir para o bem da humanidade, fazer alguma coisa significativa, como ajudar na cura da AIDS ou algo igualmente importante, para retribuir. Mas quem sou eu para me queixar; quero dizer, eu me comprometi, não foi?"

– Martha, 37 anos; Richmond, Virgínia

Martha tem uma vida ótima – boa casa, família adorável –, mas não está satisfeita com a ausência de uma carreira. Ela passa o dia inteiro com o filho e tem mais um a caminho. Mesmo assim, até com esse crescimento iminente da família, ela quer mudar, achar um emprego de meio expediente e aproveitar melhor o seu dia. "Não me entenda errado, amo meu filho e ter filhos, mas me sinto tão posta de lado... Eu cursei a faculdade para isso? Sou um cérebro inativo!"

Seu marido, Matt, tem um emprego importante como gerente financeiro, e agora que a economia está apertada e as coisas estão tensas no escritório, ele não está aguentando mais as suas queixas, pois sente que mata um leão por dia todos os dias no trabalho, e quando volta para casa deseja ser apreciado pelo estresse que vem passando. Quem não desejaria estar no lugar de Martha? Ela não vê como tem sorte? Um dia ele até disse para ela: "Quer trocar de lugar? Eu jogo golfe o dia inteiro e você vai ganhar dinheiro."

Martha é formada em farmacologia e, quando se casou, trabalhava no desenvolvimento de um remédio num grande laboratório. Seu sonho era participar da pesquisa do remédio que faria da AIDS uma mera lembrança; a verdade é que ela estava num departamento que era um beco sem saída e não ganhava muito. Juntos, ela e Matt decidiram que o melhor para sua família seria que ela se demitisse assim que se casassem. Logo depois ela engravidou, como planejado. "Tomamos juntos esta decisão. Pensamos que seria muito difícil lidar com duas carreiras. Concordamos que eu sairia do meu emprego e voltaria depois para fazer alguma coisa útil para o mundo. Agora ele trabalha 120 horas por semana, e eu tomo conta de todo o resto. Ele chega em casa exausto, e eu preciso de descanso, mas ele não ajuda em nada em casa. Agora que estou grávida novamente, eu penso: *Puxa, às vezes ele sabe ser muito egoísta*. Estou completamente exausta e ainda tenho de fazer o jantar, lavar louça, dar banho no menino de três anos e tomar conta de tudo na casa.

"Nossa última grande briga veio depois que lhe disse que devia me ajudar mais, e ele respondeu: 'Há grávidas que trabalham fora em empregos cansativos e nunca se queixam de seus tornozelos inchados e dor nas costas.' Tive vontade de atirar alguma coisa nele. Mais tarde, naquela noite, ele quis fazer sexo. Sexo? Esquece isso, nós mal nos falamos."

Catherine diz que Martha está usando mecanismos de autodefesa. Ela não está sendo direta sobre o que deseja — voltar ao trabalho? Ter mais ajuda? Ser elogiada? — e, em vez disso, está extravasando suas frustrações e raiva no marido. Talvez nem saiba do que precisa ou perceba por que está tão zangada. Na maioria das vezes, você age dessa forma porque não sabe o que está sentindo, apenas sente a necessidade de mudar *alguma coisa* e, então, você muda a dinâmica de seu relacionamento, brigando. Você dramatiza seus sentimentos, em vez de falar sobre eles para descobrir o que está se passando.

Esses dois precisam sair do escritório para um espaço onde possam conversar, como a mesa da cozinha. (Nota: Muitos casais problemáticos lidam com isso no quarto de dormir, mas, às vezes, a primeira parada deve ser em um lugar neutro, onde possam sentar e conversar, como a mesa da cozinha.)

Mas ainda há muita contradição. Pergunte a Martha se ela é feliz, e ela responderá: "Por que não seria? Tenho uma vida ótima, um filho lindo, outro a caminho, uma casa maravilhosa e somos saudáveis! Não posso me queixar! Sei que as discussões com o meu marido são coisas passageiras, e tenho a vida que sempre quis com o homem que queria. Mas também sei, por não ter trabalhado nos últimos anos, que preciso fazer alguma coisa, mesmo que seja meio expediente, porque tenho de contribuir, em vez de ficar apanhando purê de batata debaixo da cadeirinha do bebê. Talvez eu me apresente como voluntária ou trabalhe em um hospital. Mas sei que há algo mais, alguma coisa que pode me fazer sentir que estou contribuindo para um bem maior. Ainda estou tentando descobrir o que é, como posso ajudar as pessoas necessitadas por este mundo afora."

O fato de ela estar se fazendo tais perguntas é o passo crucial, e a maioria das mulheres nunca fez isso. Ela sabe que quer fazer do mundo um lugar melhor e, apesar disso, está muito ocupada brincando de Bob, o Construtor, e sente que caiu numa armadilha.

Catherine observa que, embora Martha diga que é feliz e agradecida, ela, de repente, se encontra chorando sem qualquer razão. "Eu me sinto sobrecarregada por pequenas coisas, como fazer compras, lavar roupa e levar meu filho ao playground na hora certa. Eu penso: *Que vida é esta? Eu queria curar a AIDS e não consigo sequer fazer uma comida saudável toda noite para o meu filho?* E então vou chorar no banheiro e espero que meu marido não repare. Quero dizer, estou comprometida com isso. É exatamente o que nós dois planejamos."

Martha perdeu sua vida profissional e o senso de utilidade que ela via ali. "Às vezes, sinto vontade de arrancar os cabelos, porque, quando era jovem e ganhei um prêmio de ciências, sonhava ganhar o Prêmio Nobel em química."

Uma das razões pelas quais Martha está dramatizando é a que Catherine chama de "retorno do recalcado", um conceito freudiano para explicar como uma exagerada sensibilidade no presente é, de fato, resultado de um conflito não resolvido no passado. A expressão favorita de Catherine para isso é "histérico é histórico", que significa que, se você está reagindo de forma anormal, chorando incontrolavelmente ou gritando, o antecedente para tal emoção pode estar no passado.

A origem do problema de Martha é que seus pais tiveram um casamento ruim e ela jurou nunca ser igual – duas pessoas infelizes que nunca apreciaram passar as horas juntas. Ela queria fazer de seu relacionamento com Matt sua prioridade máxima. Mas nenhum dos dois é feliz; ele preferia não estar no escritório 24 horas, sete dias por semana, e sempre que ela se queixa sobre o trabalho que tem em casa, ele diz: "Eu trocaria de lugar com você num piscar de olhos." Os dois fizeram a cama e agora percebem que ela está quebrada. Eles têm de mudar alguma coisa, mas, na realidade, seus problemas não se originaram no quarto do casal. Ela finge estar dormindo quando ele chega do trabalho, às dez da noite, pois, a esta altura, ela está com raiva porque ele nunca vem jantar em casa, nunca realiza a sua prioridade e ela quer demonstrar que não está "aberta para negócios" quando, finalmente, ele se aproxima e ela está exausta. Inicialmente, não era sobre sexo, mas, já que agora eles não fazem mais isso, os problemas estão se acumulando: é sobre tudo, incluindo sexo, a essa altura. Eles precisam sentar, repensar o "plano" e fazer mudanças dramáticas na situação, talvez até mesmo onde e como vivem, arranjar uma babá, tornar possível a volta de Martha ao trabalho, ou esse problema – a insatisfação dela – pode custar a eles o casamento.

Tanto Matt quanto Martha desejam desesperadamente um maior sentido para suas vidas e, uma vez que comecem honestamente a se abrir, perceberão que cada um traz em si problemas da infância. Ele queria uma mãe que ficasse em casa, e nunca teve uma, e ela queria pais que fossem parceiros amorosos. Agora sentem que precisam se "acertar" para o bem dos próprios filhos. Mas o plano não está funcionando e eles têm de conciliar sua realidade com suas expectativas.

Catherine sugere que deixem o passado para trás por um momento e conversem sobre o que realmente faz com que briguem. Matt pode achar que seria mais feliz num emprego com menor salário/menor estresse, e ele sempre quis abrir uma loja de vinhos, algo que poderia fazer se divertindo, em horário normal. Eles podem, realmente, decidir trocar de lugar para serem mais felizes, com Matt tendo um horário mais flexível (ele poderia chegar em casa para jantar com as crianças se a loja fosse nas vizinhanças, ou levá-las à escola quando fosse para o trabalho) e ela podendo viajar à África para testar medicamentos antivirais contra o HIV.

Você tem de maximizar as vantagens e não representar um papel, Catherine observa. É como se eles houvessem incorporado uma visão de mundo de uma família típica da década de 1950, e nenhum deles está gostando disso. Esses dois têm de levar a visão de "família" e os papéis de mamãe e papai para fora do porão e parar de tentar criar uma versão "fixa" de suas próprias infâncias e famílias imperfeitas. É por isso que, primeiro, precisam sentar à mesa da cozinha para uma conversa honesta sobre o que funcionaria no mundo de hoje, o que eles realmente desejam para eles e para seus filhos, e, então, subir os degraus para criar uma vida nova que reflita quem realmente são.

Eles podem ser felizes, mas têm de ser honestos um com o outro sobre o que realmente querem, e isso significa desconsiderar os álbuns de recordações da infância. Talvez tenham de sair de sua zona de conforto, fora dos tradicionais papéis que outrora a sociedade estabeleceu para um pai e uma mãe, porque isso não está funcionando para eles.

Eles também têm de ser gentis um com o outro, se comunicar em vez de dramatizar, já que ele está ficando no escritório para evitá-la e ela está deitando mais cedo para evitá-lo. O processo-chave nesse cômodo é falar abertamente, e não representar. Sempre que esses problemas aparecem, nós dizemos: Seja direto. Descubra o que você quer e fale. A mensagem: Para ter um relacionamento, primeiro você tem de se relacionar.

EU GANHO MEU PRÓPRIO DINHEIRO, POSSO FAZER O QUE QUISER COM ELE

"Eu devia poder gastar o que ganho! O dinheiro é o grande problema em nosso relacionamento. Embora nós dois tenhamos bons salários e contribuamos igualmente nas nossas despesas mensais, sempre sinto que tenho de justificar minhas compras para o meu marido. Isso faz com que eu prefira pagar em dinheiro ou esconder as coisas que compro."

– Anne, 34 anos; Los Angeles, Califórnia

Anne, uma morena atraente e vibrante, é sócia de um grande escritório de advocacia em Los Angeles. Seu marido, Keith, é também advogado; ele presta assistência jurídica à indústria de entretenimento. Estão juntos há dez anos e continuam brigando o tempo todo por causa de dinheiro, inclusive em relação à possibilidade de terem ou não uma conta conjunta. Ele diz que sim, ela diz que não. Ela quer fazer o que quiser com o seu salário, sem ter que dar satisfação ao marido.

Anne é de uma família muito rica do norte da Califórnia. Seu pai foi sócio-fundador de um escritório de advocacia e sua mãe era uma famosa advogada tributarista. Dinheiro nunca foi problema para eles, mas o pai de Anne achava que seus filhos deviam saber o valor do dinheiro, e insistia que eles trabalhassem durante o verão a fim de custear o ano acadêmico. "Papai sempre pagou a escola, mas tudo o mais era de nossa responsabilidade. Vi como isso era bom, quer dizer, não fiz nenhuma dívida até hoje e aprendi a dar valor ao dinheiro. Por isso me chateio quando Keith fica aborrecido se vê que comprei um vestido novo ou um par de sapatos."

Keith é de uma pequena cidade no centro da Califórnia. Seu pai tinha um posto de gasolina e sua mãe era dona de casa. Ambos trabalhavam muito e fizeram muitos sacrifícios para mandar seus dois filhos para a faculdade. Keith fez empréstimos para pagar o curso e ganhou uma bolsa de estudo por mérito para a faculdade de direito. Sua filosofia é: Não gaste nada, economize tudo. A dela é: Se temos dinheiro, por que não aproveitar?

A mãe de Anne sempre trazia para casa roupas novas, e por isto ela vê o gesto como uma prova de amor; compras fazem parte de uma vida feliz e segura e da antecipação ansiosa de festas que exigem que se esteja bonita e bem-vestida. Só depois de compartilhar essas lembranças e preocupações é que eles podem entender que, para Anne, gastar é uma coisa positiva, uma expressão de sua personalidade, desejos e talento. Para Keith, gastar dinheiro é indisciplina, esbanjamento e até fraqueza. Mostra uma falta de autocontrole, como beber muito. Não é o tipo de comportamento que ele quer ver na futura mãe de seus filhos. Isso é sério e, embora os dois se amem, a briga por causa de dinheiro pode causar uma ruptura entre eles; precisam sentar e compreender um ao outro, antes que seja tarde demais. Anne e Keith conversam muito sobre o que o dinheiro significa para cada um. Embora Keith ache que dá a Anne muita liberdade de ação, ele sabe que ela se sente vigiada como se fosse uma vigarista. Eles tentaram conversar sobre isso e reconhecem que vieram de antecedentes financeiros diferentes, mas isso continua a ser uma fonte de tensão para eles, principalmente quando Keith examina a fatura do Visa no fim de cada mês. "Ele diz que só está querendo me ajudar, para nos manter alerta sobre os nossos gastos, mas ele sabe que isso me aborrece e humilha. E para piorar as coisas, ele acabou de examinar nossas contas e quer fazer sexo. É brincadeira? Enquanto estou fumegando de raiva, ele para com essa conversa sobre contas e quer fazer amor. Esquece isso – prefiro ir para a cama furiosa e esperar que amanhã seja um dia melhor."

Catherine também diz não, pois esses dois empacaram no paradigma do relacionamento pais/filho e não estão sabendo agir como adultos crescidos e casados. É como se Anne estivesse reagindo contra o próprio pai (agora representado por Keith) e ele fosse o pai na sua família, tentando controlar o fecho da bolsa (a criança agora representada por Anne). Mais uma vez, o processo inconsciente é transferência. Os sentimentos que Anne tem por uma pessoa (seu pai) são reproduzidos e experimentados com outra (seu marido) e o padrão volta direto à infância.

Ela também está experimentando certo "retorno do recalcado", quando diz para Keith "não me diga o que fazer", como se fosse uma resposta ao próprio pai. Mas Keith está confuso, reagindo com um encolher de ombros e "não estou tentando dizer a você o que fazer. Ninguém está. Mas não queremos tentar criar uma família e uma conta bancária ao mesmo tempo?". Catherine observa que Anne está brigando com Keith como se ele fosse seu pai, mas ele não é, e ela pode tentar quebrar o padrão e crescer, andar para a frente e criar um estilo de vida adulto. (Como oposto à criança que gasta a mesada em uma semana.)

Em primeiro lugar, Anne precisa reconhecer que ela não está no seu escritório, mas sim no porão, cheio de lembranças do comportamento dominador do pai, e de como o dinheiro denotava poder, pelo menos no seio da sua família. Ter dinheiro significava que você podia tomar as decisões e não que outra pessoa diria a você o que fazer. Assim, uma vez que recomponha e remetabolize esses sentimentos, ela poderá optar por atribuir um valor diferente ao seu próprio cheque de pagamento: um projeto para o futuro, uma parceria com o marido, e os dois estarão "investindo" na sua vida familiar.

O processo-chave para entender o relacionamento de um com o outro é pensar no diagrama Venn, embora desta vez isto possa representar não apenas seu relacionamento, mas também sua visão de como gastar e economizar. Eles podem desenhar um diagrama Venn financeiro, em que o sombreado no meio representa o dinheiro com que cada um contribui para os objetivos mútuos e as áreas externas representam o dinheiro que decidem gastar ou economizar como acharem melhor. O meio, a área sombreada, pode vir a ser maior, para significar que eles compartilham objetivos financeiros comuns e uma visão comum, se não uma filosofia sobre dinheiro. Eles precisam achar áreas em que ambos estejam de acordo (economizar para uma casa? Um fundo para a faculdade?) e colocar isso na área do meio do diagrama.

Você pode ter ideias diferentes e estar junto, desde que se esforce para entender as suas diferenças. Para qualquer um separado por conflitos sobre dinheiro ou pontos de vista diferentes, a chave é lembrar que similaridade não é igualdade. Você não tem de agir da mesma forma, mas deve procurar conseguir um compromisso factível. Estar junto é o objetivo, o que não significa concordar com tudo. Nossa pérola: É mais importante estar junto do que tentar ganhar todas as discussões.

PARECE QUE NÃO GOSTO DO MEU SUCESSO

"Trabalhei tanto e por tanto tempo que, quando finalmente tive sucesso, foi difícil para mim parar, dar uma respirada e realmente me parabenizar. Parecia que eu tinha de continuar a me mexer e melhorar o meu melhor. O que vinha em seguida? Parecia que eu não podia parar e dizer: Consegui. Sempre senti que podia fazer melhor, realizar mais!"

– Karen, 35 anos; Roxbury, Connecticut

Karen trabalha muito como coproprietária de um pequeno negócio de joias. Ela e a sua melhor amiga da escola de arte começaram a fazer joias e tiveram alguma sorte mostrando e vendendo os trabalhos para amigos e para a família. Fizeram, finalmente, um pequeno empréstimo e alugaram uma loja térrea com vitrine na rua principal da sua pequena cidade, em Connecticut.

"No princípio, tudo que queríamos era vender o suficiente para pagar nosso aluguel mensal. Nós dividíamos, literalmente, uma garrafa de vinho no fim do mês, quando sentávamos dentro da loja, fazendo nosso livro-caixa, e constatávamos que sim, podíamos pagar o aluguel! Não que não tivéssemos fé, mas amedronta começar um negócio próprio."

Cerca de seis meses depois de terem aberto as portas, Karen e sua sócia haviam trabalhado tão bem que se sentiram capazes de fazer uma pequena publicidade do seu negócio. "Nosso objetivo era, finalmente, nos tornarmos nacionais, e tive a ideia de enviar nossas joias para o editor de acessórios de uma revista de moda, esperando que elas fossem usadas por uma modelo e a foto alavancasse o negócio. Enviamos, então, uma coleção para as revistas mais importantes e o que aconteceu em seguida foi um verdadeiro conto de fadas. Uma das nossas peças apareceu em uma das mais prestigiosas revistas, apresentada por uma celebridade. Era um conjunto de delicadas pulseiras de ouro. Um dia, recebi uma ligação de um revisor-pesquisador da revista, que desejava confirmar o endereço do nosso website. Entrei em pânico. Não era somente uma boa notícia, mas era boa demais. Procurei imediatamente me assegurar de que o nosso fornecedor ainda podia fornecer os braceletes e de que eu tinha tempo para fazer várias peças antes de a revista sair, três semanas depois."

Karen e sua sócia trabalharam como loucas naquelas três semanas, mas quando a revista chegou às bancas, elas estavam prontas. Pedidos começaram a entrar em grande quantidade no website, e

Karen não só teve de voltar ao seu fornecedor por três vezes para apanhar mais braceletes, como as outras joias disponíveis no website começaram a vender muito bem. Karen precisou contratar uma terceira e, em seguida, uma quarta pessoa, a primeira para atender na loja e a outra para receber as ligações e operar o website, enquanto ela saía para descobrir novos modelos e criar mais joias. Ela estava, de repente, tão ocupada com o sucesso que não parou sequer para tomar uma taça de champanhe em comemoração. Um dia, Karen encontrou uma velha amiga da escola, que disse uma coisa que a acertou em cheio: "Oba, você realmente conseguiu. Deve estar muito feliz!"

Tempos atrás, uma declaração dessas – dessa pessoa, principalmente – teria sido a maior glória. Mas Karen sentiu como se tivesse sido esmurrada. *Por que*, pensou ela, *eu não me sinto feliz?* Conseguira tudo o que sempre quisera em se tratando de carreira e, no entanto, sentia que tudo podia evaporar num instante, se não continuasse acelerando e seguindo em frente, resolvendo hoje os problemas de amanhã.

A alegria que sentiu quando aquele revisor-pesquisador ligou foi transitória, como o flash de uma câmera, mas seu pensamento seguinte foi de pânico e, então, começou a correr com todas as suas forças para tirar o máximo daquela oportunidade. Entretanto, não aproveitou aquilo ao máximo, só tirou o máximo de lucro. "Fiquei danada comigo mesma, porque não fui capaz de agarrar-me à sensação de sucesso. O meu único pensamento era: *E agora? Como podemos tornar isso maior e melhor?* Estava tão aflita com o próximo negócio que não tive tempo de apreciar aquele momento, aquela vitória."

Catherine explica que isso é um exemplo de "idealização/desvalorização", o que significa, basicamente, que você não acha tão emocionante o que lhe acontece quanto se houvesse acontecido com outra pessoa. Em termos leigos, é como a famosa frase de Groucho Marx: "Eu nunca faria parte de um clube que me aceitasse como sócio." Em outras palavras, basta atingir o objetivo para que ele se torne menos atraente. Essa é uma das mais cruéis ironias de uma vida bem-sucedida. Karen idealizou a esperança de que seu negócio sairia em uma revista, mas, quando isto realmente aconteceu, ela descartou aquele sentimento, porque, agora que era real, não parecia mais tão importante. Na verdade, parecia totalmente sem importância, como se ela houvesse trabalhado o tempo todo pelo objetivo errado.

Algumas pessoas experimentam esse desapontamento quando conquistam a sociedade em um escritório de advocacia e pensam: "Sim, mas perdi todas as apresentações do balé da minha filha para chegar a este momento, em que o meu chefe, que agora vejo ser um poço de narcisismo, está dando tapinhas nas minhas costas." Ou acontece mais cedo, quando você entra para a faculdade dos seus sonhos e percebe que poderia ter sido bem mais feliz na pequena faculdade de ciências humanas em que o seu assunto favorito é matéria central do curso. Tal Ben-Shahar, professor de psicologia positiva em Harvard, uma vez me disse que seus alunos costumam ir até ele depois de uma aula e dizem: "Quando vou ser feliz? Sinto que preciso estar sendo sempre bem-sucedido, primeiro, ao entrar para Harvard e, agora, em todos os meus cursos, e eu me pergunto: quando poderei relaxar e ser feliz?" E Tal responde: "Por que não hoje?" E aí, olham para ele como se estivesse maluco. Há as expectativas de uma pós-graduação e de se tornar um bolsista em Oxford e assim por diante, e essas pessoas compulsivas não sabem como tirar o pé do acelerador; isso pode se tornar um problema crônico.

A pessoa típica do tipo A é bem-sucedida sob qualquer aspecto, menos em um: elas não valorizam o próprio sucesso. Falta-lhes a capacidade de apreciar as coisas que alcançam e procuram constantemente as coisas que estão fora do seu alcance.

Geralmente, alguma coisa ou alguém no seu passado é a faísca ou a chama-piloto para o seu fogo interno. É, com frequência, um pai crítico ou alguém que a está desvalorizando, e ela ou reage contra a censura (Eu vou te mostrar!) ou concorda com ela (Sou um fracasso). Seja como for, está reagindo, não agindo de maneira autêntica.

O porão de Karen está cheio de lembranças de trabalho duro para compensar o fato de que, na escola elementar, ela era conhecida por ter uma leve dislexia, e sempre sentiu que precisava trabalhar mais do que os outros para sobressair na escola. Finalmente, ganhar um prêmio por um trabalho de graduação foi a primeira "proeza" que idealizara e que, então, desvalorizou. Assim que ganhou o prêmio, deixou de lhe dar valor; era uma distinção por "melhor proveito" e ela não sentiu que merecia todas as congratulações que recebeu. Apenas foi criticada pela mãe, mesmo naquele período, que disse considerar outros ensaios de Karen melhores do que aquele com o qual fora premiada. E Karen sentiu que a mãe crítica era o verdadeiro sinalizador, e não as vozes positivas ao seu redor.

Karen precisa entender por que está à procura de mais sucessos; é para si mesma ou para mostrar à sua mãe? Por proveitos criativos ou para ganhar dinheiro? (Ou ambos?) Se for só para mostrar à mãe, então não vai ser suficiente para sustentá-la a longo prazo, e é por isso que ela não dá valor a isso. É uma vitória de Pirro, já que sua mãe não tomou conhecimento da revista que mostrara suas joias, descartando-a sem o menor interesse. "Oh, que bom, querida. Eu não recebo essa revista. Mas a minha vizinha lê às vezes!" Sem fanfarras. Acontece que a única pessoa que pode valorizar Karen é... ela mesma. Ela tem de entender que sua mãe talvez nunca lhe dê a aprovação que almeja, e só Karen pode ser responsável por si mesma, por sua própria autoestima. Se puder fazer isso, conseguirá ser feliz. Ela merece brindar a si própria, ao seu próprio sucesso e não se sentir uma fraude.

Quando alguma coisa deveria ser motivo de contentamento, mas não é, você precisa descobrir a sua real motivação. Qual foi a paixão que a trouxe até aqui e como você pode tê-la de volta, reconectar-se àquilo que ama, que a fez seguir por esse caminho em primeiro lugar? Ou esse jamais foi o caminho certo para você? Nós diríamos: Aja, não reaja. Em outras palavras, pergunte a si mesma: O que, realmente, eu quero? Não se apresse em descobrir, já que a sua pérola é ser autêntica consigo mesma, e só você pode decidir o que isso realmente significa. Uma vez que você tenha um pressentimento, siga em frente, veja aonde isso vai levá-la. Ache o seu *eu* autêntico.

EU TRABALHAVA PESADO NUM EMPREGO QUE DETESTAVA

"Eu trabalhava muitas horas num emprego medíocre e pensava que, se vou me afastar dos meus filhos todos os dias, isso tem de ser por alguma coisa que valha a pena. Então, fui em frente e decidi: voltei para o curso de medicina. Agora estou mais ocupada do que nunca, mas estou feliz e contente por ter feito isso. Ainda assim, nunca vejo meus filhos. A coisa estranha é que não me sinto culpada por isso, estando longe da família, da maneira que eu ficava quando trabalhava poucas horas, mas num emprego que detestava."

– Abby, 44 anos; Boston, Massachusetts

Abby é casada, mãe de três filhos (um tem dez anos, e os gêmeos têm sete), começou sua vida profissional numa ONG dedicada às artes, em Boston, e agora está terminando a faculdade de medicina e fazendo residência em pediatria. "Eu sempre quis três filhos, acredite ou não. Tive uma infância peripatética e era muito importante para mim ter um emprego fixo para proporcionar aos meus filhos uma vida estável. Sempre quis cursar medicina, mas me preocupava que os extensos horários pudessem prejudicar aquele objetivo. Por isso, construí minha carreira em outra coisa de que gostava, mas que nunca me satisfez."

A epifania de Abby se deu quando ela colocou seu primeiro filho numa creche, dez horas por dia, para poder fazer um trabalho pelo qual ela não morria de amores. "Na ida para o trabalho, eu deixava meus filhos na creche e tinha tempo para pensar no que estava fazendo. De repente, a ficha caiu: por que era melhor ficar no meu emprego atual como uma arrecadadora de fundos se eu podia pagar um tempo um pouco maior de creche e ir fazer alguma outra coisa, como medicina, pela qual eu sentia paixão? Aprendi que era uma mãe melhor quando todas as minhas energias não estavam focadas no meu filho."

Ela se mudou do escritório onde não estava satisfeita para o quarto dos filhos, onde sabia que eles seriam felizes enquanto ela fosse feliz. Abby fez a coisa certa, descobriu o que realmente queria e, então, direcionou sua vida para realizar seus sonhos. De volta ao escritório emocional, de onde ela saiu para o curso de medicina e quatro anos depois é chamada de dra. Abby pelos seus jovens pacientes. Isso a faz tão feliz que chega a se emocionar.

Mas foi uma longa jornada, que exigiu muitos sacrifícios ao longo do caminho. "Comecei fazendo trabalho voluntário num hospital, à noite. Eu esperava até meu filho dormir e seguia para o setor de emergência do hospital, me oferecendo para qualquer coisa em benefício da minha carreira, me preparando para ser médica – segurando as mãos de crianças enquanto recebiam uma anestesia na espinha, servindo como intérprete para os pacientes hispânicos, transportando pacientes para o setor de Raios X. Meu marido pensou que eu estava maluca e iria me cansar daquilo. Ao contrário, eu gostava do que fazia e estava mais convencida do que nunca de que a medicina era o caminho para mim." Ela estava usando um tijolo na construção do seu futuro escritório emocional, e isso funcionou para ela, porque estava disposta a conseguir o que queria usando um pequeno tijolo de cada vez.

Seus pais, que eram artistas e detestavam ciência, pensaram que seus sonhos fossem apenas isto, nunca uma realidade. Mas ela percebeu que o seu "modelo de criatividade" era essa visão de praticar medicina e ajudar as pessoas, e que precisava olhar por esta perspectiva. "Eles fazem arte para viver, e pensei: *O que devo fazer? Quero fazer a diferença*. Lembro-me da primeira vez que segurei meu bebê e olhei para aquele pequeno ser perfeito e pensei: *Jamais vou te deter. Jamais vou querer que você me detenha*. Isso foi uma revelação para mim de que eu só poderia ser uma mãe melhor se fizesse o que fosse bom *para mim*. Ser a melhor pessoa que eu pudesse ser. Espero que meus filhos, algum dia, deem valor a isso." Passaram-se anos até que ela visse a concretização dos seus sonhos, mas finalmente conseguiu.

Mas, primeiro, Abby queria mais filhos, e ela não se achava pronta para fazer a grande transição até que eles estivessem na idade de ir para a creche. Até os gêmeos completarem dois anos, ela trabalhou como freelancer durante o dia e ia à escola à noite. Quando os gêmeos fizeram três anos, ela se candidatou a uma importante escola de medicina e foi aceita. "O dinheiro era pouco, mas a universidade foi generosa e consegui uma bolsa de estudo."

"Então, agora não tenho dinheiro e passo menos tempo do que nunca com a minha família, mas estou realmente feliz e não sinto absolutamente nenhuma culpa em relação às minhas decisões. Devia sentir? Quero dizer, as crianças estão ótimas. Mas isso me faz egoísta? Porque estou fazendo, agora, exatamente o que quero com a minha vida."

Catherine ouve isso e diz: "Abby não está sendo egoísta. Está demonstrando uma forma saudável de autodeterminação e fazendo isso de uma maneira intencional e refletida. Sendo assim, seu atraso em sua própria carreira de médica e, finalmente, a decisão de abrir mão de seu próprio tempo livre em troca da sua paixão é alguma coisa que todos nós devemos aprender." É comum Catherine atender pacientes que dizem desejar mais significado, mais propósito e uma vida com desafios e recompensas. A melhor maneira de conseguir todas essas coisas é sentar e contemplar para onde a sua paixão pessoal aponta, e, ao fazer isso, você pode ser levada para uma carreira ou vocação que é compensadora e faz de você uma pessoa mais feliz, mesmo que precise desistir de coisas como um grande salário ou tempo livre.

Abby acrescenta: "Essa foi, certamente, a decisão certa para mim. Meus filhos às vezes se queixam quando sou chamada pelo hospital à noite, mas isto fica mais do que compensado pela satisfação que sentem quando recebem em suas classes a visita da mãe, que é tratada por doutora." A rigor, ela não está mais afastada dos filhos do que uma mãe que tem de viajar, ocasionalmente, por força do seu trabalho, mas, de alguma maneira, a reputação de estafante que tem a residência médica faz com que esteja pronta para retrucar às mães que dizem coisas assim: "Não sei como você faz isso." E Abby apenas responde: "Amo de verdade o que faço, estou disposta a fazer o sacrifício. E, então, elas murmuram qualquer coisa sobre como os maridos a querem mais por perto, concluindo daí que ou o meu marido é um infeliz ou temos um casamento horrível. Não posso deixar que elas me aborreçam. Estamos indo muito bem. Acredito realmente que toda a minha família está melhor devido à mudança radical da minha vida."

Confúcio disse: "Se você gosta do que faz, nunca trabalhará outro dia em sua vida." É raro e especial a gente achar alguma coisa que ama, mas é preciso procurar. Para algumas mulheres de sorte (eu me considero uma delas), o trabalho é tão gratificante como tirar férias dos estresses da vida. Chegar ao escritório, ter de fazer alguma coisa criativa e ajudar as outras mulheres é bem mais fácil do que resolver uma briga por causa de um dever de casa ou definir de quem é a vez de passear com o cachorro.

Abby deve ser elogiada – ela escolheu o cômodo certo. Quando estava no quarto das crianças, seu desejo de ser uma mãe presente fez com que fosse trabalhar em um emprego chato. Mas ela encontrou uma maneira de sair desse quarto devido à sua paixão pela medicina. Catherine diz que essas compreensões sobre uma mudança radical na vida não acontecem da noite para o dia. Havia pistas ao longo do caminho de Abby dizendo que, quando jovem, sonhava fazer a escola de medicina, mas os pais, ambos artistas, não permitiram. Entretanto, quando finalmente teve a chance de recuar, ela foi capaz de seguir a bússola interior.

Você precisa de algum espaço e tempo para pensar, a fim de reconectar o seu *eu* autêntico, descobrir a própria paixão e alcançar o seu objetivo. Aqui está a boa notícia para todas nós: se você se der um pouco de tempo e espaço e se reconectar àquilo que realmente ama, poderá achar um significado no seu escritório emocional. Assim como Abby, você talvez não possa fazer tudo ao mesmo tempo, mas poderá fazer com o tempo, se quiser de verdade. Nunca se é muito velha para começar.

O pensamento final no escritório é: Seja o que for que estiver fazendo, procure entender o seu objetivo. Se for para fazer dinheiro, traga para casa o seu salário, ótimo. Se for para cuidar da casa e criar os filhos, excelente. E se for para alcançar aquela esquiva posição no escalão de cima do seu campo de atividade (sócio, professor, juiz, presidente ou chefe), então vá em frente, mas saiba por que está fazendo isso e seja autêntica. Nem todo dia será de felicidade. Isto é uma coisa boa na medida em que conhecer o seu objetivo permitirá que você aceite os dias ruins, as tarefas humildes, as políticas para a sua ascensão social (ou se você não estiver no caminho certo, esses dias ruins a ajudarão a descobrir isso). Objetivo é a chave, e se você sabe identificar o seu, então cada dia será mais significativo, mesmo quando houver reuniões maçantes para participar, ou voos longos para aturar, ou roupa para lavar.

Compreenda o "porquê" das dificuldades do trabalho e procure lembrar o que fez com que você *quisesse* isso em primeiro lugar, mesmo que tenha sido só pelo salário. Lembre que você pode procurar um objetivo em outro lugar e encontrar significado em outras partes da sua vida.

O banheiro

Você é tão vaidosa...
mas isso não é tão mau assim

Bem-vinda ao banheiro, o centro de todas as emoções relativas à saúde, ao peso, à vaidade, ao envelhecimento e à imagem do corpo. A balança, o espelho, a banheira e o armário de remédios podem manter muitas mulheres ocupadas durante horas e, se você está se sentindo gorda ou magra, jovem ou velha, bonita ou comum, saudável ou nem tanto, o banheiro é onde você começa o dia e a última parada antes de ir para a cama. Assim, você se confronta com a sua imagem no espelho – e na sua mente – pelo menos duas vezes ao dia. No fim do dia, ao escovar os dentes e lavar o rosto antes de deitar-se, você pensa: *Como me saí no meu dia hoje?* O que significa: Quão saudável eu fui e o que deixei de fazer rumo ao meu objetivo de comer direito, fazer exercícios regulares e cuidar do meu corpo? Frequentemente, a resposta não é boa. Uma recontagem mental dos brownies comidos e das voltas a menos na piscina podem fazer da ida ao espelho ou à balança uma parada desagradável. O.k., essa sou eu. Mas do que aprendi editando a *Self*, onde pesquisamos a opinião das mulheres e interagimos com elas por e-mail, blogs e Twitter, há milhões de outras mulheres assim também.

A imagem do corpo é uma área emocional complicada, já que envolve o banheiro (onde fica a balança), a cozinha (onde a comida que você come contribui tanto para o seu peso quanto para a sua saúde), o quarto de dormir (onde sentir-se atraente é um componente do seu *eu* sexual), a sala de lazer (sua mãe envelheceu muito bem? Como a saúde de seu pai afeta a sua própria atitude sobre médicos e exames?) e a sala de visitas (onde você se compara com outras mulheres – suas amigas íntimas e as falsas amigas, tais como Jen e Angelina, Jessica e Fergie e todas as outras profissionalmente lindas mulheres que entram na sua sala pela TV, revistas, filmes e anúncios). E se acha que a Beyoncé ou a Gisele Bündchen têm o físico perfeito, você não é uma *doppelgänger*, o que nos leva a duas perguntas importantes, que você precisa responder para si mesma: Qual o meu padrão para "saúde e felicidade"? E, também: Qual é o peso ideal, a aparência e a medida perfeita para mim?

Quando entrei para a *Self*, percebi que as mulheres geralmente estão insatisfeitas com a aparência física. Encomendei, então, uma pesquisa de opinião e constatamos que isso era uma verdade esmagadora: apenas 18% das mulheres, menos do que uma em cinco, disseram que estavam "satisfeitas", enquanto 5% disseram que eram muito magras e o restante se situou na categoria de "muito gordas". Elas se achavam ou "corpulentas" (46%), "acima do peso" (22%) ou "obesas" (9%); assim, uma porcentagem colossal de 82% das mulheres estavam infelizes com o seu corpo. Ficou claro para mim que as mulheres precisavam de orientação, tanto para ser saudáveis quanto para pensar saudavelmente.

A par de lhes dar as ferramentas para se alimentarem corretamente, fazer exercício regularmente e ser fisicamente mais saudáveis, precisávamos armá-las com novos processos de pensar, para se sentirem melhor internamente sobre o seu aspecto externo. Em vez de se punirem por infrações dietéticas, elas deviam pensar positivamente sobre seu corpo e fazer a coisa certa, cuidar bem do corpo, tratando-o corretamente. A mensagem é: Ame o seu corpo e trate-o com carinho, e ele retribuirá este amor, tornando-se o corpo que você quer. (Odeie o seu corpo e você entrará em guerra com ele e terá uma vida inteira de problemas de saúde, desnecessárias oscilações de peso.) Para a maioria das mulheres, principalmente na casa dos vinte ou trinta anos, antes da perspectiva de ter amigos ou amados com problemas de saúde, é fácil permitir que o número na balança determine se é um dia ruim ou um bom dia. Essa atitude, então, lhes persegue de cômodo em cômodo, desviando a sua atenção de acontecimentos que podem ser mais agradáveis. É como se, em vez de "alô", essas infelizes mulheres, descontentes com o peso, cumprimentassem todos que encontram com o pensamento-chiclete *Eu pareço gorda?*. Eu sou uma prova viva de que essa atitude pode e deve ser eliminada, e, uma vez que isso aconteça, o seu corpo melhora, assim como a sua vida. Remover a obsessão com os últimos cinco, oito ou dez quilos livra espaço no disco rígido mental e emocional. A coisa mais importante para se pensar no banheiro não é nem sobre a balança nem sobre o espelho, mas sobre o valor que você dá à sua saúde.

É mais fácil falar do que fazer. Mas posso, também, defender a vaidade, desde que moderada. Cuidar da aparência pode ser um motivador saudável para muitas mulheres – isso nos leva a não nos descuidarmos, mas ficarmos saudáveis tanto tempo quanto possível. Pode ser também um salva-vidas. Mas somente se nos levar a um comportamento positivo.

Sinto-me gorda? Vou correr ou reduzir o que como à noite. Não quero ficar com rugas? Abuso do filtro solar e espalho o bronzeador. Sei que a vaidade me obriga a andar de bicicleta e a não comer quinhentos gramas de sorvete antes de ir para a cama, mas nunca soube que a vaidade fosse reconhecida na comunidade médica como importante para a recuperação no tratamento de doença, até que encontrei uma mulher muito especial e corajosa que havia batalhado contra o câncer e estava vencendo. Aqui vai sua história:

Jennifer Linn estava com cerca de trinta anos e sofria de uma rara forma de câncer, chamada de sarcoma, que é difícil de ser diagnosticada e tratada. Acabara de sair de uma cirurgia para extração do tumor do seu abdome e ia começar a fazer quimioterapia. O médico perguntou-lhe o que mais queria, e ela disse: "Eu preciso de exercício. O senhor pode me fazer ficar careca, mas não pode me fazer ficar careca e gorda. Aí, sim, eu não me reconheceria e me sentiria tão doente quanto estou. Preciso de uma bicicleta ergométrica no meu quarto." Conseguiu, então, uma bicicleta perto da sua cama e começou a se exercitar, mesmo que fosse durante apenas alguns minutos por dia, enquanto se recuperava. Ela se fortaleceu e, mais tarde, criou um grupo de ajuda chamado "Pedalando para Sobreviver", cujo objetivo era levantar fundos para pesquisa da cura de cânceres. Um dia, ela teve uma conversa franca com o médico: "O senhor acha errado que eu seja vaidosa, mesmo estando com câncer?" E ele respondeu: "Não... A vaidade é uma coisa saudável. Os pacientes que me preocupam são aqueles que desistiram da sua aparência. Quando já não se preocupam com a aparência, sei que devo me preocupar."

A história de Jen mostra que um pouco de vaidade é uma forma saudável de se autoproteger, desde que não seja uma obsessão.

A pérola que me lembra de apreciar o meu bem-estar, mesmo quando estou examinando ao espelho os meus quadris e as celulites no traseiro, é uma palavra simples: *desperdiçar*. Portanto, não desperdice sua saúde ou faça alguma coisa autodestrutiva que possa prejudicar seu futuro com coisas permanentes. Não tomo suplementos dietéticos ou analgésicos (a não ser que realmente esteja sofrendo). Não acredito em dieta da moda ou passar fome (raramente deixo de fazer uma refeição), e a ideia de fazer qualquer coisa para perder peso diferente de comer direito e fazer exercício é um anátema para mim. A ideia de fazer algo que prejudique a minha saúde no sentido de melhorar a minha aparência, para mim, atualmente, é pura maluquice.

Nem sempre fui tão ajuizada.

"Você tem uma saúde ótima", me disse certa noite um médico amigo, quando eu pegava o que seria um dos meus últimos cigarros. "Por que você fuma? Por que desperdiça sua boa saúde?" Eu estava perto dos trinta, sentada em um bar, tentando não comer nem beber (para não engordar), e, então, eu fumava, porque era jovem e ignorante. Suas palavras me atingiram como um ônibus. Aquela palavra, *desperdiçar*, soou como um alerta. Eu não desperdiçava leite, sobras ou dinheiro. Por que desperdiçaria a minha saúde?

Tentei várias vezes, mas finalmente deixei de fumar. A palavra *desperdiçar* tem, desde então, me ajudado a reformular minha opinião sobre meu corpo, minha saúde e todos os presentes que recebi de Deus. Agora, a gama de emoções no meu banheiro tem menos a ver com autocrítica e mais com autoajuda, e gratidão por um corpo saudável para o qual eu posso tentar ser boa.

EU ME RECUSO ATÉ A SUBIR NA BALANÇA

"Algumas mulheres têm dias de cabelo horrível; eu tenho dias de peso horrível, dias que começam lastimavelmente porque acordo me sentindo pesada e culpada por toda a comida que comi na noite anterior, e nem quero subir na balança porque sei que não vou gostar do que os números vão me dizer."

– Jenny, 44 anos; Portland, Maine

Jenny tem lutado por muitos anos com problemas de imagem do corpo, apesar de ter estado sempre em forma e saudável e nunca tenha passado do peso, embora de vez em quando diga: "Me sinto um pouco flácida, principalmente na cintura." Ela nunca se sentiu tão gorda que tivesse de fazer regime, já que considerava comer uma forma de autoestima e tinha prazer nas refeições. Considerava isto saudável, principalmente porque fazia exercícios. "Depois de correr, eu pensava: *Bem que mereço um bolo de chocolate como sobremesa!*" Mas o peso foi aumentando com o tempo. "Sentada a uma escrivaninha o dia inteiro, eu não queimava calorias suficientes para justificar o que comia. Fui ficando mais pesada e mais infeliz à medida que a minha cintura aumentava de largura."

Então, ela levou um susto com a saúde – aos 42 anos, sentiu o coração bater fortemente e falhar, e pensou que estava tendo um ataque de coração. Sua médica explicou que isso não tinha nada a ver com um enfarte iminente, mas indicava que ela estava estressada demais. Disse a Jenny, também, que o colesterol estava alto e, a não ser que Jenny mudasse a dieta, ela teria de receitar um remédio para baixar o colesterol.

"Eu desisti do sorvete e do queijo e reduzi a carne, comendo mais peixe, e adivinhe? Perdi quatro quilos em cerca de seis semanas, e agora vejo a comida de um modo completamente diferente. Precisa ser saudável, e o meu colesterol caiu de 275 para 205 e ainda está caindo, então agora sei o que realmente importa." Jenny agora quer comer bem pelas razões *certas* e não por sentir-se gorda, mas porque valoriza o corpo saudável.

O problema é que Jenny gostava muito de si para se permitir um bolo de chocolate após a corrida, que era o que estava sabotando a sua saúde. O processo inconsciente que funciona aqui é uma forma de "anulação", em que ela faz uma coisa boa (correr), e desfaz isso com outra (comendo o bolo). Ela não apenas estava desfazendo todo o seu esforço, mas, também, ameaçando sua boa saúde a longo pra-

20. Uma vez que entendeu isso, ela aprendeu a parar de comer como uma adolescente e a pensar em si mesma como uma pessoa adulta, que tinha de tomar cuidado consigo mesma.

A maioria das pessoas não entende que em poucos rápidos minutos de comilança pode comer mais calorias do que conseguiria queimar em duas horas se exercitando em uma academia. Para Jenny, permanece o fato de que a imagem do seu corpo está fazendo com que se sinta infeliz, mas talvez não seja por causa do excesso de peso que tem – embora seja assim que ela vê –, mas por causa dos padrões autodestrutivos aos quais está presa. Ela está se sabotando ao desfazer o resultado do seu próprio esforço. Depois de tentar ser disciplinada e saudável, alguma coisa ou alguém a aborrece e ela se rebela contra os seus melhores instintos, reagindo emocionalmente – nas palavras de Catherine – e se empanturrando de comida.

Para muitas mulheres, é mais fácil pensar em comida como uma situação um/ou. Ou você faz dieta ou aprecia a comida, mas na verdade você pode fazer as duas coisas, mudando o paradigma para ver que uma comida saudável pode ser deliciosa, e que "se alimentar" significa alimentar-se corretamente.

Em vez de pegar, automaticamente, um brownie ou outra recompensa por ter feito uma boa ginástica na academia ou sobrevivido a um dia tenso no trabalho, Jenny compreendeu que simplesmente tinha de parar por um momento e pensar naquilo que a estava estressando. Logo que percebeu que podia ou relaxar e começar a resolver construtivamente o problema ou pensar no "próximo passo" a dar, a necessidade de comer deixou de acompanhar o estresse, substituída pela decisão de afastá-lo e, com ele, também a comida não saudável.

Foi necessário um susto para que ela começasse a apreciar uma alimentação melhor para a saúde de seu coração, mas finalmente tomou a decisão de escolher o alimento mais saudável constantemente e logo se encantou ao se sentir melhor e com melhor aparência.

Esse é outro caso de "continue ou cresça", o que significa continuar com o *status quo* e ser doente e emocionalmente escrava da comida, ou crescer, evoluir e tornar-se "um bom garfo" mais saudável, ao entender o que a estava levando até a despensa. A pérola para Jenny é: Presentear-se significa presentear-se corretamente.

EU NÃO ME SINTO VELHA, POR QUE TENHO DE PARECER VELHA?

"Sinto-me tão fútil dizendo isso, mas o envelhecimento é um grande problema para mim. Costumava me achar atraente, mas agora, quando vejo as rugas, os cabelos grisalhos e a pele flácida, penso: *Está tudo acabado para mim*? Nunca pensei em cirurgia plástica, mas começo a achar que seria uma boa ideia."

– Marissa, 50 anos; Harrison, Nova York

Marissa é uma boa dona de casa, sociável e dinâmica, que amava sua vida até que, recentemente, olhou para as amigas num almoço e percebeu: "Uau, nenhuma de nós é mais jovem, e isto me entristece, porque nossos pais estão envelhecendo, nossos filhos já saíram de casa e esta deveria ser a época mais feliz de nossas vidas. Mas, em vez disso, fico pensando: *Eu não quero envelhecer!* Sinto-me jovem, ainda posso trabalhar fora, velejar e fazer todas as coisas de que sempre gostei durante toda a minha vida. Mas por quanto tempo mais? Olho para minhas mãos e, quando noto que estão parecendo com as da minha mãe, tenho vontade de chorar."

Nós diríamos que Marissa tem passado muito tempo no banheiro, e que isto é ruim, mas, na verdade, ela está certa em querer ser saudável e, para ela, isto é uma questão tanto de vitalidade quanto de vaidade, e as duas coisas podem se cruzar de uma maneira saudável.

Marissa se sente bem com a vida ativa e fica angustiada em parecer mais velha do que as amigas. Quer continuar parecendo jovem sem ficar excessivamente fixada na juventude e na imagem exterior que apresenta ao mundo. Para algumas mulheres, fazer cirurgia plástica pode ser uma maneira de harmonizar o exterior com o interior, mas também pode se tornar uma obsessão doentia, se for feita por motivos errados. Eliminar as rugas não fará necessariamente você se sentir melhor, por isso você precisa entender por que tem de "fazer algo" e qual é o objetivo – e se for apenas para parecer mais jovem e você achar que, assim, se sentirá mais feliz, pense duas vezes.

Catherine diz que o narcisismo saudável é uma maneira de se conhecer ou de se preservar, e Marissa está fazendo isso. O narcisismo doentio é o superenvolvimento com o *self*, tanto positiva quanto negativamente, o que certas mulheres fazem quando estão começando a envelhecer e não gostam do que veem no espelho. Isso pode levar a uma decisão de mudar a forma como você se vê no mundo, mas é possível apagar a luz, sair do banheiro e parar de pensar que aquela imagem no espelho é a única que o mundo vê. Você tem o poder de criar outra imagem de si mesma, uma imagem sua envolvida em outras áreas de sua vida – quer seja serviço comunitário ou trabalho ou família ou um hobby pelo qual é apaixonada.

Fazendo isso, você estará se completando em 3D, em vez de ver a imagem bidimensional do espelho como a da "pessoa" que o mundo vê. Quer se descobrir de maneira diferente no mundo? Você pode fazer isso de inúmeras maneiras. O importante é tentar fazer com que *esta* seja a autoimagem na qual está investindo, uma vez que a imagem refletida no espelho nem sempre combinará com o modo de você sentir.

Você não pode controlar completamente o *alter ego*, porque o envelhecimento é inevitável, mas pode controlar o seu interior. Você tem a oportunidade aqui de trazer significado à sua vida a partir do lado de fora. O espelho não é o seu eu verdadeiro. Sua forma de agir fora do banheiro e como contribui para o mundo à sua volta é que são.

Marissa está correta em aceitar essa ideia de ações para fazê-la mais feliz e de ouvir sua voz autêntica interior. Ela diz que, quando se sente bem, é porque fez alguma coisa positiva para os outros ou desafiou a si mesma, engajando-se como voluntária em obras sociais, fazendo escaladas ou cursos de extensão. Ela gosta de dizer para si mesma: "A felicidade é uma escolha. Eu escolhi ser feliz!" E é essa personalidade otimista que a faz atraente e seu sorriso, tão bonito.

Então nós dizemos: É importante passar bastante tempo no banheiro para cuidar de si mesma, mas pare com essa obsessão em relação ao seu reflexo no espelho. Saia do banheiro e volte para a vida. Lembre-se de que um sorriso é maravilhoso em qualquer idade. E que esse sorriso é melhor quando vem de dentro.

A pérola de Marissa funciona para ela, e é simples: A felicidade é uma escolha. "Eu escolhi ser feliz!"

A VIDA SERIA PERFEITA SE EU PERDESSE PESO, ENTÃO POR QUE NÃO FAÇO ISSO?

"Sinto-me gorda e sem atrativos e, mesmo estando de férias, olho para o espelho e penso: Aqui, estou no paraíso – podia ter sexo à vontade com o meu marido, que me ama perdidamente. Mas então a minha vida seria perfeita demais, e é como se eu sempre precisasse ter algo errado, mas não entendo por quê."

– Casey, 39 anos; San Diego, Califórnia

Casey tem zero desejo sexual devido a problemas com a sua imagem corporal. A balança e o banheiro a faziam infeliz, mas ela transferiu isto para o casamento, para o quarto.

Ela não estava tendo sexo mesmo enquanto se divertia na paradisíaca ilha de Maui. "Eu não sentia desejo sexual, não sentia nenhum desejo. Então, quando voltei, fui à minha médica e disse: "Isso não pode estar certo!" Ela me examinou, e adivinhe a resposta? Eu não tinha nada errado, apenas estava ligeiramente anêmica. A médica me disse que as mulheres se sentem sempre assim – que eu devia tomar vitaminas –, mas o mais importante, eu devia me cuidar melhor. Ela me disse algo que jamais esquecerei: "Você merece se cuidar melhor."

"Isso foi interessante, porque nunca pensei que merecesse qualquer coisa. Eu tinha tanto e dera tanto. E agora é como se fosse uma ordem médica: Eu *mereço* isso. Decidi fazer da minha saúde uma prioridade. A 'prescrição' da médica, de alguma maneira, fez isso – agora sinto que mereço dormir mais, comer bem, fazer exercício e voltar a ficar em forma."

Merecer é uma palavra traiçoeira para as mulheres, porque implica que temos de pedir permissão para ser feliz, ter sucesso, para tudo. A igreja, nossas famílias, nossa criação nos ensinam a não sobressairmos; está inculcado em nós sermos modestas, protetoras e úteis.

A maioria dos homens considera que vencer é o objetivo, particularmente em esforços competitivos, como esportes e trabalho. As mulheres preferem colaborar a competir. Se você nota que está "ganhando a corrida", pode se conter de uma maneira ou de outra. Casey fez isso ficando gorda, uma forma cômoda de viver. Ela teve de resolver seus sentimentos em relação a "ter tudo" e "isso é demais". De onde eles vieram? A resposta não estava no banheiro, estava em outros cômodos, incluindo a sala de estar (sua mãe e os filhos), na sala de visitas (onde suas amigas podiam sentir inveja) ou no porão (ela fora criada com uma boa dose da culpa católica). Seu sentimento de não *merecer* sucesso a seguia de cômodo em cômodo. "As pessoas estão morrendo de fome na África e sou tão feliz e afortunada que não me parece certo ser tão abençoada."

Quando Casey pensa no passado, lembra-se das freiras em sua escola católica, sempre dizendo a ela para não ser tão porcalhona à mesa do almoço, pois poderia ser punida por Deus. "Lembro-me de pensar que queimaria no inferno, porque costumava pegar um segundo pãozinho e colocar no bolso para comer depois, no banheiro das meninas. E quando eu tinha sucesso na escola, me sentia culpada como se não merecesse aquilo porque eu era uma porcalhona." A ideia que ela "merecia" alguma coisa, vinda de uma médica, foi suficiente para tirar essa lembrança encobridora de sua cabeça e fazer com que percebesse que ela pensava "merecer" num sentido negativo. "Faço muito pelos outros; finalmente compreendi que mereço cuidar de mim."

Catherine diz: "Isso é um problema sério para muitas mulheres, que sentem que, quando tudo está indo muito bem, alguma coisa ruim está para acontecer. O medo de se sentir invejada pode fazer uma mulher se sentir constrangida." Elas preferem comer o bolo de aniversário na festa do escritório – o bolo que não desejam realmente – a ser criticadas pelas colegas por tentar "melhorar" e dispensar o bolo. Se Casey fosse autêntica, ela diria: "Não, obrigada, estou fazendo regime", e embora suas colegas pudessem dizer "Você está ótima!", as amigas verdadeiras não fariam pressão para que comesse. Nós diríamos a Casey, seja autêntica e não deixe que os sinais daquelas que querem que você continue a mesma a deprimam.

Casey pensava que ser gorda a tornava mais agradável e menos ameaçadora. Evitar a crítica em potencial, o ciúme, até mesmo a animosidade de suas amigas era com o que, até agora, ela se preocupava, mais do que com a saúde do seu corpo.

Mas isso tinha um custo pessoal. Casey estava se sabotando ao comer muito, pois assim não tinha de lidar com o problema do sexo, já que não se sentia atraente. A comida tornou-a uma dependente. "Eu podia comer até quase explodir", diz ela. "Havia um objetivo, e eu não sabia o que era, até que a minha médica disse que eu merecia estar em primeiro lugar. Foi então que comecei a mudar."

Para Casey, a sua pérola veio de sua médica: "Eu mereço isso", e, de repente, ela percebeu que merecia o sucesso, um corpo saudável, uma prazerosa vida sexual e tudo o mais que quisesse. Ela mudou a relação com a comida e, pela primeira vez na vida, começou a planejar as refeições, os lanches, a lista de compras. Acrescentou exercícios na sua programação, e eles se tornaram parte do seu novo "emprego" – cuidar de si mesma. Não era nada que a fizesse se sentir culpada – era só mais um item na sua lista de obrigações, despida de toda a bagagem emocional que carregava havia anos. Casey emagreceu 15 quilos em um ano e está mantendo o peso. Faz exercícios, come corretamente, sua vida sexual voltou à normalidade e o nível de energia está alto. A imagem de seu corpo está melhorando, mas ela continua a se exercitar diariamente.

Agora, em vez de dizer "Eu não mereço ser feliz", ela diz "Todos nós merecemos ser felizes e, quando me sinto feliz, posso ajudar melhor aos que estão perto de mim". Quando estava acima do peso ou sentia-se deprimida, ela perdia tanta energia que ficava incapaz de agir. "Agora sei que a melhor coisa é ser boa para mim mesma e, *depois*, retribuir. Tentar ser menos do que posso ser não é retribuir – é desistir."

Então, a pérola é: Você merece ser feliz, saudável e ajustada. Você merece tudo isso.

NUNCA PENSEI EM FAZER LIPO... MAS FIZ

"Tentei tudo – corria, fazia regime, ia à academia várias vezes por semana –, mas nada me livrava dos meus culotes. Depois de vinte anos de me odiar de maiô, quis fazer uma mudança radical, então fiz lipoaspiração. Agora estou feliz. É uma das melhores coisas que já fiz por mim mesma."

– Connie, 45 anos; Denver, Colorado

Durante anos, Connie teve inveja da irmã mais velha, Noelle, porque ela havia feito lipoaspiração e parecia feliz. "Tornou-se um problema entre nós, e dei a ela um bocado de aborrecimentos, enquanto eu passava horas na academia fazendo a coisa certa." Essa tensão veio à tona quando Connie teve o primeiro filho e não usou no bebê a roupa que Noelle dera para o batizado. Depois que Noelle fez uma pergunta inocente – "O que aconteceu com a roupa que eu dei?" –, Connie perdeu a cabeça, gritando coisas assim: "Você não tem o direito de me dizer o que fazer!" E decidiu arrasar com a irmã na frente dos convidados. Não havia nada de particularmente ofensivo na pergunta de Noelle, mas Connie se sentiu constrangida – ela ainda estava com um peso extra de quatro meses pós-parto e, como sempre, sentia inveja do corpo esbelto da irmã – e decidiu que Noelle estava parecendo a Pequena Srta. Certinha outra vez. "Tudo vem tão fácil para você... Por que você acha que merece tudo isso? Um ótimo emprego, filhos bonitos, um ótimo marido, um corpo perfeito, mesmo que tivesse de pagar por isso! Esqueça, pode pegar sua roupa de volta!"

No momento em que aquelas palavras ríspidas saíam da sua boca, Connie já sabia que estava reagindo emocionalmente. Catherine chama o que ela estava fazendo de "deslocar" os problemas do seu próprio corpo para a irmã. Não era sobre Noelle e seu corpo perfeito, era sobre os culotes e a autoimagem da própria Connie, dos quais não conseguia se livrar, não importando o quanto tentasse.

Catherine diz que Connie estava exibindo o que Freud chamava de "retorno do reprimido", ou, em termos mais comuns, o comportamento "histórico é histórico", no qual um acontecimento menor torna-se maior, já que revela uma bagagem desagradável do passado. A irrupção emocional é formada por anos de acúmulo de sentimentos reprimidos, que, finalmente, vêm à tona de maneira imprópria. Neste caso, a reação histérica de Connie com Noelle não foi um resultado de como ela se sentia sobre o corpo da irmã, mas de como ela se sentia a respeito do seu próprio corpo. Ela havia deslocado sua raiva e dor, dirigindo-as contra a irmã.

Para Connie, o banheiro estava conectado com a sala de estar tanto quanto com o quarto. (Ela não se sentia sexualmente atraída pelo marido. O pensamento enganador era: *Eu sou gorda; como, então, você pode me achar atraente?* E começou a tratá-lo mal.) Ela precisava, claramente, mudar a imagem do seu corpo e talvez até seu corpo.

Ela contratou um personal trainer, começou a malhar cinco dias por semana e seguiu um regime. O peso do pós-parto finalmente diminuiu, mas, mesmo depois de um ano, o formato de suas coxas não cedeu. Isto é, naturalmente. Ela se recusou a contar para a irmã e para a mãe que ia fazer uma lipoaspiração, porque ficou constrangida, lembrando como agira com Noelle. Quando o tamanho dos culotes diminuiu depois da cirurgia e Connie viu como ficara bem, mal pôde esperar para vestir um maiô e mostrar para a mãe e a irmã.

Quando chegou a época das férias da família na praia, Connie ficou maravilhosa em seu maiô, e Noelle ficou satisfeita por ela. E Connie teve a sua epifania: "Eu não odiava minha irmã por sua perfeição. Eu me odiava por ser imperfeita. O fato de ela ficar tão feliz por mim me fez perceber que não havia maldade do lado dela. Eu era amarga, e a causa era eu mesma."

Esta atitude de preocupação consigo própria pode surgir no banheiro, quando você tem um relacionamento muito íntimo com o seu espelho. Suas atitudes em relação aos outros são baseadas mais na maneira como você sente sobre si mesma, e isso torna mais difícil ser empática ou se sentir mais conectada com aqueles à sua volta, exceto à medida que você domina o que sente em relação a eles.

Connie expressava suas emoções negativas em relação à irmã. Se fosse capaz de explicar que se sentia mal sobre o seu corpo, a irmã teria compreendido.

Para Connie, a pérola é ser honesta consigo mesma e, então, se externar e ser direta. Os outros (maridos, irmãs, amigos) podem dar mais apoio do que você imagina, e isso pode gerar vínculos mais estreitos entre vocês. E vínculos estreitos é um fator importante numa felicidade duradoura. Assim, sendo honesta consigo mesma e com os outros, você pode ter uma vida mais feliz e saudável.

MUITO GORDA PARA CASAR

"Às vezes, eu me sinto muito gorda para algum dia vir a casar. É como se o meu peso fosse uma barreira entre mim e um homem. Sei como isso parece ridículo, mas não posso evitar. A primeira coisa em que penso, quando encontro um rapaz, é: '*Ele me acha gorda?*'"

– Lori, 42 anos; Los Angeles, Califórnia

Lori se descreve como uma "moça grande" com longos cabelos pretos e brilhantes olhos azuis que trabalha no setor de venda de imóveis comerciais. Diz ela: "Usar o tamanho grande sempre me aborreceu. Acho que o melhor seria usar o tamanho médio, mas não é fácil para mim. Para a maioria dos homens, meu tamanho é um impedimento, mesmo que não digam isso. As minhas amigas magras – ainda que não sejam boas e atraentes como eu – sempre têm encontros, namoram sério, e quase todas estão casadas e com filhos. A única coisa que posso pensar é que o meu peso afasta as pessoas."

Ainda assim, Lori acha que namorar hoje em dia é uma experiência muito agradável por causa da internet. "É mais fácil arranjar um namorado. Antes da internet, eu passava um ano inteiro até arranjar um ou dois. Agora, se quero um encontro, eu consigo." E ela não sai com qualquer um. Analisa os perfis e tem padrões muito altos. "Os homens têm de ser muito inteligentes, interessantes e decididos. Não quero perder meu tempo se eles não são o meu tipo."

Porque ela acredita que o seu tamanho afasta os homens, Lori posta vários retratos seus, na parte de perfis, que escondem pouco. "Quero que eles saibam como sou realmente. Sem surpresas. É muito penoso ficar imaginando se eles vão se espantar com o meu tamanho, quando me encontrarem. Deixo que saibam com antecedência! E se eles não gostam, não saem comigo."

A comida sempre foi um assunto de discussão na família de Lori, italiana. "Eu não diria que a minha mãe nos forçava a comer, mas é o que ela fazia, mais ou menos." Lori sorri quando fala sobre as refeições da família. "Comer era quase uma forma de divertimento na minha família. Minha irmã teve sorte – encontrou um homem que adora comer também, mas ele sempre foi magro, e o peso dela (semelhante ao meu) não parece aborrecê-lo. Eu não poderia ficar com alguém que não fosse um bom garfo.

"Durante toda a nossa vida, minha irmã e eu temos nos preocupado com o que comemos, fazemos dietas intermináveis e exercícios regulares. Então, ficamos frustradas e desistimos. Crescemos com esta regra: se você esqueceu a dieta, pode comer nesse dia o que quiser até a meia-noite, mas, então, no dia seguinte, tente ser saudável outra vez. Sei que isso não é o ideal, mas tem sido a minha psicologia sobre comida há anos."

O trabalho é a única coisa que distrai Lori da obsessão da comida, portanto ela fica no escritório desde cedo até a noite, o que lhe dá pouco tempo e oportunidade para encontrar novos rapazes. "Agora trabalho o dia inteiro e perdi contato com os amigos. Começo a pensar: 'A comida é a minha amiga.'"

Catherine diz que os problemas de Lori talvez não estejam tanto no banheiro quanto nas conexões que almeja, que ela erradamente associa com comida. Ela realmente quer se relacionar com as pessoas, mas as únicas pessoas com que se relaciona são os familiares. Ela até diz: "A comida é a minha amiga." Ela precisa entrar na sala de visitas e ser mais sociável. A irmã e ela são muito unidas, e se ela não está no escritório, está na sala de estar, onde cresceu (e aproveitou grandes jantares), e nenhum dos lugares está permitindo que ela seja independente ou se realize sexualmente. Ela sabe que é inteligente e boa, e devia ser capaz de achar um rapaz, como sua irmã fez, apesar do seu peso. Mas ela não consegue.

A vida de Lori é muito confortável, assim ela é resistente à mudança. A comida e a família são os substitutos para estar com amigos, encontrar um rapaz e começar a sua *própria* família. Ela não está realmente no banheiro (onde se culpa) ou na cozinha (onde se "trata" e a comida é sua amiga). Ela está parada na sala da família, usando a comida e a família como um cobertor de segurança, que a mantém envolvida no espaço seguro de onde não precisa sair, se arriscar e finalmente crescer.

Por que ela permite que o tamanho seja sua aparência definitiva? Ela tem de sair do ninho seguro – sua dependência da família e da comida – e arriscar ser ela própria. Começou a fazer isso com os encontros on-line. Ela pode ou não escolher perder peso para ser seu verdadeiro *self*, mas, de qualquer maneira, não depende de comida ou peso. Dizer "sou muito gorda para casar" é apenas uma desculpa para ficar no seio da família. Lori não pode viver no passado ou na sala de estar, pensando em todos os maravilhosos jantares da família. Ela tem de se lançar para fora do casulo. Afinal de contas, a comida não vai abandoná-la, tampouco a família. A pérola para Lori é que ela precisa se arriscar e não ter medo do que vai encontrar lá fora. Pode ser que seja até um marido.

TENHO DE FAZER EXERCÍCIO! ESTOU FICANDO FLÁCIDA!

"No tempo do colégio, eu me divertia muito jogando lacrosse. Eu não era muito boa, mas adorava fazer parte do time. Depois da faculdade, parece que perdi o gosto com qualquer tipo de atividade. Fazer exercício tornou-se aborrecido, não havia mais aquela alegria. Mas, agora, quero ir à academia três vezes por semana e recuperar aquilo que era divertido. Em vez disso, estou sempre sentada e sinto como se estivesse fundida à minha mesa."

– Pamela, 32 anos; Nova York, Nova York

Ficar sentada diante de uma secretária, trabalhando como advogada tributária durante os últimos oito anos, teve um péssimo efeito no corpo de Pamela. Ela nunca foi gorda, mas um dia percebeu que seus quadris estavam se alargando e ela estava ficando "balofa". O exercício tornou-se um mal necessário e, assim, ela entrou para a academia e começou a ver algumas mudanças expressivas no seu corpo e nível de energia.

"Procurei saber como seria ficar em forma de modo divertido e descobri que, tentando fazer melhor do que a última vez, funcionava. Vou para a esteira e penso: *Vamos ver se consigo ir mais rápido hoje*. Aumento a velocidade e corro mais tempo. Ou tento levantar um peso ligeiramente maior do que a última vez. De repente, é como um jogo. Olho para outro aparelho e penso: *Ainda não tentei aquele, vamos ver se consigo desta vez.*" Em apenas três meses, seu corpo ficou torneado e as roupas vestiram melhor. Ela costumava se aborrecer com pequenas coisas no trabalho e, agora, é capaz de ignorar pequenas agressões no seu escritório emocional, como quando o chefe lhe pede para trabalhar até mais tarde e ela precisa desmarcar um jantar com amigos. "Eu realmente me divirto na academia, e posso dizer que a minha disposição aumenta nos dias em que me exercito. No resto do dia, eu me sinto melhor e consigo lidar com qualquer coisa, porque fiz um bom trabalho com o meu corpo. Então, tudo o mais parece menos problemático."

Catherine diz que Pamela está criando, inconscientemente, o que é conhecido como um "processo paralelo", pelo qual um bom acontecimento se derrama sobre outros e provoca uma reação em cadeia de emoções. Então, agora, a área positiva para ela é o banheiro, desde que foi capaz de perder peso e ficar em forma, e isto está criando um efeito de onda. A nova confiança está gerando benefícios positivos em seu escritório, e ela já é capaz de resistir ao estresse do trabalho.

Assim, limpar um cômodo pode ajudar a pôr em ordem o resto da casa. Você se sente melhor e faz mais coisas, o que significa ter mais tempo para seus relacionamentos e talvez até para um novo romance – tudo isso apenas passando a exercitar-se regularmente, antes de começar o dia no trabalho.

"Alguém me disse que eu sempre parecia triste no trabalho e percebi que era um problema com o meu emprego", diz Pamela, agora. "No trabalho era o que eu chamava 'um trouxa feliz', e sabia que precisava tomar uma atitude. Agora não me deixo deprimir com o que acontece, já que me recuso a conectar o trabalho com o meu humor."

Pamela tem um novo lema pessoal, ou um bordão: 'Seja feliz!' é o meu pequeno código para me animar e, agora, faço o quanto posso para 'ser feliz' na minha vida. Isso começa por ir à academia e malhar muito, porque percebi que parte do que eu gostava no lacrosse era realmente correr muito e, depois, ficar sem fôlego e exausta."

Assim, a processo-chave de Pamela é malhar muito, "ser feliz" e, então, levar esta postura para o escritório. Uma pesquisa recente mostra que as pessoas com a melhor saúde cardiovascular (por meio de exercícios) têm menos sintomas depressivos do que a população em geral. Assim, a pesquisa comprovou o que Pamela sentiu intuitivamente: trabalhar fez com que se sentisse melhor, melhorou sua aparência e até mesmo o seu desempenho no trabalho.

Praticar exercícios regularmente pode ser uma das melhores coisas que uma mulher pode fazer, já que a beneficia aonde quer que vá. Inúmeros estudos mostram que, se você está fisicamente ativa e saudável, seu humor vai melhorar e, estando bem-humorada, você terá mais energia em todas as áreas da sua vida. O banheiro, por essa razão, está conectado à sala de estar (Pamela encontrou um novo ambiente social na academia), ao escritório (ela é uma estrela ascendente na companhia) e ao quarto de dormir (ela se sente mais sexy e mais aberta às possibilidades de encontros). Para Pamela, a pérola é "seja feliz", significando levantar-se, caminhar – para a academia, para a corrida no parque ou para a aula de pilates – e você será mais feliz também.

QUERO VIVER, ANTES QUE SEJA MUITO TARDE

"Nossos corpos não são infalíveis. As coisas começam a dar errado quando envelhecemos, e comecei a pensar de modo diferente sobre a próxima metade da minha vida. Comecei a pensar: *Oh, meu Deus, já estive aqui todo esse tempo e agora é melhor eu tentar fazer algumas das coisas que eu quero, antes que seja tarde.*"

– Liz, 55 anos; Brookville, Long Island, Nova York

Liz, uma freelance que angaria fundos sem fins lucrativos, passou por um grande susto quando o marido apareceu com um tumor, que, afinal, se revelou benigno. Ela acredita que mesmo o medo passageiro de perdê-lo foi um alerta, o que, diz ela, mudou a dinâmica para ambos "em termos de como nos relacionarmos com amigos, família, empregos, tudo. A nossa visão de mundo, basicamente, mudou". Eles pensaram que não teriam muito tempo juntos e queriam gastar este tempo de maneira significativa.

"De repente, decidimos agir de acordo com ideias e fantasias e com tudo o mais à nossa volta, porque havia algo pendurado sobre as nossas cabeças. Acho que foi muito positivo para nós, não que tudo estivesse correndo bem, mas mudou a dinâmica dentro da nossa família." Como ela se relacionou com os outros foi parte de equação, mas o grande lance foi como resolveu preencher os dias. Liz decidiu que não havia mais tempo para coisas corriqueiras, como mexericos e amigas carentes que sugavam sua energia. "Percebi que a maioria das pessoas me aborrecia e sou mais feliz com a minha família, com as minhas amigas prediletas e com a minha escultura."

Ela tem amigas com quem joga bridge ou tênis, mas acha que está preferindo jogar golfe. "Não estou interessada em conversa-fiada. Não quero saber quem disse o quê para ela e o que ela respondeu... blá-blá-blá. Se, de qualquer modo, você me contar uma fofoca, provavelmente irei esquecer. Não tenho tempo para isso. Uma coisa que realmente me aborrece é quando uma amiga se queixa: 'Você nunca atende ao telefone!' Será que não ocorre a elas que talvez eu não queira falar ao telefone naquela hora?

"Tenho uma nova paixão, que é a escultura. Vou ao estúdio, onde há outros artistas e pessoas que estão felizes de estarem ali, e todos sentimos que temos sorte de sermos capazes de fazer o que amamos. Todos são tão incentivadores do trabalho de cada um que sinto como se tivesse uma nova família, uma espécie de casulo, onde é seguro ser criativo."

Catherine observa que muitas vezes é um susto com a saúde, mesmo que seja a de outra pessoa, que finalmente nos faz sentir totalmente vivos. De repente, você percebe que tem gasto o tempo com coisas que não lhe interessam. Sente-se entediada e confusa, até que alguma coisa lhe dá uma sacudida e faz com que perceba que a vida está passando. E, de repente, você "acorda". Em vez de ser uma espectadora em sua vida (e deixar que as fofocas e coisas desagradáveis tomem o seu tempo), você precisa tomar uma atitude e ser o roteirista do seu próprio papel e do próximo capítulo.

Aqui, o processo-chave é tomar as rédeas. Talvez seja necessário dizer às suas amigas que elas não irão mais se encontrar com você, digamos no bridge, uma vez que você está ocupada com outra coisa, que está trabalhando com um outro objetivo, tal como a sua primeira exposição artística. Se elas forem realmente suas amigas, aceitarão seu novo interesse, embora sintam a sua falta.

O susto que tomou com a doença do marido levou Liz a novos lugares, interesses e pessoas. Seu mundo tremeu, como acontece depois de um terremoto, e a paisagem agora parece diferente. Liz diz que seu novo lema é "Não desperdiçar o tempo – em qualquer âmbito da minha vida". Essa é a sua pérola e a faz mais feliz todos os dias.

QUANDO ME ODEIO, DESCONTO NOS OUTROS

"Há dias em que você não se sente bem em relação a quem você é e julga tudo por você. 'Oh, meu Deus, tenho uma ruga aqui!' ou 'Engordei um quilo neste fim de semana! Estou horrível! Sinto-me feia!'. Então, eu me excedo e não sou boa nem com o meu marido. Todos nós fazemos isso, mas acho que é importante tentar se controlar. Mas nem sempre é fácil."

– Julia, 48 anos; Seattle, Washington

Julia tem três filhos, entre 12 e 16 anos, e mora numa linda casa no subúrbio de Seattle, onde a maioria das mulheres é dona de casa e cria os filhos. Ela sabe que se preocupar com a aparência é superficial, mas não deixa de ficar ansiosa quando não parece estar na sua melhor forma. Além do mais, sente que tem pouco a mostrar de si mesma nesses dias, exceto ser uma boa mãe. "Depois que as crianças vão para a escola, sigo direto para a academia todos os dias, porque, mesmo que esteja com o peso ideal ou um pouco acima, a atividade física limpa todas as teias de aranha da minha cabeça."

Julia talvez deva examinar como está usando o seu tempo e por quê. Ela fica tão ocupada mandando os filhos para a escola, para a aula de dança, para o treino de futebol e para todas as outras disciplinas extracurriculares que se sente como um sinal de trânsito, mantendo todos no caminho certo.

Ela exige que a família se reúna todas as noites para o jantar e passe uma hora, pelo menos, conversando e pondo os assuntos em dia. "Eu insisto nisso, porque de outra maneira nós nunca nos encontraremos. As crianças precisam ter um tempo com a família, e eu também."

Mas isso nem sempre acontece, porque os jogos de futebol podem terminar depois das seis e, então, o jantar é atrasado e o caçula tem de comer, então ela come sozinha e, depois, começa o dever de casa e o plano de Julia para o tempo com a família é esquecido. "Isso me estressa e, então, só quero chorar, porque não consigo controlar os nossos dias, que estão escapando de nós."

Julia também fica ansiosa quando se compara com as outras mães. "Sei que todas as outras mães são competitivas, e se elas dizem que o filho faz alguma coisa, como, por exemplo, tomar lições de música, tenho, então, que matricular também os meus lá." Isso significa que ela está tão comprometida que não tem tempo para pensar em seus próprios interesses. Não que ela tenha muitos. "Honestamente, me sinto aborrecida, porque as únicas coisas pelas quais sou apaixonada são malhar e ser uma boa mãe." Julia está estressada, exausta, e o tempo na academia não está adiantando nada, devido às outras coisas que faz. Ela se sente exaurida, emocional e espiritualmente. Quando fica deprimida com a sua aparência, ela não tem a quem recorrer para levantar a sua autoestima.

"Gosto de como me sinto depois de fazer exercício. O meu nível de estresse baixa e acredito que consigo lidar com essa coisa toda e fazer meu caminho um pouco melhor. Sei que, se não malhar por um ou dois dias, processo as coisas mais devagar e não é a mesma coisa." Ao se exercitar, Julia está fazendo a coisa certa, mas não deve ser a única coisa a fazer para si mesma. É como se todos os outros cômodos estivessem cheios com as carências dos outros e o banheiro (representando o cuidado com o corpo) seja o seu único santuário do caos.

Catherine diria a ela que o exercício é muito bom, mas o resto da sua vida está fora de controle – embora se esforce em controlar as coisas. Está tão sobrecarregada com os deveres das crianças que não deixou tempo livre para si própria. Ela tem de sair do banheiro, ir para o quarto das crianças e dizer a elas: "Estamos fazendo muitas coisas. Quais atividades vocês querem manter e de quais vocês querem desistir?" Julia devia usar o mesmo "Preciso do meu tempo de ginástica" mentalmente para preencher os espaços vazios: *Eu preciso do meu tempo de* —. Poderia ser apenas um tempo a sós, para ler, refletir e escrever, ou fazer qualquer coisa de que goste. Poderia ser um hobby ou uma paixão. Ela precisa valorizar sua pessoa, por fora e por dentro. Ela não está empregando seu tempo para estimular o intelecto, o lado espiritual e a vida emocional.

O processo-chave aqui é o de Julia reconhecer que está dando muito de si mesma e do seu tempo aos outros. Muito de uma coisa boa é uma coisa ruim e, neste caso, ela não é capaz de tomar conta de si mesma emocionalmente. Assim, ela precisa aprender a dizer não, ou pedir ajuda, seja às outras mães que dão carona para o colégio, seja ao marido, seja até aos próprios filhos, que podem ajudar em algumas de suas atividades (e fazer o dever de casa sem ajuda). Conhecer os nossos limites é a resposta aqui, assim como perguntar para que você precisa ser saudável. Nós lembraríamos a ela para, primeiro, colocar a máscara de oxigênio, para depois ajudar os outros. Ela precisa "valorizar" seu tempo e a si mesma. Nós todas fazemos isso.

Como pensar no banheiro? Se cuide, por dentro e por fora, mas não deixe que o espelho se torne uma obsessão. É bom ser vaidosa, até certo ponto, considerando que ser saudável está conectado a parecer e sentir-se na sua melhor forma. Mas, além disso, pode ser um tempo importante para usufruir, usando toda a sua energia (Tem de perder peso! Quer parecer mais jovem!), e você pode desperdiçar anos, décadas se preocupando excessivamente com essas autocríticas repetitivas. A beleza realmente repercute a partir de dentro, quando você está satisfeita consigo mesma. Para que isso aconteça, passe menos horas se examinando e mais tempo gostando de você e se ligando às suas paixões. O espelho pode ser um reflexo útil, mas não deixe que se torne a sua realidade. Lembre-se, é apenas um pedaço barato de vidro.

11

O quarto

Amor, sexo e camas desarrumadas

Bem-vinda ao quarto, onde a cama é a maior e – para o objetivo desta discussão – a única peça da mobília. Além de dormir, que colocamos na categoria de "cuidar de você mesma" (um problema do banheiro), há apenas duas coisas que acontecem nessa cama que nos interessam aqui: uma, é o tipo de sexo que você tem, e a outra, o tipo que você não está tendo, mas sobre o qual está fantasiando.

Tipos diferentes de sexo, parceiros e imagens próprias

Nós todas sabemos que há diferentes tipos de amor e intimidade, mas já lhe ocorreu que há também tipos diferentes de sexo? Não, não estamos falando de posições e orifícios. Estamos falando sobre o seu envolvimento emocional ao realizar "a proeza": algumas noites, você quer fazer um "sexo *heavy metal*" – quando há eletricidade vindo de todas as partes do seu corpo; outras noites, é só "um sexo bom" – o tipo que satisfaz, mas não vai para os livros de história; e, então, há o simples e velho sexo "eu te amo" – você talvez não esteja animada, mas ele está, então você faz a sua parte porque quer que ele fique feliz.

Há também "o sexo das férias" – é divertido antecipar, divertido planejar e divertido fazer. É o "sexo das férias" porque é mais fácil relaxar e escolher a hora para realmente aproveitá-lo, preguiçosamente, em um dia de folga, ou longe de casa, num chalé na montanha ou num hotel de praia nos trópicos.

Há também tipos diferentes de sexo com tipos diferentes de parceiros, e o que a gente almeja talvez dependa do que se tem ou do que não se tem. Você quer um "troglodita" quando necessita ser desejada e "possuída" por alguém que esteja tão excitado por você que não haja como contê-lo. O sexo troglodita ou o sexo "Me possua!" é visceral e muitas vezes caracterizado por uma excitação secundária: você se excita porque ele está excitado. (É uma forma de sinalização sexual.)

Depois, há a fantasia Príncipe Encantado do homem que a corteja, respeita e a arrebata ao pôr do sol, exclamando: "Você é a minha princesa e eu a acariciarei, respeitarei e cuidarei de você no meu castelo." A fantasia é mais apelativa quando você prefere ser "cuidada" a ser "possuída". As mulheres que têm um troglodita podem se encontrar fantasiando sobre um Príncipe Encantado; aquelas que têm um príncipe talvez desejem que ele seja, às vezes, um pouco troglodita. Em ambos os casos, quando acontece de perderem a cabeça, você só quer que ele assuma o comando.

Se você é sortuda e tem um homem que é um pouco dos dois, então o desafio é descobrir como dizer a ele com qual você quer ser levada para o quarto: aquele que vai puxá-la pelos cabelos e derrubá-la na cama, ou aquele que vai acariciá-la gentilmente e tocá-la leve e amorosamente? Adivinha só? Essa é a sua tarefa. Desculpe dizer isso, mas, primeiro, você precisa saber o que quer e, depois, deixar que ele também saiba. Como fazer isso pode ser complicado, visto que muitas mulheres dizem: "Por que tenho de dizer a ele? Por que ele ainda não sabe?" Mas nem o príncipe nem o troglodita são leitores da mente. Uma das chaves do sucesso num relacionamento é a comunicação, e isso nos leva à porta número três.

Há um terceiro cenário, no qual você entra em um relacionamento como um ser forte e independente, nem precisando nem procurando validação ou segurança. Você *escolhe* compartilhar a sua vida inteira com um parceiro em condições iguais. Você não está procurando alguém para "se completar", nas famosas palavras de Jerry Maguire, porque você não precisa de complemento.

Pudera.

Reconhecemos que isso é quase impossível de ser alcançado, mas é viável, com uma grande advertência: é preciso muito trabalho para chegar ao ponto em que você pode honestamente entrar em um casamento ou relacionamento entregando-se total e completamente. Mas, caso esteja procurando ou esperando alguém para se completar – mesmo no casamento –, você poderá passar a vida inteira se sentindo insatisfeita, solitária ou descontente, mesmo quando o resto do mundo pensa: *Ela tem tudo.*

Primeiro, você tem de aprender a conhecer, gostar e respeitar a si mesma (talvez não o tempo todo, mas na maior parte do tempo), antes que possa fazer isso com outra pessoa. Voltando ao diagrama Venn, cada um de vocês é um círculo fechado, que se superpõem quando vocês se amam e reforçam um ao outro – mas, mesmo estando "bem" casada, você ainda é um indivíduo.

Na cerimônia de casamento de Catherine, ela insistiu em uma citação de Rainer Maria Rilke, que diz, essencialmente, que somos pessoas que se amam, mesmo quando mantemos separado o nosso sentimento de nós mesmos:

> Sendo aceito o entendimento de que, mesmo entre os seres humanos mais próximos, distâncias infinitas permanecem, uma vivência maravilhosa, lado a lado, pode florescer se conseguirem amar a distância entre eles que torna possível um ver o outro, por inteiro, contra o céu.

No último episódio de *Sex and the City* há uma fala citada pelas mulheres, repetidamente, no consultório de Catherine, que diz: "O relacionamento mais excitante, desafiador e significativo de todos é aquele que você tem consigo mesma. E se você consegue achar alguém que ama *o* você que você ama, bem, isto é fabuloso."

A série podia ter sido chamada de *Love and the City*, ou *Ame a Si Mesma e Tente Encontrar um Homem com quem Possa Conversar and the City*. O melhor enredo é gostar de seu marido tanto quanto amá-lo.

O quarto de dormir é sobre sexo, mas a primeira pergunta para a maioria das mulheres é: você e o seu parceiro estão mesmo se comunicando em tudo? Antes que possa pensar em se conectar física e emocionalmente, você tem de se conectar em outras áreas, partilhar outras coisas, até mesmo as pequenas coisas. Vocês podem partilhar os filhos, uma casa, uma conta bancária, uma família, um cachorro, até mesmo uma cama, mas se vocês não partilham os detalhes da vida diária, então o sexo será menos satisfatório e menos interessante e acabará indo para o fim da lista de afazeres.

Quer intimidade hoje à noite? Vá passear com o cachorro!

Parte do problema é a disparidade da expectativa: quando você é casada, a realidade pode não ser sexo de férias o tempo todo ou um sexo *heavy metal* regularmente. Na verdade, você pode não ter sexo de nenhuma espécie. O problema não é acordar os vizinhos, mas se conectar mutuamente. Esse é o casamento sobre o qual estamos falando, não uma mera *booty call*, uma daquelas ligações malucas que você faz só para combinar uma transa com alguém.

É aqui que um sexo "Eu te amo" vem a propósito. Às vezes, ele quer fazer sexo e você não, ou você quer e ele não, e há noites em que você dirá "Não, obrigada", mas, depois, virão outras noites em que você se anima e entra no clima, porque está fazendo isto pela outra pessoa e pelo relacionamento. E embora você queira fazer sexo após um jantar maravilhoso, depois de horas de conversa e agarramentos, há momentos em que as obrigações (trabalho, filhos, viagens etc.) não permitem que isso aconteça, e você tem de decidir se é possível se "conectar amanhã" e cumprir com o dever esta noite.

Ou não.

Não estamos dizendo para você fazer isso contra a sua vontade – certamente este é um ponto importante. Mas você faz isso se e quando quiser, porque ama a outra pessoa e porque percebe que ela faz coisas para você por amor; pense em todas aquelas ocasiões em que ele foi gentil, indo a algum lugar e fazendo alguma coisa para você, embora pudesse não estar disposto. Ele, por exemplo, detesta musicais, mas foi a um com você, ou ele detesta fazer compras, mas foi ao shopping para lhe fazer companhia. Ele não suporta sua tia, mas fica heroicamente sentado durante o longo e aborrecido jantar de aniversário dela. Vocês fazem coisas um para o outro, porque vocês se amam.

A coisa mais saudável para um relacionamento não é sexo arranca roupa, mas construir vínculos e conexões sobre bases normais. Você precisa arranjar tempo para esse tipo de intimidade. Um estudo recente mostrou que os casais que passeiam juntos com o cachorro ou dedicam um tempinho no fim do dia para se conectarem (15 minutos é suficiente) ficam juntos mais tempo e são mais felizes do que aqueles que não fazem isso.

Esses mundanos períodos para "tirar o atraso" parecem insignificantes ou triviais, mas é a cola que mantém os casais juntos. Se alguma coisa acontecer no trabalho, seu marido não entenderá o significado disso a não ser que conheça os fatos que o precederam. Você tem de contar os pequenos detalhes do dia a dia, para manter o relacionamento vivo. Mesmo que esteja exausta, conectar é essencial. Às vezes, você pode escolher fazer sexo quando não se sente disposta, simplesmente porque é um sexo "Eu te amo", que pode ser útil em seu relacionamento. É claro que, às vezes, você só diz eu te amo e vira de lado para dormir. Prometa a ele um pouco de sexo de férias para outro dia.

Quando você realmente ama alguém...

O quarto de dormir representa intimidade, onde duas pessoas ficam juntas, mas não imergem completamente. Desenhe o diagrama Venn da sua vida emocional. Você é um círculo completo (toque a ponta do seu indicador com a ponta do polegar, formando um círculo), o seu marido é um segundo círculo (faça o mesmo com a outra mão), e agora aproxime os dois de modo que se sobreponham no meio, mostrando o espaço que representa o seu relacionamento. Entrelace os dois, caso queira, mas mantenha os círculos intactos.

O ideal é que o meio e as partes de fora sejam quase iguais. A parte sobreposta é bastante grande para um relacionamento rico, mas a outra área de fora é bastante grande para permitir que cada um de vocês possa ter uma vida como indivíduo. Essa independência fortalece o elo emocional que vocês compartilham. (O diagrama é, ainda, instrutivo e pode ajudar na busca pela pessoa certa, pois você precisa de um parceiro que a envolva, mas que não a ofusque.)

Catherine diz: "Casar não é uma imersão completa." Tomar o nome dele é uma coisa, mas dar a ele a essência que faz com que você seja *você* é completamente diferente e não aconselhável. Nós somos a favor de um comprometimento completo no casamento, mas estamos também comprometidas a ajudar as mulheres a preservar um sentido completo de si mesmas.

Quando nos envolvemos, nossos relacionamentos também são envolvidos. Seu diagrama Venn não é estático. Os círculos se movem, por alguns anos, na direção de um para o outro (vocês são recém-casados ou criam filhos juntos) e se afastam após uma grande alteração (um novo emprego ou quando os filhos saem de casa) e, subitamente, você está pensando sobre o futuro, o tempo livre e o que fazer com o seu novo capítulo. O foco talvez se volte para o trabalho, ou voluntariado, ou ser mais criativa, ou passar mais horas no ioga ou na quadra de tênis. Qualquer coisa que traga prazer e paixão altera o círculo, seja em direção ou para longe do círculo do seu parceiro. O mesmo acontece com ele, se começa a jogar golfe o tempo todo, quer passar horas pescando ou procura uma atividade que o leva para longe do seu relacionamento.

Você pode sobreviver a essas alterações por meio da comunicação, atenção e amor mútuo e respeito. Uma metade do casal pode se tornar obcecada por jardinagem, a outra quer viajar. Você tem uma escolha: compartilhar sua paixão ou não, mas a sua verdadeira escolha é estar ou não suficientemente superposta. A superposição precisa ser mutuamente satisfatória para que o relacionamento sobreviva.

Cada um pode mudar e evoluir à sua própria maneira, e há horas em que as placas tectônicas se deslocam e o terremoto pode balançar o seu íntimo. Se você está comprometida com o relacionamento, com os círculos interligados, você precisa voltar ao ponto em que esteja disposta a ajudar para fazer a área do meio maior e mais forte outra vez.

A superposição é onde a intimidade acontece, e o sexo é a expressão física desta conexão.

Sigamos, então, para o banheiro, onde muito do drama dos círculos móveis termina na forma de intimidade, sexo, expressão amorosa ou, inversamente, infidelidade, alienação e aborrecimento. Se prestar atenção ao Venn, você pode se livrar da infelicidade e voltar a se relacionar da maneira que deseja. Vamos ouvir o que está acontecendo entre os lençóis.

POSSO TOLERAR TUDO, ATÉ SEXO QUANDO NÃO QUERO

"Ele praticamente me avisou, antes de nos casarmos, que todos na sua família de médicos têm casos. Parece haver ali uma espécie de noção machista de que, porque salvam vidas, estão acima das regras normais do casamento. Assim, a maneira que achei para lidar com isso foi desanimar esse seu impulso de trair – fazemos sexo todas as manhãs, quando ele acorda. Penso nisso como uma apólice de seguro contra ele sair e pular em cima de uma enfermeira."

– Elise, 38 anos; Nova York, Nova York

Elise jura que é feliz no casamento, mas a maneira de "ser feliz" é manter o marido satisfeito e distraído, o que significa fazer sexo quando ela não quer... ou até mesmo perceber que está fazendo, já que ela, geralmente, está dormindo quando ele acorda, antes de amanhecer, para as consultas no hospital e rola para cima dela. Ela não tem que "participar" nesse sexo da madrugada, apenas estar ali e concordar. Isso é o bastante para ele, então é o bastante para ela também. Elise diz que tirou essa ideia de uma amiga – quando partilhavam preocupações sobre as traições dos maridos – que dá uma canseira no marido todas as manhãs para impedi-lo de trair. Elise acha que "isso daria muito trabalho" e, então, chegou a um acordo consigo mesma.

Ela está convencida de que o marido terá um caso, se ela não se submeter a esse ritual matutino. Ele lhe disse que seu pai enganou sua mãe (embora tenham ficado casados por cinquenta anos) porque é impossível para os homens da sua família ficar interessados em uma única mulher a vida inteira. "Os homens na família dele têm essa espécie de ego do Super-Homem, que lhes permite brincar de deuses ou, pelo menos, de não se sentirem julgados por Deus, porque salvam vidas como meio de vida. Então, a minha maneira de competir é deixar que ele faça isso comigo todas as manhãs. Eu me sinto bem assim, porque é a minha maneira de reafirmar que ele é meu, todos os dias. Não me entenda mal, gosto de sexo, mas uma ou duas vezes seria suficiente para mim. Ele poderia fazer isso todos os minutos, todos os dias, e a minha libido não é assim, mas penso: *Deixa a onda te levar*. Não quero magoar seus sentimentos ou deixá-lo pensar que tem de arranjar isso em outro lugar. É uma carga meio pesada, mas posso aguentar."

Catherine diz que Elise e o marido, Peter, não estão realmente no quarto, pois a "tradição da família" é aquela em que os homens inevitavelmente irão trair (a não ser que tenham muito sexo). Ele trouxe essa bagagem para o casamento, mas Elise trouxe alguma bagagem dela própria. Seu pai enganava sua mãe e isso arruinou a família, já que o episódio foi seguido por um sórdido divórcio, e sua família nunca se recuperou, financeira ou emocionalmente.

Essa rotina matinal que eles têm pode ser sexo, de acordo com Catherine, mas é também coercitiva; Peter é uma ameaça emocional, pois significa que, se ela não der a ele o que ele quer, ele irá procurar em outro lugar. Elise é cúmplice nesse desequilíbrio de poder, porque concorda com isto. Em vez de reconhecer que é vítima, ela diz a si mesma que está comandando a situação ao *escolher* participar. Ela não se queixa, porque enganou a si mesma ao acreditar que está usando o próprio "poder" para controlar as ações dele. No entanto, nos pensamentos mais íntimos, ela fantasia sobre o "Príncipe Encantado" do seu passado, o namorado de colégio com quem quase casou, e como seria tratada por ele de modo diferente.

Ela está tentando controlar sua vida, mantém a casa arrumada, mantém o marido "preso" e não o deixa escapar, tenta manter tudo sob controle. Mas Catherine diz que, na verdade, Elise está se "identificando com o agressor". Aqui, ela está escolhendo se divorciar emocionalmente dos aspectos amorosos do sexo. Não é uma conexão autêntica, se ela só faz isso como um ato profilático para protelar a traição. O que vai manter o marido fiel e o casamento intacto é uma conexão verdadeira.

Ela ama sua vida, o tênis habitual no clube e tudo o mais, mas tem medo de perder tudo isso, no caso de se divorciar. Ela pensa: *Isso é realmente ruim? Ele não me bate. É apenas sexo, todas as manhãs.*

Não precisamos que Catherine nos diga que o equilíbrio do poder está totalmente errado no casamento de Elise. Ela precisa reconhecer o que realmente está sentindo e dizer para ele. "Isso não está funcionando para mim e temos de conversar e fazer algumas mudanças. Felizmente, podemos encontrar uma solução conciliatória." Mas, primeiro, ela tem de entender o que está acontecendo. Por que ela fantasia sobre o doce namorado do colégio e por que se casou com um troglodita, permitindo ser "usada" quando ele quer? Ela ama seu estilo de vida, mas talvez não a sua vida. Essa é uma outra forma de utilização de A + B = C, uma vez que ela está realmente tentando controlar o marido, em vez de tentar analisar a si própria. Elise precisa ser honesta com ele, dizer o que está e o que não está funcionando para ela e começar a conectar-se com a realidade. Você não pode controlar o comportamento de ninguém a longo prazo ou impedir um marido de trair só porque aceita fazer sexo quando ele quer. Você pode se analisar e descobrir o que é importante para você em um casamento. Pare de se preocupar com ele e viva a vida que você quer, da manhã à noite, com ou sem o sexo profilático. A pérola: Qualquer que seja a cama que você faça, lembre-se, agora você tem de deitar nela!

ESTOU MUITO CANSADA PARA FAZER SEXO

"Eu me sinto tão culpada. Está acontecendo muita coisa na minha vida, nas nossas vidas, realmente, e é desgastante. Alguma coisa tem de sobrar e, geralmente, é o tempo íntimo com o meu marido que é posto de lado. Estou muito ocupada e cansada para fazer sexo. E é ele quem sofre."

– Jean, 38 anos; Little Rock, Arkansas

Jean é mãe de dois rapazes, auxilia no almoço de domingo depois da missa e visita ambas as noras em sua assistência comunitária pelo menos uma vez por semana. A lista de obrigações é longa – ela tem um trabalho inacabado no seu laptop, esqueceu de pôr gasolina no carro e sua mãe vai ficar aborrecida porque ela não retornou a ligação de hoje cedo. Quando sobra algum tempo no fim de semana, ela prefere dormir a fazer sexo.

Seu marido, por outro lado, é capaz de se excitar e estar disposto não importa o quanto esteja cansado, mesmo após um longo dia no escritório. Na verdade, mesmo quando está dormindo e ela deita na cama a seu lado, ele acorda e quer fazer sexo. "Somos tão diferentes", diz ela. "Eu preciso entrar no clima, e ele só precisa estar respirando para estar no clima."

E, mesmo quando ela consegue reunir o desejo e a energia, há outro problema: as crianças. Elas perambulam pela casa e podem entrar a qualquer momento, e isso faz com que ela se sinta inibida. "Eu o amo, só não sinto vontade de fazer amor com ele."

Catherine diz que "estar muito cansada para fazer sexo" é "uma das maiores epidemias que as mulheres enfrentam hoje em dia". Essas mulheres vão aos consultórios dos seus médicos querendo saber se há algum problema de saúde que explique sua falta de libido... e se há uma pílula que possa resolver isto.

Um proeminente médico, com uma próspera clínica de obstetrícia e ginecologia em Manhattan, diz: "Elas estão exaustas, preocupadas em saber se têm problema de tireoide ou deficiência de testosterona e sentem-se realmente mal por não querer ter sexo com os maridos. Elas adorariam achar uma razão física que explicasse por que se sentem assim, mas, raramente, encontramos alguma coisa específica." Esse obstetra procura tratar os sintomas físicos, e Catherine trata os sintomas emocionais. "As mulheres sentem-se culpadas", diz ela. "As mulheres pensam que deviam desejar ardentemente fazer sexo com os maridos. Quando não sentem isso, primeiro pensam que há algo de errado com elas ou com o casamento, mas, na verdade, elas estão esgotadas, estressadas e arrastadas de um lado para outro."

As pacientes perguntam, frequentemente, a Catherine: Qual é o número normal de vezes? A pergunta é simples, mas a resposta não é. Não há um número certo. Isso pode ser tranquilizador ou não, dependendo do que você está querendo, uma orientação ou uma permissão para fazer mais... ou menos. A quantidade certa de sexo é aquela que *você* quer ter e que funciona para vocês dois.

"A ideia popular de que os casais têm sexo, em média, duas vezes por semana é provavelmente errada", diz Catherine. "Provavelmente, uma vez por semana seja mais real. As mulheres costumam comparar suas vidas com as cenas de sexo na TV, em filmes e novelas, e tenho de dizer a elas que essas são obras de ficção. Isso pode ser prejudicial a uma mulher, porque é difícil não pensar que alguma coisa está errada com você quando todas as estrelas principais da tela grande estão, frequentemente, gozando a experiência sexual perfeita."

Catherine diz às mulheres que se sintam livres para dizer sim, não ou "se você realmente quer, sim, mas não espere muito fogo de mim esta noite". "Se você ou seu parceiro está interessado em fazer sexo com mais frequência", diz ela, "criem, então, uma linguagem que funcione para você, para expressar suas necessidades e não para brigar por causa disso. É aqui que o paradigma sexo *heavy metal* versus sexo 'Eu te amo' torna-se útil. Uma mulher me contou sobre o sentimento de libertação que teve quando finalmente aceitou o fato de que não precisava ter sexo *heavy metal* sempre. Disse ela: 'Eu me sentia mal se não entrava naquele clima ou não tinha um orgasmo. Conheço mulheres que se sentem tão mal sobre isso que simulam orgasmos.'"

Não há necessidade de simular nada. Você pode não estar realmente "cansada", mas aborrecida com seu marido por qualquer motivo. Seja honesta, com você e ele. Vá para a mesa da cozinha e converse sobre o que está havendo. Se você realmente precisa dormir, então durma e peça a ele um tempo até se sentir descansada. Você também pode ter um sexo "Eu te amo", caso queira demonstrar a ele um pouco de estima. Pense no sexo que você quer ter e diga a ele. Ele pode não estar transando com você porque toda noite você empurra a mão dele, mas o que você quer, realmente, é que ele "a agarre" e que tenham uma transa apaixonada.

Você pode até mesmo desenvolver sinais para quando quiser significar "esta noite não" e quando não quiser. Quer se sentir uma "estrela do rock" esta noite? Aumente o som da música e comece a dançar na sala de visitas! Qualquer que seja o código ou linguagem que você e o seu parceiro usem, às vezes é bom dizer seu significado para o outro: Isto é o sexo "Eu te amo" ou o sexo "estou fazendo isto por você".

E faça com que ele saiba que poderá haver horas em que você tomará a iniciativa... e que, às vezes, vai querer ser a estrela do rock.

Em outras palavras, poderá ser mais saudável para o relacionamento se, às vezes, você disser "Hoje, eu quero dormir". Nossa pérola para Jean e para qualquer mulher que, às vezes, quer dizer não: Há dois nesse relacionamento e vocês precisam se comunicar. Tenham uma linguagem compartilhada para sinalizar sim, não, talvez ou me pega de jeito! Qualquer que seja a chave liga/desliga, ambos precisam saber como operá-la.

EU PODIA DIZER PELAS SUAS MENSAGENS DE TEXTO QUE ELE ESTAVA TENDO UM CASO

"Descobri que meu marido estava tendo um caso e agora estamos nos divorciando, embora eu talvez pudesse perdoar e continuarmos juntos. Ele diz que está terminado. Está pronto para fazer as malas. Nós temos dois filhos, uma casa, uma hipoteca e a minha mãe depende de nossa ajuda financeira. Como vamos suportar isso?"

– Sarah, 41 anos; Greenwich, Connecticut

Sarah acha que é "vítima" de uma infidelidade. Vítima aqui está entre aspas, já que, quando não está enfurecida, ela sabe que, de alguma forma, participou da dinâmica que precedeu o fim do seu casamento. Além do choque emocional inicial, ela também está preocupada: "Como vamos pagar nossas contas, agora que temos de pagar por duas casas e duas vezes por tudo o mais? Trabalho muito, mas ele sempre fez mais dinheiro do que eu, e agora jamais poderei me aposentar, muito menos gozar férias ou proporcionar aos meus filhos coisas que acho que eles merecem. Nossas vidas estão literalmente arruinadas financeiramente, e tudo porque aquele babaca tinha de dormir com a secretária. O que fiz para merecer isso?"

Sarah trabalha com marketing e, embora nunca tenha chegado ao nível de gerente, tem um emprego bom e seguro e se orgulha de ser uma funcionária diligente e uma boa mãe, que confere se o dever de casa foi feito e se as merendas da escola estão embrulhadas. Em outras palavras, as necessidades de todo mundo foram atendidas, exceto as dela própria. Sarah acha que o marido deixou de sentir tesão por ela por estar sempre muito cansada para fazer sexo, além do que ela sempre teve problemas com a imagem do corpo. Ele quer fazer um cruzeiro sem as crianças ou ir a Las Vegas, mas ela não se interessa. Prefere ficar com os filhos, mesmo que isto signifique passar as férias em um parque temático familiar. Sarah e o marido nunca passaram uma noite sozinhos, o que significa que raramente fazem o sexo de férias ou o *heavy metal*.

Vivem em uma comunidade-dormitório e ele trabalha até tarde, faltando às vezes ao jantar, mas ela sabe que ele tem uma enorme quantidade de trabalho, muitas vezes com prazos fatais. Ela jamais pensou que eram infelizes, até o dia em que, examinando as contas, viu uma conta de um hotel no centro da cidade, em frente ao escritório dele, e soube que ele tinha um caso. Ela quis vomitar.

Verificou, então, as contas do telefone celular, os e-mails, suas mensagens de texto, o histórico no computador e encontrou tudo de que precisava para confrontá-lo. "Ele nem tentou esconder. Mostrou-se tão despreocupado sobre isso que acho que nem havia se incomodado em eliminar as pistas. Foi como se quisesse que eu soubesse."

Naquela noite, ela colocou todas as contas alinhadas na mesa da cozinha como se fossem a prova da promotoria e, no minuto em que ele entrou pela porta, disse: "Eu sei de tudo. Como você pôde fazer isso? Você não tem amor a mim, aos seus filhos ou à nossa vida?" E ele se deixou cair sentado numa cadeira, ainda com o casaco, segurando sua maleta, e disse: "Quer que eu me mude?" Não negou, não pediu desculpas. É um advogado bastante experiente para nem mesmo tentar alegar inocência – foi direto para a mesa de negociação. "O que você quer que eu faça?"

Isso a aborreceu mais ainda, pois queria que ele lutasse por ela e dissesse que estava arrependido. Mas, em vez disso, ele estava pronto para ir embora. Foi então que ela explodiu em lágrimas. Agora, não tinha nada para barganhar, porque não podia nem mesmo usar o remorso dele para tê-lo de volta. Ele estava pronto para ir. Parecia nem mesmo se importar.

Ele disse que merecia a liberdade. Trabalhara exaustivamente para ajudar a todos ao seu redor, e quem o sustentara? Sua esposa é que não tinha sido. Ela não mostrava nem um pouco de interesse por ele, ou por sexo, então ele pensou estar fazendo um favor a ela procurando isso em outro lugar e deixando-a sozinha. Pelo menos, foi disso que ele estava convencido antes da confrontação na mesa da cozinha.

Sarah sabia, no fundo, que estivera negligenciando o casamento durante anos. Ela nunca escutava quando ele sugeria que passassem algum tempo sozinhos ou fizessem um programa nas noites de sábado. E o sexo que tinham era sem inspiração – para ela, isso era uma coisa mecânica, como tomar um banho.

Catherine observa que, embora possa ser culpada por negligenciar seu casamento, Sarah não é responsável pelo caso do marido. Ele escolheu enganar em vez de conversar. Inconscientemente, Sarah dera o fora, e ele, então, fez o mesmo, física e emocionalmente. A pergunta é: eles, na verdade, se conectavam, conversavam e trocavam intimidades constantemente? Conviviam havia anos e, no diagrama Venn do casamento, seus círculos mal se tocavam. Os filhos eram a sua única conexão real.

Eles podem juntar seus círculos? Não está bem claro. Terão de decidir se querem tentar reconstruir, juntos, o casamento ou acabar com isso de uma vez. Vai dar trabalho e ambos têm de querer se engajar no processo. Para surpresa de Sarah, seu marido decide que não quer perder a vida que têm juntos, mesmo que não seja perfeita, e começam a conversar.

Cada um deles tem dificuldades. Um dos maiores problemas: Sarah precisa readquirir seu respeito próprio antes de se tornar uma pessoa completa, ou um círculo inteiro, no diagrama Venn. Um casamento saudável tem dois círculos inteiros se sobrepondo, não duas metades de um círculo formando um. Sarah, como muitas mulheres, duvida que ela possa ser independente fora da identidade do casamento.

Embora trabalhe, a sua identidade emocional é envolvida pela vida da família, e ser mãe, para ela, vem em primeiro lugar. Não consegue imaginar uma vida fora do casamento e não deseja começar outra vez. Acreditou que sempre seria casada, sem nunca ter prestado atenção às condições do relacionamento com o marido. Percebe que agora tem de focar em si mesma tanto quanto na reconstrução da sua vida, incluindo interesses fora dos cuidados maternais.

Catherine diria a Sarah para perguntar a si mesma por que não conseguiu ver os sinais de que as coisas estavam desmoronando. Havia provas no caminho, mas ela "escolheu" ignorá-las para manter a aparência de normalidade. O que esperava do seu casamento? Apenas que continuasse? Ele pedia por um tempo sozinho com ela e nunca teve. Ela queria o quê? Não teve amor-próprio sequer para se perguntar ou até mesmo saber do que precisava. Uma vez que ela possa responder a isso para si mesma, poderá ter um relacionamento bem-sucedido. Mas talvez seja tarde demais para ter isso com o seu marido. Ainda assim, ela não será capaz de construir, mais tarde, um relacionamento bem-sucedido, se não descobrir o que foi que deu errado com o atual. Somente assim ela poderá estar completamente presente, seu próprio círculo completo, em qualquer casamento. Eis aqui a, por vezes, dolorosa verdade: é preciso duas pessoas para criar um casamento e duas pessoas para permitir que ele definhe até morrer. Você tem de se questionar como participou no resultado da sua própria vida. Só então poderá determinar o próximo passo e, finalmente, ser a dona de seu próprio destino.

ACHO QUE ESTOU APAIXONADA POR UM CARA DO FACEBOOK

"Eu jamais trairia, mas passo todo o tempo no Facebook falando com um velho amigo com quem eu costumava trabalhar. Ele é uma pessoa divertida e, embora nós dois sejamos casados, gostamos dessa fagulha que parece existir entre nós. Eu o chamo de cara do Facebook, e ele me faz gostar de quem eu sou mais do que qualquer pessoa, seja o meu melhor amigo ou o meu marido."

– Fiona, 43 anos; Nova Orleans, Louisiana

Quando não está trabalhando como assistente administrativa de um grande escritório de advocacia, Fiona passa o tempo todo ocupada com as filhas gêmeas. Ela jamais olharia para um dos advogados. Não é que esteja querendo ter um caso, mas quando está on-line, ela pode ser a pessoa que não pode ser no trabalho ou em casa. Ela ama a sua família, ama a sua vida e as duas filhas (de quase dois anos), mas esse flerte secreto é a maneira de escapar de tudo o mais. Ela sente que merece, já que no resto do seu tempo – ocupada com manhas de crianças e levando as gêmeas ao playground ou ao médico – a sua vida não pertence a ela própria. Não se reconhece – a executiva alta, elegante, segura e poderosa é agora uma pessoa que passa a maior parte do tempo vestida de moletom e odiando a sua aparência.

Entre no mundo da internet, onde sua vida social pode ser o que você quiser. Cara do Facebook é um novo fenômeno – antes, você tinha de ir à reunião da sua escola para se reconectar com aquele cara que, às vezes, aparece subitamente em suas fantasias. A resposta para "Queria saber o que aconteceu com o fulano e o beltrano!" agora está apenas a alguns cliques de distância. As pessoas do seu passado estão agora na ponta dos seus dedos 24 horas, sete dias por semana. Você é livre para imaginar essa pessoa, em toda a sua perfeição potencial, como sua alma gêmea há muito perdida. Ele ri dos seus gracejos e afaga o seu ego. No Facebook, você consegue editar o seu enredo e apresentar ao mundo o lado de sua personalidade de que você mais gosta.

Nesse ínterim, na sua casa, pode estar acontecendo o inferno. Mas, no Facebook, você se mostra como deseja que o mundo a veja, nas fotografias e nos comentários engraçados, como também nos assuntos "compartilhados" em seu Mural. Você pode dar um rápido sinal de "Curtir" com o ícone polegar para cima, como se estivesse lembrando a eles "Eu estou aqui...". E, então, é só esperar e ver se alguém dá uma mordida na isca.

"Tenho me comunicado pelo Facebook com essa pessoa que conhecia do colégio, e ele realmente gosta de mim, mas não acho que isto, necessariamente, levaria a alguma coisa. Eu apenas adoro checar a minha caixa de entrada e ver o que ele escreveu, e geralmente é tão lisonjeiro e divertido que coro. Me faz sentir como se estivéssemos nos encontrando ou algo assim, quando, na verdade, sou casada e nem um pouco interessada em outro cara, na minha vida real. Ainda assim, nos faz imaginar que sou capaz disso. Quero dizer, amo o

meu marido e ele me ama, mas essa pessoa me faz sentir muito mais jovem, mais viva, mais sexy. Mas, então, penso: *Se o meu marido me ama mesmo quando estou uma catástrofe, não é isto que importa?* Eu devia estar feliz por ele gostar de mim, mesmo quando penso que a minha aparência está horrível. Meus filhos ainda querem aconchego e, depois, quando me olho no espelho, penso: *Eles me veem como uma beleza, e eu me vejo como uma mãe que se deixa levar.*
"O cara do Facebook não sabe disso, no entanto. Ele só sabe que sou uma diligente mãe trabalhadora que tem uma farta cabeleira e pode digitar uma resposta engraçada. E isso é exatamente o que eu quero que ele saiba. Nada mais. Que parte de mim precisa disso? Isso reduz o tempo com o meu marido, porque ele pensa que estou trabalhando e vai para a cama sem mim. Se eu não precisasse do meu 'Facebook Man', nós provavelmente nos divertiríamos mais tempo juntos, assistindo a um filme, até mesmo fazendo sexo."

Fiona está no quarto errado. Ela não está no escritório (onde fica o computador) ou no seu quarto (onde pensa que devia passar mais tempo com o marido). Ela está no banheiro, onde a imagem dela na vida real não é a que ela quer ter. E, no Facebook, ela é capaz de conceber que pode recriar a melhor versão que deseja de si mesma, embora sua vida esteja lotada de compromissos com as gêmeas, com o trabalho e com todas as outras coisas da sua lista de afazeres que a mantêm longe da academia e de uma comida saudável. Nesse ínterim, seu "amante" on-line reflete aquela imagem perfeita dela mesma, e ela adora essa visão de si mesma, e assim, pensa que o ama.

O Facebook funciona como uma versão adulta do espelho mágico de Harry Potter, onde você vê somente os desejos "mais desesperados" e profundos do seu coração. É chamado de "Espelho do Ojesed" – *Desejo* escrito ao contrário – e, para Fiona, esse reflexo seria uma versão retificada dela mesma, uma mulher atraente e organizada, não uma mulher com 15 quilos a mais e com nada que sirva do seu antigo guarda-roupas. Ela quer ver a si mesma como era antes das gêmeas: elegante, sexy e atraente para todos, inclusive ela própria.

Muitas mulheres se encontram flertando por todas as razões erradas. Elas flertam não porque estão infelizes em casa, mas porque precisam constantemente de afirmação positiva. Na verdade, o marido pode dizer: "Querida, você é linda e continuo atraído por você", mas porque a mulher não está feliz com ela mesma, desmerece a opinião dele e pensa: *Ele é um idiota. Porque eu me odeio, agora odeio qualquer um que ame esta versão de mim mesma.*

Fiona precisa voltar ao lugar em que ela gosta dela própria, mesmo que isto não signifique adquirir o antigo e perfeito abdome sarado. Em vez disso, precisa definir a nova versão dela mesma e quem ela quer ser agora.

Catherine observa que Fiona está dividida. No Facebook, ela é aquela garota maravilhosa e coquete das suas fantasias, e, em casa, é a mãe desgrenhada de moletom. A alienação é um mecanismo de defesa; pode acontecer quando você precisa de uma válvula de escape, como em uma grande mudança de vida ou sob um enorme estresse. Você cria essa fantasiosa versão de vida quando tudo vai bem em uma área e tudo vai mal em outra. Mas ambas são exageradas, dois extremos do espectro. Fiona tem de integrar esses polos opostos da sua personalidade, o que significa achar um meio de campo confortável em que possa apreciar a sua vida.

Fiona não precisa desistir do lado alegre ou do lado mãe da sua identidade. Ela pode ser a impressionante mulher faz-tudo do seu perfil no Facebook, a esposa divertida e amorosa com quem seu marido casou e a otimista e enérgica mãe que canaliza toda a sua energia para as filhas. O que importa é ser o seu melhor *eu* dentro do contexto da família, não precisando procurar lá fora um ajuste para ser feliz.

Assim, Fiona precisa parar de se dividir e começar a se integrar. Ela precisa ir ao banheiro e cuidar de si: passar um batom, exercitar-se e comer direito, fazer um novo corte de cabelo e apresentar-se na sua melhor forma, assim ela será, na vida real, a pessoa que quer ser e não apenas uma fantasia do Facebook. A pérola: Integrar, não separar. Significado: Você pode ser uma mulher complexa. A chave é apreciar a totalidade da pessoa, com todas as muitas facetas diferentes da sua vida.

TENHO UM MARIDO DE TRABALHO, ISTO É RUIM?

"Passo todo o meu tempo de trabalho confinada com o meu colega, Matt. É como se ele se tornasse meu marido de trabalho, e espero ansiosa para estar com ele. Não é que eu tenha dormido com ele – é bem-casado e eu também –, mas conto a ele mais do que conto ao meu marido. Sinto-me como se fosse infiel. Mas adoro conversar com ele e não quero desistir. E não acho que deveria."

– Amanda, 36 anos; Boulder, Colorado

Amanda ama o marido, Dave, mas não se sente apaixonada por ele, atualmente. Na verdade, mãe de três filhos – com as idades de três, cinco e oito anos –, trabalhando meio expediente como técnica em radiologia e levando e buscando as crianças o tempo todo, está zangada porque ele não se mostra interessado nos detalhes da sua vida. Ela lembra como estava apaixonada por Dave, um paramédico, quando se encontraram pela primeira vez. "Eu ainda posso pensar sobre o nosso primeiro beijo e sentir borboletas palpitando no meu estômago." Ela tem numerosas histórias sobre como se divertiam naquela época e como eram ousados, esquiando nas montanhas afastadas, acampando no deserto e fazendo sexo o tempo todo. "Mas isso foi antes de termos filhos e precisarmos encarar com seriedade a construção da nossa família e das nossas carreiras. Não conseguimos mais ficar juntos muito tempo... as crianças têm sido o nosso foco e o que sobra da nossa energia é gasto na nossa profissão. Nós dois gostamos de sobressair no nosso trabalho e já obtivemos muitos elogios por sermos tão diligentes. Isso é muito importante tanto para ele quanto para mim."

Amanda ainda acredita que Dave é o cara. Ele é inteligente, honesto, leal, amoroso, um ótimo marido e pai... ainda por cima, é bonito. Ela não planeja ter um caso, mas não fecha essa porta completamente. "Quero dizer, não tenho ninguém em mente, mas, por vezes, quando estou conversando com um homem bonito que está realmente interessado no que estou falando e me ouve atentamente, sinto essa pequena comichão. É excitante!"

Amanda está dividida em relação ao marido de trabalho. "Realmente não penso que tenhamos atravessado a linha, mas ele é muito atencioso e sempre se lembra de perguntar sobre a saúde de minha mãe, assim como elogia, quando estou elegante ou uso um novo corte de cabelo. Eu, realmente, gosto da atenção. Dave fica ocupado com o trabalho e ensinando futebol para os meninos, e não parece notar o que acontece com a minha vida." Amanda se sentia bem com essa situação até que, durante um jogo de futebol, uma outra mãe mostrou interesse por Dave, ouvindo suas histórias e rindo de suas tolas piadas. Amanda sentiu muito ciúme e, de repente, percebeu o que estava acontecendo com o casamento. Ela estava perdendo a conexão com seu marido, e ele estava procurando sinais amigáveis em outra pessoa. Era um sinal de alerta.

O que Amanda percebeu é universal no casamento. Os primeiros anos da educação infantil são os mais difíceis para muitos casais. Eles perdem o contato mútuo quando as crianças se tornam o seu foco e têm prioridade sobre tudo o mais. Eles deixam de se conectar com regularidade e a intimidade vai sendo anulada pelos problemas diários. É fácil canalizar toda essa atenção emocional para os filhos em casa e para os colegas no trabalho – as pessoas que estão mais próximas. Você tem de fazer um esforço para passar mais tempo qualitativo com o seu esposo. Às vezes, é preciso esperar até a última hora da noite, depois que as crianças estão dormindo e antes que você desmaie na cama, exausta. Talvez isso até tenha que ser programado. Pode ser que você tenha um ritmo natural para se conectar, mas, caso contrário, terá de pôr isso na lista de afazeres diários... preferencialmente no topo dessa lista.

Embora Amanda não esteja enganando o marido fisicamente, ela atravessou uma linha emocional e sabe disso. "Gosto dele como um amigo, e isto seria tão simples se ele fosse mulher, mas porque ele é um homem eu me sinto culpada, então não conto para o meu marido. Ele ficaria furioso!"

Catherine diz que Amanda está desconectada e procurou satisfazer suas necessidades emocionais em outro lugar. Ela transferiu os sentimentos de Dave para Matt. Parte do que a leva a fazer isso se deve ao fato de que Dave não mostra muita empatia por sua vida agitada ou pelos problemas de saúde da sua mãe. Ela está dramatizando isso por meio de um superenvolvimento emocional com Matt, e começou a sonegar os pensamentos e sentimentos a Dave.

Amanda viu que o jogo de futebol não é um jogo inocente. "Eu pensei: *Oh, meu Deus, ele é adorável e se eu não for boa para ele alguma outra mulher será e eu poderei perdê-lo*. Fui até onde ele estava, comecei a falar animadamente e o cumprimentei por criar uma filha tão atlética. Ele claramente gostou disso, e percebi o quanto raramente digo qualquer coisa boa para ele. Na verdade, não lhe dou muita coisa e tenho de começar a fazer mais por ele."

Amanda precisa entender que isso tudo começou porque estava zangada com o marido por ele não ler sua mente, o que não é uma coisa que ele (ou, pelo que verificamos, qualquer homem) possa fazer. Ela o pôs de lado, ele começou a prestar menos atenção a ela e isso virou um círculo vicioso. Os dois precisam conversar e compartilhar suas mágoas. Ela precisa reconhecer que tem participação na degeneração do casamento. É fácil pôr em foco os defeitos do seu marido, mas é muito mais útil olhar para si mesma e avaliar o que está acontecendo no seu interior.

Amanda está mais dramatizando do que expressando o que sente. Precisa começar a permitir que Dave saiba o que ela está sentindo e pelo que está passando, e, da mesma forma, ouvir o que ele tem a dizer. Ela precisa começar a confiar no seu marido real e parar de dar tanta atenção ao seu relacionamento no trabalho. Se quiser salvar o casamento, tem de começar a investir emocionalmente o seu tempo e esforços na sua casa. A pérola: Nenhum homem é um leitor da mente. Diga a ele o que você quer.

ELE É BOM PARA MIM EM TUDO, EXCETO NA CAMA!

"Tentei de tudo para que o meu namorado faça o que eu quero na cama, mas não funciona. É como se ele lesse um manual de instruções. Há muito que quero falar com ele; gostaria que ele mesmo descobrisse o resto. Não posso falar claramente com ele. Mas ainda o amo e talvez isso seja o bastante!"

– Charlotte, 35 anos; Long Beach, Califórnia

Charlotte diz que ama o namorado, mas fazer amor é, muitas vezes, desinteressante. Ela quer casar com ele, mas, depois de três anos, sua vida sexual continua banal. Para começar, ele nunca se mexe. Ela sentia o coração bater quando ele entrava no quarto, mas isso já passou e ela se tornou mais crítica pelo fato de sua vida sexual nunca ter tido fogos de artifício. "Básico é como eu descreveria. Nada mau, mas nada estupendo, tampouco. Isto é, tive uma noite única que foi mais memorável do que todas as nossas noites juntas. E fico frustrada, porque realmente o amo, mas não fico excitada com ele na maioria das vezes."

Com muito jeito, Charlotte tocou no assunto com Shep, certa vez. Ele disse: "Acho que o nosso sexo é bem legal" e sorriu para ela, querendo dizer que estava feliz por estar com ela na cama.

"Para ele, isso é bom, não importa como", diz ela. "Shep não pergunta se foi bom para mim, já que supõe que tenha sido ótimo. Ele não sabe o que fazer em relação a mim. Tenho tentado dizer a ele, mas me parece que muito pouco se pode transmitir verbalmente nessa matéria." Por ora, ele está se empenhando em fazê-la feliz, e ela não quer ferir os sentimentos dele.

Para aumentar o seu desânimo, Charlotte teve, recentemente, uma aventura sexual, depois de uma noitada bebendo com amigos, e foi maravilhosa. "De certa maneira, eu queria descobrir se o sexo sem graça era por minha culpa. Eu precisava saber: estava errada? Mas, também, queria ter sexo quente e excitante, e sabia que aquela seria a minha chance. Shep estava fora da cidade e jamais saberia. Mas me senti mal, embora não sejamos casados. Não posso dizer a ele, mas também penso que parte da culpa é dele, porque me deixa insatisfeita. É quase como estar com fome: se não há comida na geladeira, você tem de sair para jantar. É apenas uma necessidade física, comum a todos nós."

Agora, Charlotte pensa se deve se casar com Shep – se ela o está enganando hoje, como será daqui a dez anos? Deve aceitar tudo para ficar com ele e fazer isso funcionar? Ela está em um ponto crítico do relacionamento e precisa achar rapidamente uma resposta para essa questão.

Ela está racionalizando, diz Catherine. De certa maneira, ela está certa: todos nós temos necessidades. Por outro lado, está envolvida em um relacionamento comprometido e tenta se convencer de que pode quebrar as regras. Ela precisa decidir se quer ser a parceira de Shep. Caso resolva ficar e se dedicar a esse relacionamento, então ela tem de sentar com Shep em um espaço neutro (mesa da cozinha, lá vamos nós!) e conversar sobre o que está acontecendo com ela, emocional e sexualmente. Dizer a ele o que está sentindo e o que acredita ser necessário para ficar satisfeita. Um dos problemas é que ela não se comunica muito bem — e isso talvez aconteça porque ela não sabe, claramente, o que deseja para si. Então, Catherine diz que Charlotte está dramatizando ao trair, em vez de expressar o descontentamento para Shep.

Charlotte *acha* que disse a Shep como se sente, mas que ele não entendeu. Ela tenta não menosprezá-lo na cama para não ferir seus sentimentos, mas o está ferindo pelas costas de uma maneira muito mais danosa e que pode arruinar, a longo prazo, um futuro casamento.

De acordo com Charlotte, Shep é um "banana" tão terno que ela assumiu o controle do relacionamento. Ela gostaria que ele fosse mais troglodita do que Príncipe Encantado. Muitas mulheres "domesticam" o marido a tal ponto que ele não consegue fazer *nada* certo, nem mesmo dar uma "trepada" da forma que elas imaginam que seria em uma aventura sexual ocasional. Catherine diz que ambos são responsáveis por essa dinâmica, já que, agora, ele está se esforçando tanto em satisfazer as expectativas dela que não consegue ser ele mesmo na cama. Charlotte agora o espezinha e, ao mesmo tempo, se queixa de que ele virou um capacho. Eles têm de recuar e dar um tempo, ou se revezar no comando das suas vidas e da sua cama.

Para começar, Charlotte precisa ser franca consigo mesma e descobrir qual conflito interior está impedindo que ela saiba o que realmente quer. Ela gosta de culpar Shep, mas será que isto não se deve à sua falta de satisfação consigo mesma? Ela precisa olhar para o seu interior e se lembrar da sua luta durante a vida inteira com a autoestima. Shep não está ali para completar. Só ela pode fazer isso.

Sentir-se digna, bonita, inteligente, sexy ou o que quer que você queira não pode ser proporcionado por outra pessoa, pelo menos não por muito tempo. Você tem de gerar esses sentimentos em seu íntimo, para que durem mais do que um momento passageiro. Um parceiro pode reforçar bons sentimentos, mas não pode proporcioná-los a você. Se ele é o único a certificar os seus valores, você acaba não acreditando neles, porque não consegue internalizar a autoestima positiva. Assim, você tenta, continuamente, receber isso de outros e nunca está realmente satisfeita com o parceiro que lhe diz como você é maravilhosa.

Charlotte *quer* saber se deve contar a Shep sobre a sua aventura. Catherine diz que é comum que as mulheres que enganam queiram saber se devem confessar. Mas, geralmente, por motivos errados. As mulheres querem abrandar a culpa, mas Catherine pergunta se a confissão vai ser útil e importante na reconstrução do relacionamento. Se for somente um "despejo da verdade", então você está fazendo a maior das confusões. Muitas vezes, a mágoa causada por contar é a ferida que se prolonga. Você também pode ser prejudicada, pois ele fica focado na outra pessoa e não percebe o quadro maior, os problemas reais que a estão deprimindo.

Charlotte pode dizer a Shep o que ela precisa na cama e no seu relacionamento, e redefinir o que considera "sexo ótimo", pois, às vezes, isto é mais uma questão de como exprimir o amor e obter uma conexão emocional do que de quantos fogos de artifício ela está vendo. Charlotte e Shep podem se esforçar para melhorar as coisas na cama, mas ela também pode apreciar o companheiro por suas muitas qualidades. Talvez nunca haja fogos de artifício na cama, mas há outros inúmeros pontos brilhantes. Isso é suficiente? Só você pode decidir se o bom excede o mau. Tome uma decisão e aproveite a vida.

AUTOCONFIANTE COM UM DEFEITO

"Não permitirei que me magoem, por isso tenho certas regras, tipo quando podemos fazer sexo e quanto tempo precisarei para pensar em casamento antes do sexo. Eu é que tenho de decidir sobre tudo. Se alguém me amar bastante, ele entenderá."

– Kimberly, 29 anos; Arlington, Virgínia

Kimberly está namorando sério, mas não tem pressa em se casar. Ela é tão cautelosa que não quer se deixar prender a ninguém, e isso pode lhe custar o relacionamento, porque *ele* quer casar.

Kimberly foi criada em um lar caótico com um padrasto ultrajante, que constantemente dizia que ela não prestava para nada. Ela se sentia ora negligenciada, ora ultrajada.

"Não vou permitir a mim mesma me preocupar com ninguém, assim não serei magoada. Não aceito nada menos que um comportamento perfeito nos meus relacionamentos, e se o meu namorado disser qualquer coisa errada, estou fora. Sou a única pessoa de quem posso depender. Sei que, com isso, fica difícil manter um relacionamento.

"Entenda, meu namorado é ótimo, mas ele está tentando se grudar em mim, e isso faz com que eu me afaste e me sinta sufocada. Pode ser injusto, mas sinto como se ele estivesse tentando controlar a minha vida. A minha maneira de lidar com isso tem sido estabelecer regras sobre quantas vezes por semana passo a noite no apartamento dele e até mesmo excluindo todo terceiro fim de semana. Se um cara não respeita esse meu jeito, adeus! Sempre agi dessa forma, mas agora me pergunto: estou me prejudicando? Ele não entende por que sou tão rígida. Novamente me pergunto: se eu baixar a guarda, quanto de mim restará intacto? Não quero perder tudo que construí para mim: minha independência, minha vida, minha carreira, minha própria felicidade pessoal."

Como uma adolescente, Kimberly pensou em fugir, mas sabia que não poderia se sustentar. Considerou o suicídio, mas não poderia causar à sua mãe tamanha dor. Aguentou, então, o abuso verbal do padrasto durante anos, mesmo retrucando às vezes. Aos 18 anos, finalmente, saiu de casa e entrou para a faculdade pública, trabalhando em dois empregos. "Deixar minha mãe foi duro. Chorei todas as lágrimas de uma adolescente. Me senti completamente sozinha e exaurida. Parecia que tinha chegado ao fundo, e dependia só de mim construir minha vida a partir daquele ponto. Sempre me considerei uma heroína, e jamais contei com ninguém."

Kimberly se protege tanto que parece usar uma armadura emocional, o que faz Catherine perguntar: será que ela é tão frágil quanto pensa que é? Perderia tão facilmente a sensação de segurança se abandonasse todas essas defesas e se envolvesse mais? O que ela pensa que poderia acontecer? Kimberly tem razão de ficar orgulhosa com as suas conquistas. Mas ainda mantém uma enorme faixa de insegurança. "Eu, finalmente, me aceitei desse jeito, mas agora que já estou com esse homem há dois anos e meio e sei que ele realmente me ama, percebo que isso está causando um novo problema: se eu não conseguir mudar, talvez acabe sozinha para o resto da minha vida."

Ela quer independência e construiu muralhas à sua volta, mas, no fundo, espera que alguém as escale e tome conta dela. É um conflito terrível, e ela ainda está no porão das suas lembranças infantis, lidando com problemas e lembranças infelizes da mãe (um capacho) e do padrasto (um truculento). No entanto, nem ela nem o namorado entendem por que se sente angustiada quando ele lhe diz: "Eu voaria até a lua por você." Para Kimberly, parece que ele está tentando prendê-la.

Catherine observa, aqui, o processo inconsciente de "transferência". Kimberly concentrou todos os seus problemas de amor em seu perverso padrasto, e gasta toda a sua energia se precavendo contra injúria ou mágoa iminentes. Se você fica presa nesse padrão ou em outro qualquer, isto pode se tornar uma "compulsão à repetição", porque você acaba fazendo a mesma coisa repetidamente e isso pode impedir que evolua na vida. A gente só consegue mudar quando percebe que está presa a esse padrão. Mesmo assim, isso pode levar anos. Você, literalmente, tem de reaprender como agir. Se tiver sorte, percebe que há uma boa razão para mudar; Kimberly está agora prestes a perder o melhor relacionamento que já teve, com um homem maravilhoso que lhe dá exatamente o que ela precisa – segurança, proteção, amor e respeito.

"Sei que tenho de aprender a me abrir. Estou ensinando isso a mim mesma, pouco a pouco, e estou finalmente aprendendo a falar sobre os meus sentimentos e a confiar nas outras pessoas. Sinto que, se puder agir assim com elas, posso, também, aprender a agir da mesma forma com o meu namorado." Seria fácil culpar sua falta de habilidade em se tornar íntima à sua desagradável dinâmica familiar, mas ela tem de passar por cima e resolver isso sozinha.

Kimberly está no quarto errado e precisa resolver os problemas de porão para que possa ser feliz no seu relacionamento e no resto da sua casa. De outra maneira, ela acabará encontrando um cara indiferente e desligado, e não um confiável e seguro. Seu namorado atual parece ser um homem que poderia se tornar um grande parceiro. Mas ela tem de baixar a guarda um pouco para criar um novo nível de conexão – dentro do relacionamento. Deve abrir mão de um pouco da sua independência para ganhar intimidade e confiança. Sua pérola é: Você tem de dar um pouco para receber muito.

TIVE UM CASO NO ESCRITÓRIO.
NÃO ME SINTO CULPADA; ESTOU TRISTE POR TER ACABADO

"Quando me casei, estava realmente entusiasmada. Tínhamos uma ótima conexão sob todos os aspectos – espiritual, emocional e fisicamente – e compartilhávamos dos mesmos valores e esperanças para criar uma família juntos e, claro, ficarmos juntos para sempre. E, até agora, tudo caminha quase como planejado. Boa casa, ótima família, empregos sólidos, as brigas costumeiras, mas nada de extraordinário. Mais amor do que aborrecimentos. Mas dez, 15 anos se passam e chega o momento em que você precisa se sentir sexy outra vez e descobre que isso acontece mais fora de casa do que dentro dela."

– Jackie, 42 anos; Brookline, Massachusetts

Pelos padrões comuns, Jackie é, ao mesmo tempo, uma mãe bem-casada e uma mulher trabalhadora vivendo a vida ideal. No entanto, ela se descobre apaixonada por homens e se divertindo com uma vida de fantasias sexuais. Nunca viveu essas fantasias, até que...

"Perdi peso, fiquei em forma e o meu marido nunca reparou", diz Jackie. "Outras mulheres *e* homens me diziam como eu estava ótima, mas nunca escutei isto do meu marido." Jackie se sentia tão melhor que deu uma virada na carreira e encontrou um emprego mais excitante.

Ela conheceu um rapaz no novo emprego e trabalhavam juntos o tempo todo. Ele era mais jovem, disponível e admirava Jackie. "Eu já tinha um homem bonito, confiável, inteligente e, no entanto, estava completamente atraída por aquele cara." Ela começou enviando mensagens com textos picantes e passaram a se comunicar constantemente. Ela passou a forçar os limites, porque era tudo muito excitante e perigoso. Começou, então, a mentir para o marido, dizendo que ia sair com amigas para um drinque. E não ia. Ela ia encontrar-se com *ele*.

"Quem poderia resistir?", diz Jackie. "Ele me fazia sentir sexy, engraçada, confiante e inteligente." O caso durou somente duas semanas. Ele terminou, dizendo: "Não vou ser o destruidor de lares. Quero casar e ter filhos."

Jackie ficou desolada. Queria ser adorada. E queria continuar tendo o que ela chama de "um sexo bom e irresponsável". Ela se refugiou em casa e percebeu que o marido nunca reparara que os "drinques com as amigas" acabavam muito tarde e que o seu tempo no computador havia aumentado imensamente. Ela implorava para que ele visse que ela mentia, que a quisesse de volta, que a cortejasse romanticamente, mas, em vez disso, ele se mantinha indiferente.

Esse casamento está complicado, mas não necessariamente terminado.

Catherine diz que Jackie dramatizou os sentimentos de não ser notada e apreciada e de querer ser aprovada pela sua nova aparência e emprego. O seu processo-chave poderia ter sido conversar, ser direta com o marido e dizer-lhe como se sentia, do que precisava e o que não estava tendo. Mas o que lhe falta – autoestima – não é algo que outra pessoa possa dar.

Ela pode dizer ao marido: "Eu não me sinto amada, adorada e notada." Mas ele pode achar que está lhe dando tudo que ela quer e precisa – a grande casa, o belo carro. Apesar disso, ela não sente que suas necessidades emocionais estejam sendo satisfeitas. E está faminta por sua atenção e afeição. Voltando ao casamento, sem nenhum outro homem na sua vida, ela está deprimida, isolada e aborrecida.

Jackie espera que alguém (os próprios filhos ou um homem adorável ou um novo e excitante emprego) possa fazer com que se sinta completa. Mas eles não podem. É como se ela fosse parte de uma pessoa e quisesse alguém mais para completá-la e dar-lhe significado e satisfação. Ela tem de sair à procura de outra alma, uma vez que, em seu casamento, permitiu a si mesma ser metade de uma pessoa, metade de um círculo, esperando que outro "preenchesse" o restante do desenho. Mas ela nunca se desenvolveu completamente a ponto de vir a ter a própria personalidade, definir as próprias ideias e desejos. Quando os filhos foram capazes de tomar conta de si mesmos e o emprego virou rotina, ela acordou para ver que seu casamento estava acabado. Ter um homem mais jovem e ardente para adorá-la e devastá-la foi divertido, mas não a sustentaria tampouco. Agora, ela precisa aprender como melhor se circunscrever, ser "completa" e estabelecer os seus próprios limites. Sua pérola: Só você pode se completar. Ninguém a completa, só você.

SINTO A SOLIDÃO DOS SOLTEIROS!

"Ainda estou solteira e tenho 42 anos. Nem mesmo acho que conseguiria ter um bebê, caso quisesse. Fico furiosa comigo mesma por ter perdido anos num relacionamento que não levou a nada. Um homem, com quem me encontrei durante sete anos, que obviamente não queria se comprometer, mas eu adorava estar com ele. E, mais recentemente, terminei um relacionamento de seis anos com um homem casado. Por que escolho homens indisponíveis?"

– Andrea, 42 anos; Nova York, Nova York

Andrea está cantando uma canção triste. "Sei que uma das razões para eu ficar com homens errados é que detesto ficar sozinha. Como nas noites de sexta-feira, quando procuro por amigos para assistir a um filme e todo mundo ou está com o seu par ou já tem filhos. Meu grupo de amigos está ficando cada vez mais jovem, à medida que meu grupo habitual de iguais vai se mudando para o subúrbio. É divertido sair com o pessoal mais jovem, mas todos querem ir para os bares e beber, e penso: *O que estou fazendo aqui?* Sinto a tristeza chegando e penso que estaria melhor em casa. Mas, em casa, me sinto solitária. E, quando decido ficar em casa, me sinto uma perdedora e, então, quero sair e encontrar pessoas. É como se eu nunca estivesse no lugar certo... já que sempre sinto que devia estar fazendo alguma outra coisa.

"Assim, estou sem saída. Recebo para jantares, mas sempre que pergunto aos amigos se conhecem algum homem solteiro, eles dizem que não. É por isso que acho que fiquei tanto tempo nos dois relacionamentos. Por que eu ia acabar? Não havia muitas outras opções. Mas, agora, acho que já chega. Jamais vou ter uma família, e adoro crianças. Então, fico deprimida. E penso: *Se eu fosse um homem, não ia querer sair comigo também.*"

Andrea perdeu a capacidade de apreciar as outras coisas da sua vida – o ótimo emprego, seu amor à leitura, o desejo de escrever um roteiro original e até mesmo sua saúde física, já que ela sai e passa horas com pessoas com quem não tem afinidade, em vez de seguir seu compasso íntimo e ser a pessoa que pretende ser.

Se quiser que o próximo capítulo de sua vida seja diferente, ela precisa fazer algumas reavaliações. Ela pensa que sempre escolhe o homem errado, mas por quê? E "ele" era errado? O Número Um, descartado, não tinha dinheiro, então ela o desconsiderou como um esposo em potencial. Mas em vez de olhar para o que depois viria a chamar, brincando, de "meu poeta", por ser ao mesmo tempo um poeta romântico e um pé-rapado, ela poderia ter feito o próprio dinheiro e decidido que ele poderia ser um pai caseiro, pois sua vida de professor e escritor teria permitido a ela ter, de quebra, um acompanhante das crianças.

"É como se eu fizesse algo que afastasse os homens. Talvez eu seja muito carente ou muito fácil, porque depois de um tempo eles não querem casar comigo!" Andrea é igual a muitas mulheres que parecem independentes, mas, uma vez que começam um relacionamento, perdem sua identidade e fazem de tudo pelo homem. Os homens percebem que elas estão desesperadas e se afastam delas. O que é triste é que Andrea é uma mulher de valor. É inteligente, talentosa e tem uma grande energia criativa, mas, se está confortavelmente abrigada em um relacionamento, "esquece" de si mesma.

Catherine diz que Andrea está regredindo, revivendo os padrões emocionais da infância. Quando se envolve em um relacionamento que é confortável e consistente, ela transporta isto para a sua infância, quando era tratada pelo pai como a sua princesinha. Ele tomava conta dela e a fazia sentir-se especial e idolatrada; por isto, agora, um admirador masculino se vê forçado a fazer o papel de "papai", embora não estivesse predisposto a isto. Ela nunca encontrou um parceiro que fosse, ao mesmo tempo, um namorado e um pai, e era aí que a ruptura acontecia.

Até que Andrea entenda que nenhum homem pode substituir o seu amado pai, que ainda a idolatra, ela será incapaz de assumir um relacionamento em termos de adulta e não como uma criança carente. Seu desenvolvimento reprimido é algo que pode ser trabalhado. O processo-chave aqui é compreender como o seu passado (porão) está interferindo no seu presente (quarto) e decidir fazer algumas mudanças na sua autoimagem interior. Uma vez que ela faça isso por si mesma (não ficando com pessoas mais jovens nos bares) e encontre um grupo igual, que compartilhe seus interesses em escrever e fazer filmes, ela começará a reconstruir a própria vida de dentro para fora. Só assim poderá crescer realmente e o bastante para ter um relacionamento do tipo adulto.

Quando alguém está regredindo, deve, primeiro, reconhecer o que está fazendo e decidir se quer fazer isso de modo diferente. A pérola: "Continue ou cresça." Significado: concorde com o *status quo* e continue repetindo seus padrões pelo resto de sua vida, ou cresça e descubra um novo futuro com um parceiro apropriado.

Aqui está um grande pensamento para levar para o quarto, formulado por Rilke, o poeta favorito de Catherine:

> Para um ser humano amar a outro; esta é talvez a mais difícil de todas as nossas tarefas, a suprema, o teste e prova finais, o trabalho para o qual todo outro trabalho é apenas uma preparação.

Nós diríamos: o casamento é uma escolha, e você escolhe ficar casada ao compartilhar sua vida (mas não se doando totalmente) com essa pessoa especial. O sexo pode ser amoroso, poderoso, divertido, alegre, relaxante, quente ou só aborrecido. Como qualquer outra forma de autoexpressão, há uma série de estilos, e cabe a você decidir como aproveitá-los.

Você tem o poder de controlar ou mudar a sua aparência na cama – atraente, desejável ou nem tanto. É bom ouvir de outra pessoa que você está maravilhosa, mas isto só produz efeito se você própria acredita nisto e, quando acredita, é uma confirmação do que você está sentindo. (Se você não acredita, nenhuma quantidade de lisonjas a afetará.) Assim, a atração que os outros estão irradiando em sua direção é, na verdade, o reflexo de como você se sente por dentro. Outros podem elogiar ou até mesmo complementar. Mas, outra vez, a única pessoa que pode completar você é você mesma.

A cozinha

Não consegue suportar o calor?
Deve estar na cozinha

Adoro fazer alguns trabalhos domésticos, outros não. Trocar os lençóis, não; dobrar a roupa lavada, sim. Fazer comida, não; fazer bolos, sim. Esvaziar a lavadora de pratos, não; encher a lavadora, sim. Quando dobro a roupa lavada, olho para os itens pessoais, quero dizer, as camisetas do meu filho com o logotipo da sua loja de surfe ou banda favorita, e me sinto mais perto dele. Adoro desvirar as camisetas que estão pelo avesso e, então, passar a ferro na forma retangular, como se fossem novas, e as empilhar como fazem nas lojas. É o meu jeito de mostrar-lhe que estou cuidando dele. Pego, então, a minha camiseta que está do lado avesso, e mal me incomodo em desvirar as mangas para fora. Não é que eu não goste de mim, mas não preciso mostrar isso para mim mesma. Uma mulher me disse que dobra as roupas dos filhos e do marido, mas que deixa as dela numa pilha de roupa limpa na garagem, onde fica a máquina de lavar e a secadora. Um dia, ela teve de correr nua da cintura para baixo, atravessando o quintal, para pegar algumas calças. Naquele momento, ela pensou: *Eu desisti de trabalhar para criar meus filhos e estou satisfeita por ter feito isso, mas no meu emprego eu era muito boa e, como a rainha do lar, sou apenas mais ou menos.* Há coisas que nos lembram todos os dias que não somos perfeitas. Embora seja assim, quando os vizinhos olham pela janela e veem o traseiro branco de uma mãe correndo pelada à procura de roupa, isso fica evidente. Sempre queremos fazer o melhor, principalmente se tem alguém olhando.

Para mim, isso significa encomendar menos e tentar fazer o jantar pelo menos umas duas noites por semana. Meus filhos sabem que, quando a campainha da porta toca, isto significa jantar (como verdadeiros cachorrinhos de Pavlov, treinados para vincular o som à comida). A minha mãe era uma grande cozinheira, mas eu não. Simplesmente não sou capaz de tirar uma noite da semana e ir à mercearia para comprar os ingredientes e fazer a toque de caixa um saboroso e saudável jantar no fim de um longo dia. Quisera ser. Mesmo assim, meus filhos são saudáveis e agora estão aprendendo a fazer o básico: ovos mexidos e torradas, espaguete e molho de tomate. E é claro que são craques com o telefone e com uma pilha de cardápios de pratos para pronta entrega. Morar na cidade permite essa opção, graças a Deus. Mas na cozinha de uma casa emocional não há só comida. A coisa mais importante que acontece aqui é a alimentação emocional e o "encontro" da família várias vezes por dia. E mais, é onde a divisão das tarefas domésticas acontece. Toda aquela louça para guardar!

E, então, vem aquela icônica mesa da cozinha, onde nos encontramos para ter as "verdadeiras" conversas em família. Os problemas de quem está fazendo o quê no trabalho e na escola, durante os complicados anos da adolescência, o despontar dos relacionamentos, mau comportamento, mesquinharias e coisas parecidas. Tendemos realmente a falar sobre isso na mesa da cozinha, uma vez que ela é intimista e informal, e, diferente da sala de estar, estamos encarando um ao outro. Às vezes, precisamos de uma "reunião de família" para tomar uma grande decisão, como aonde ir nas férias, e sempre sabemos que isto significa sentarmos ao redor da mesa. Tenho a minha cadeira, meu marido tem a dele e nossos filhos têm as deles. Nunca nos sentamos um no lugar do outro, mesmo quando a outra pessoa não está presente.

É como se todos nós estivéssemos nos nossos postos, representando nossos papéis. Chamo isso de meu ministério de cozinha (como o presidente tem), considerando que cada um de nós oferece conselhos e sinceros pontos de vista aos outros. (Gosto quando as crianças dão sua opinião e se forma uma discussão proveitosa.) Na maioria das vezes, isso funciona e nos sentamos para jantar, temos uma assembleia, troca de ideias ou reunião familiar. Mas quando me aborreço por causa de pequenas coisas – frios deixados fora da geladeira para estragar ou os pratos na mesa ou a lavadora cheia de pratos limpos (para mim, a visão mais desagradável) –, fico mal-humorada e resmungo com alguém para ajudar um pouco mais em casa, "pooor faaavooor".

Quando está tudo certo, a cozinha é normalmente o lugar para onde vou junto com a minha filha para fazer biscoitos ou brigadeiros ou uma sobremesa especial para uma festa na noite de sábado. Cozinhar me parece ser o melhor momento na cozinha, pois, basicamente, significa: "Escolhi estar aqui com a minha filha, gastando tempo com uma tarefa que na realidade não precisa ser feita, mas que é uma bela diversão, durante a qual conversamos e compartilhamos detalhes de nossas vidas." Conversas bobas levam a uma conexão emocional e, conosco, isto geralmente acontece sobre uma vasilha com uma massa ainda não cozida de biscoito. Mesmo ao café da manhã, antes do colégio, naqueles breves momentos, nós nos conectamos na cozinha, temos uma rápida conversa e arrumamos tudo antes de sair correndo. E é por meio dessas conversas casuais e muitas vezes resmungadas durante o café com pão que nos "sentimos" uma com a outra emocionalmente.

A cozinha é onde a mãe exerce o poder supremo, mas agora as famílias são mais complicadas, e pode ser que ela esteja trabalhando; assim, de manhã, todos estão naquele corre-corre, cada um se virando porque o ônibus escolar já vai passar e o trem está para sair da estação.

A cozinha nem sempre é um lugar tranquilo. Pode estar cheia de mudanças frenéticas e perigosas – Você passeou com o cachorro? Quem vai apanhar Suzie na aula? Você vai chegar tarde do trabalho? – e, à noite, é preciso fazer o jantar, supervisionar o dever de casa, dobrar as roupas que estão na máquina, porque isto é também o espaço de trabalho da família.

Mesmo que você more sozinha, a cozinha pode ser o coração da sua casa. É onde as fotos na geladeira fazem lembrar dos seres amados, é onde a pilha de contas e aquela lista de telefones importantes lhe fazem lembrar das suas obrigações prementes. É o centro administrativo da sua casa "emocional".

Para os nossos propósitos, a peça mais importante da mobília nesse cômodo é a mesa da cozinha, porque é ali que a família conversa sobre problemas fundamentais, tais como a divisão de tarefas, finanças e respeito mútuo. É onde você compartilha as minúcias do dia ou, se necessário, discute sobre isto. Talvez você não tenha uma mesa como essa – use o balcão da cozinha ou outro lugar qualquer para comer um prato feito. Na nossa discussão, a "mesa da cozinha" é apenas um conceito, é onde sua família se conecta e onde você aprende o que é mais importante para eles. E para você mesma, em relação ao tempo e como o utiliza.

MEU MARIDO NÃO FAZ NADA!

"Eu me sinto muito sozinha. Sou casada ou não? Eu bem que poderia ser uma mãe solteira. Faço tudo para todos – meus filhos, meu marido, meu cachorro. Quando posso pedir a ajuda deles? O segundo turno não é um mito, mesmo para a mãe que fica em casa. Eu penso: *Onde está a minha folga?* Não tenho um minuto de descanso."

– Tracy, 43 anos; Lima, Ohio

"Eu escolhi isso. Amo o que faço e tenho sorte de poder ficar em casa. A minha mãe achava que era sua obrigação, e dela sozinha, tomar conta da casa. Meu pai tinha de levantar e sair para o trabalho, e assim é que era, naquela geração. Mas agora é diferente, e a maioria das mulheres trabalha. Eu costumava trabalhar, mas quando tive o meu primeiro filho, Jack, parei. Steve, meu marido, nunca trocou uma fralda molhada ou usou um bebê-conforto de carregar bebê. Desde aquele dia, Steve vem para casa e fica esperando pelo jantar a qualquer hora que chegue, mesmo às 21:30. Eu sempre xingo e digo: 'Oh, será que você não é capaz de esquentar isso?' Mas, por fim, eu mesma vou esquentar. Realmente, não me incomodo. Mas, então, ele deixa o prato na mesa e isso me mata. É isso que tentamos ensinar aos nossos filhos, 'Coloque os pratos na pia'; assim, quando pergunto: 'Steve, você não esqueceu alguma coisa?', ele leva o prato para a pia e diz 'Eu já ia fazer isso!', mas sei que se eu não tivesse falado, o prato ficaria na mesa até a manhã seguinte.

"As finanças estão na raiz das nossas maiores discussões. Mesmo quando dizem respeito aos esportes e escolas das crianças. Nunca lhe digo que ele deveria ganhar mais dinheiro, mas bem que gostaria. Para mim, não há aumento de salário, gratificações ou reconhecimento pelo trabalho de mãe. Você vê a toda hora gente se queixando ou xingando porque não consegue achar – (preencha o espaço) as meias de futebol, fotos ou fones de ouvido. Ninguém elogia o seu trabalho.

"Se o meu marido chega e comenta sobre a bagunça da casa, fico louca. Sinto que ele entra em casa de maneira negativa. Digo a ele: 'Eu não critico o seu trabalho.' Mas sou muito sensível e tomo isso pelo lado pessoal. Quero que ele distribua elogios. Quero dar a ele uma lista do que dizer: 'Você é uma boa mãe, cozinheira, amiga.' 'Você está linda.' É como se ele precisasse de um roteiro."

Enquanto isso, Tracy limpa a sujeira do cachorro na lavanderia e traz a roupa seca para a área da TV para ver se Steve pode ajudar a dobrá-las, e ele pede a ela para tirar aquilo dali, porque está bloqueando sua visão. Ele não sabe achar as chaves do carro, ou o seu tênis, ou a comida na geladeira. É como se ela tivesse que fazer tudo para ele. Ele aprendeu a depender dela. Como primogênita, ela é uma doadora, e, como caçula, ele está acostumado a receber, e é um padrão no qual cresceram e o mantiveram ao longo de suas vidas. Mas agora é hora de mudar, pois o filho mais velho, Jack, fez dez anos e o mais moço, Sam, tem sete e ela espera ansiosa que eles a ajudem mais. E talvez Steve.

"Meu trabalho começa quando acordo e termina quando carrego a lavadora pela última vez, antes de ir dormir no fim do dia, lá pelas 11, então essa coisa de ser mãe significa horas de suor e o pagamento é zero. Não é tão difícil quanto uma cirurgia cerebral, mas é constante. Implacável. Quando tento explicar que quero o melhor para a família, Steve diz: 'Relaxe, está tudo bem', e isto me deixa louca, porque, se eu não fizer, ninguém fará. Sim, escolhi a minha sina nesta vida, sou realmente muito feliz; por que, então, estou me queixando tanto? Qual é o meu problema?"

É claro, observa Catherine, que há alguns problemas que precisam ser resolvidos. Tracy precisa sentar com Steve, não quando ele estiver assistindo à TV, não empilhando roupas secas em cima dele quando ele estiver descansando, não gritar com ele para achar o raio dos seus próprios tênis! Ela precisa dizer-lhe, calmamente, como se sente e que precisa de um descanso. E como precisa! Mas não está conseguindo, porque Steve diz: "Sim, querida, você precisa de um descanso."

A verdade é que há muitos cômodos envolvidos aqui: há o escritório, que inclui suas finanças (ele comprou uma moto sem dizer a ela e ela percebeu que não têm participação igual na administração das finanças da casa), o quarto das crianças (ele não é um pai participativo, e nunca foi) e o porão (ambos foram criados em lares tradicionais; ele, como caçula, foi mimado e cuidado pela mãe coruja). O quarto do casal também está envolvido, pois ele podia elogiar a aparência dela, levar-lhe flores (principalmente quando chega para jantar às 21:30 e ela está pronta para atendê-lo) e sempre mostrar apreço por sua bonita e talentosa esposa. Mas o principal problema é que ela não está tendo tempo para si mesma e já está no limite em qualquer cômodo da casa.

Catherine diz: "Ela não está tendo nenhum tempo para si mesma porque não está *exigindo isto*. Ela é a única, literalmente, que pode resolver esse problema, assim como faz com todos os outros com que se defronta. Ela colocou a roupa na máquina, fez o jantar, levou as crianças à escola e o cachorro para passear. Esqueceu, porém, de pôr seu próprio nome na lista do que fazer. É "o que fazer" que nunca é feito. E isso é uma epidemia nas famílias americanas: as supermães supercansadas, superextenuadas, superexigidas que não podem entender como, uma vez que decidiram ficar em casa, isto lhes custe um esforço sobre-humano. Mas elas têm de ser suas próprias campeãs. Não é, como diz Tracy, uma ciência de alta complexidade, mas é uma ciência humana. O corpo e a mente precisam de um descanso para se reabastecer, recarregar e relaxar. Se ela puser uma hora de "meu tempo" na sua lista e tratar isto como uma consulta a um médico para um dos seus filhos, estará no caminho certo para resolver o problema.

A outra verdade é que, se ela não fizer isso, seu corpo poderá sucumbir, ela poderá ficar doente ou machucada ou fatigada além do que é saudável, e será forçada a fazer um descanso, simplesmente porque não se pode sustentar um esforço nesse ritmo sem fazer uma parada (forçada ou não). Estamos plenamente conscientes de que todas as mulheres têm de fazer isso para cuidar de si mesmas. Você tem que estar inteira, forte e saudável para poder cuidar dos que estão à sua volta. Isso não é egoísmo, é autopreservação. Se a sua família a ama, eles entenderão. Seu trabalho é explicar-lhes isso, que pode ser chamado de intervalo de mãe. Você tem de fazer com que seja uma realidade, tanto para si mesma quanto para eles. Não esqueça, muito de uma coisa boa é uma coisa ruim. Tracy não está apenas se prejudicando, está fazendo um desserviço à sua família, já que eles nunca serão independentes se ela fizer tudo para eles.

Cabe a Tracy pedir a ajuda de que precisa, sugerir pequenas coisas que a família pode fazer para que se sinta menos oprimida e cansada. Steve pode, uma noite ou outra, comprar o jantar no caminho de casa ou Tracy pode passar um fim de semana com as amigas, e isto será bom para todos. As coisas não vão se desintegrar. Isso forçará Steve a se aproximar e ser mais participativo. Passar um dia sozinha na piscina, diz Tracy, com um bom livro e alguma música, é, a esta altura, uma fantasia. Sempre que vai à piscina do bairro com os filhos, ela vê nisto uma aventura arrasadora e infernal. Mas ela pode permitir que eles sejam mais autossuficientes: que eles próprios passem o filtro solar, carreguem suas toalhas, levem seus próprios livros, brinquedos e músicas, de forma que ela não precise ser o empacotador, o carregador e o provedor de diversões.

Tracy precisa criar uma lista de pequenas tarefas e sentar com cada um para discutirem sobre isso. Se eles são os responsáveis pelo cachorro naquele dia e o cachorro faz xixi no chão, eles têm de limpar. Se forem os lavadores de pratos do dia, serão também responsáveis por carregar os pratos e colocar na máquina, depois do jantar. Podem até ajudar a dobrar a roupa lavada ou selecionar as meias. Pode ser divertido e também um momento de bate-papo, dependendo de como é mostrado e executado. Talvez cada tarefa mereça um prêmio. Uma hora extra de videogame para as crianças ou alguma coisa pela qual venham atormentando a mãe. É uma oportunidade de explicar que ela não é a empregada e que o serviço é tão valioso quanto o do pai.

"Quando eles me dizem 'Bem, papai é que ganha dinheiro, você não trabalha', fico furiosa e digo: 'Escuta aqui, tenho diploma de curso superior e escolhi ficar em casa. Para ficar com vocês. Isso é um trabalho. E é o tipo de trabalho que eu *quero* fazer, estar aqui com vocês, mas vocês podem começar a ajudar, porque nós somos uma família e auxiliamos um ao outro.' Nunca percebi como me sentia subvalorizada. Há dias em que mereço a medalha de mãe perfeita."

Catherine dizia a Tracy: Só você pode realmente ajudar a si própria nessa situação, sentindo-se segura com suas escolhas, apreciando as coisas que faz bem e trabalhando nas coisas que não faz, e desfrutando das duas o máximo possível. É bom ter o reconhecimento das outras pessoas, mas você tem de sentir isso no seu íntimo e admitir que é feliz com o que tem e faz... e não esperar pelo reconhecimento dos outros para se orgulhar. Primeiro de tudo, isso talvez não venha (e você pode ficar deprimida esperando pelos elogios), e, segundo, quando vier, você pode estar tão ressentida que nem mesmo o aprecie.

A melhor recompensa é ser boa consigo mesma e cuidar de si própria, e Tracy ainda não descobriu como fazer isto. Agora que está a ponto de desabar, ela precisa descobrir: "Os outros acham que tudo é fácil para mim; do que tenho a me queixar? Você quer revidar: 'Fiquei na piscina o dia todo com as crianças, fazendo tudo para elas, e não aguento mais!' Percebo, então, que a maioria das pessoas adoraria ficar na piscina o dia inteiro. Parece ótimo, mas foi muito difícil. Agora, sempre que estou a ponto de estourar, digo aos meus filhos: 'Estou jogando a toalha.' E eles sabem exatamente o que quero dizer e me ajudam ou me dão um descanso ou carregam suas mochilas até o carro.

"E quando eles conseguem ser bons assim, percebo que não estão *no* caminho para eu ter um bom dia, eles *são* o caminho. Foi assim que Tracy, finalmente, achou sua pérola. Chegou até a bordar uma almofada com seu ditado favorito: "Eles não estão no caminho, eles são o caminho." Talvez às vezes seja difícil, mas ela sabe que, no fim, vale a pena e que eles gostam dela. Eles nem sempre dizem isso. Ela tem de lembrar de se gostar e de *cuidar* de si mesma. Ela é a única pessoa que realmente pode fazer isso. Então, está na hora de ela fazer – por ela e por sua família. Dê valor a si própria e os outros irão valorizá-la também.

COZINHAR É COMO SEXO PARA MIM.
É ALGO ESPECIAL

"Sei que posso agradar as pessoas cozinhando para elas, e não cozinho para qualquer um, porque é uma coisa minha, minha arte, meu talento. Para mim, isso é mais íntimo do que sexo. Se eu cozinho para você, é, realmente, algo muito, muito especial. Ao fazer isso, sinto que estou me dedicando totalmente a você. É como se a comida fosse a minha identidade pessoal. Se cozinho para você, é melhor você gostar disso. E de mim!"

– Tess, 28 anos; Ann Arbor, Michigan

Tess, uma estudante graduada em história, com foco na história de comidas de diferentes culturas, tem consciência de que usa a cozinha para ganhar amor e aprovação. Mas sempre foi assim, desde quando morava com a sua família. Embora saiba que é um pouco estranho, não pode, realmente, entender como isso interfere nos seus relacionamentos. Isto posto, ela está bem ciente de breves casos de amor que nunca chegam a lugar nenhum.

Tess se descreve como uma monógama serial que está no início de um novo relacionamento e não quer estragar tudo desta vez. "Mas eu ainda não o convidei para jantar. Estranho como possa parecer, eu devia provavelmente dormir com um cara antes de cozinhar para ele. Qualquer um pode fazer sexo, mas só eu posso fazer ossobuco da minha maneira muito especial. Sempre posso dizer quando estou realmente me apaixonando. Tenho essas doces fantasias de fazer compras para alimentar o cara. Há uma nítida mudança quando meus sentimentos começam a se aprofundar."

Catherine observa que o lado negativo do caso de amor de Tess com a comida (e homens) se revela quando o receptor das suas criações não aprecia seus esforços. "Eles não precisam raspar os pratos", diz Tess, "mas conto com a aprovação deles. Me sinto meio rejeitada ou insultada se a pessoa para quem estou cozinhando não gosta da comida. Eu preferiria não me sentir assim, mas sempre fui uma pessoa que gosta de agradar os outros, e gosto da atenção especial que recebo por ter preparado um prato surpreendente. Estou recebendo a sua aprovação, o seu amor."

Até mesmo Tess sabe que a sua equação "comida igual a aprovação" não é realmente sobre comida. Substitua a comida por qualquer coisa que você faça que tenha um componente de desempenho (e prêmio) e você obterá os mesmos resultados. Você fica radiante durante dias depois de seus colegas garantirem que você escreve as melhores propostas de negócios. Talvez você toque piano e a principal razão de gostar de fazer isso seja o feedback, quando você toca para os outros. Poderia ser fazer arranjos de flores, assar bolinhos ou até jogar tênis – a atenção que isso desperta sobre você vicia. E quando você não a obtém, é o mesmo que um viciado sem a droga. Isso significa que está lidando com problemas relacionados à vaidade, autoestima e confirmação.

Tess usa a comida como uma forma de sinalização, observa Catherine, pois ela é ávida por aprovação e afirmação, de cuja falta se ressente desde garota. Os pais eram ambos acadêmicos excessivamente críticos, que faziam com que ela achasse que nunca era suficientemente boa. Mas a sua comida sempre recebia elogios de amigos, namorados e dos outros, e ela podia até ouvir os "Oooh" e "Aaah" dos seus pais durante os jantares especiais. Era a única hora em que eles sempre a elogiavam de coração. Agora, ela procura a mesma espécie de amor nos seus relacionamentos.

Uma vez que Tess perceba que está utilizando os padrões da sua juventude, conseguirá parar de representar para os outros e começar a aproveitar a culinária pelo que é – um ato criativo pessoal. Entretanto, ela sente dificuldade em pedir aos outros que cuidem dela da maneira como ela cuida deles. É quase impossível ter uma refeição que seja só sobre a comida, pura e simplesmente. É quando ela poderia dizer a si mesma: "Adoro cozinhar, mas, de vez em quando, outra pessoa pode cozinhar para mim."

Tess precisa ter, primeiro, amor-próprio e só depois servir os outros, não mais porque precisa alimentar a própria carência, mas porque isto lhe dá prazer. Deixe que sua cozinha seja o lugar onde a comida é guardada, preparada e servida, não a sala do trono onde você é a rainha e seus súditos beijam seu anel... e o seu bolo de canela.

A IRRITAÇÃO DE SÁBADO

"A maioria de nós, em nossa casa, espera com ansiedade pelos fins de semana. No sábado de manhã, acordamos e, devido à minha grande expectativa, o dia já está lotado. Entro em pânico com tudo que temos de fazer: assistir ao jogo de futebol, ir ao shopping, cortar o cabelo. Há, ainda, todas aquelas coisas que queremos fazer ali na casa – cuidar do jardim, lavar a roupa, recados para dar – tudo que protelei durante a semana. E planejei, também, as atividades domésticas uma após outra – vamos nos reunir com tal família para o *brunch* e com aquela outra para o jantar. Então, começo a importunar todo mundo já no café da manhã e estrago o dia, a começar pelo jogo. Eles me veem chegando e fogem."

– Sharon, 35 anos; Princeton, Nova Jersey

O sábado devia ser o dia mais feliz para Sharon, mas, ao contrário, é o pior. Ela quer poder aproveitar um dia livre com o marido e seus três filhos. Em vez disso, acorda tensa, com muita coisa para fazer e sem muito tempo para conseguir fazer tudo. Essa perfeita tempestade de expectativas *versus* realidade leva ao que ela chama de "irritação de sábado".

Sharon percebe que está mantendo a si e a sua família sob padrões não realistas. "Tenho a ideia fixa de que devo ser perfeita. Alimento a fantasia de ter um lar *à la* Martha Stewart, mas, realmente, detesto cozinhar e detesto, detesto mesmo, fazer a faxina. Mas ainda corro de um lado para outro, tentando ter um lar perfeito, tentando ainda ser a anfitriã perfeita.

"Tento me convencer a parar com isso, dizendo: 'O que poderia acontecer de pior?' O que aconteceria se um dos meus amigos chegasse e a minha casa estivesse uma bagunça e eu não tivesse nada para servir? Realmente, isso seria tão horrível? Nenhum dos meus amigos tampouco tem uma casa arrumada ou comida para me oferecer, e não os julgo. Então, não sei por que me sinto assim. Estou constantemente tentando afastar o caos da área.

"Ou planejo minuciosamente e me irrito se as coisas não correm exatamente de acordo com os planos, ou tento bancar a desligada e deixo ao meu marido, William, aquela incumbência. Mas, então, começo a criticar tudo o que ele faz e ele acaba ficando maluco também. Isto é um grande problema entre nós.

"William e eu tentamos aceitar o fato de que, quando você tem três filhos pequenos, há sempre um deles aprontando alguma. Mas quando isso realmente acontece, ficamos com raiva, desarmados e frustrados, embora saibamos que isso vai acontecer em cada fim de semana.

"Meu marido e eu frequentemente dizemos um para o outro: 'Eu preciso de um descanso.' Mas já compreendi que *ninguém* tem descanso. Nós dois estamos realmente ocupados com o trabalho. Nós dois estamos realmente ocupados com as crianças."

As crises semanais de fim de semana de Sharon finalmente explodiram depois do término da temporada de softbol da filha. William estava encarregado da festa do time, mas Sharon não se satisfez – em vez de deixar que ele encomendasse as pizzas, ela decorou todo o quintal, colocou flores na mesa de piquenique, fez docinhos e salada de frutas para os pais. Enquanto fazia tudo isso, mandou William arrumar a sala de jogos no sótão. "Ninguém vai lá!", disse ele, e ela gritou, exasperada: "Mas podem ir, então faça isso!"

É uma situação complicada, porque, mesmo se a sala de jogos ficasse limpa e os petiscos assados, os convidados chegariam e veriam Sharon e William gritando um com o outro. Se isso acontece, o "momento embaraçoso" de Sharon não acabaria com a pizza, seria uma luta marcial arrasadora que manteria o time das mães fofocando durante meses.

Catherine perguntaria: "Em que quarto você está, Sharon?" A sua mãe poderia ter sido uma Martha Stewart – porque ela não trabalhava fora. Essa é uma diferença-chave, já que Sharon trabalha três dias na semana em Philly, numa galeria de arte. Ela lembra que, quando estava crescendo, havia sempre na cozinha saudáveis bolinhos feitos em casa, e ela quer isto para os seus filhos também, mas a que custo? Ela, claramente, não pode conseguir que cada momento seja igual àquelas cenas perfeitas que ela fantasia e lembra (imprecisamente) da sua infância.

Sharon sabe que espera muito de si mesma e de sua família, mas isto não lhe serve de ajuda. Da próxima vez que encontra com a mãe, ela diz: "Mamãe, não sei como você fazia!" Sua mãe sorri e diz: "Querida, 'isso' é fruto da sua imaginação."
"Sua criação foi longe de ser perfeita", mamãe diz. "Seu pai e eu brigávamos o tempo todo, principalmente porque eu achava que ele bebia demais. Uma vez, numa festa, joguei um prato de *hors d'oeuvres* nele. Você teve uma infância feliz, mas não foi nada excepcional. Nós não éramos perfeitos. Ninguém é."

Essa informação causou uma mudança na vida de Sharon, que agora tenta lembrar que o seu instantâneo mental da infância não é o mesmo que a sua mãe vê. Catherine diz que esse é um caso clássico de lembrança encobridora que confunde, já que a sua imagem da infância nunca é exata. Sharon está olhando um álbum de recordações, vendo apenas os momentos idílicos das festas executadas com perfeição e a sua mãe com vestidos do tipo dos de Jackie Kennedy, mas o que ela não percebe é que isso apenas parecia assim enquanto a foto estava sendo tirada. Antes, o cachorro molhado estava correndo por ali, sacudindo água da piscina em toda a comida, e, depois que a foto foi tirada, os homens beberam demais e deixaram a carne queimar. Mas a alegria era verdadeira e o que mais importa não é uma sala de jogos limpa, mas um casal unido, então Sharon e William devem concordar que o caos vai prevalecer e aceitar isso. Seus padrões e expectativas têm de diminuir.

Sharon precisa lembrar que não é um/ou... é ambos/e. A vida raramente é perfeita... ou um desastre. É uma mistura – você pode se divertir na festa do seu time de softbol, mesmo que o cachorro roube uma pizza e saia arrastando-a pelo jardim, que seus bolinhos estejam queimados, sua filha mais nova derrame ketchup no novo vestido branco e a sala de jogos esteja com cheiro de mofo. O ambos/e também se aplica à infância de Sharon – houve altos (ela só tem boas lembranças de seu pai) e baixos (aqueles *hors d'oeuvres* voadores).

Voltemos, então, à mesa da cozinha com Sharon e William. Eles sentam e conversam. Ela conta a ele sobre suas lembranças (imperfeitas) da infância e o seu novo entendimento, e eles comentam que, pelo menos durante a festa de softbol, ela não atirou nada nele! Eles concordam que mal podem esperar por um fim de semana bom e relaxante. No próximo sábado. Eis como pensar sobre a conduta de fim de semana: caos pode ser divertido, se você acompanha o fluxo. Pare de controlar, comece a se conectar.

TIRE O SEU ARQUIVO DA MINHA GARAGEM

"Moro sozinha e gosto que seja assim. Eu como à hora que quero, durmo quando quero e não lavo a roupa de mais ninguém a não ser a minha. Meu namorado recentemente trouxe algumas coisas dele para a minha casa e agora me sinto um pouco sufocada. Por que todos acham que eu quero uma companhia em tempo integral?"

– Lorraine, 59 anos; Phoenix, Arizona

Lorraine é uma mulher de 59 anos e trabalha como secretária de um consultório médico. Ela está solteira há quatro anos, desde seu divórcio. Os dois filhos adultos são casados e ambos moram em cidades vizinhas.

Ela diz que esses últimos quatro anos têm sido os mais felizes de sua vida, e admite tranquilamente que ficou casada por longo tempo. "Talvez 15 anos longos demais. Mas os filhos eram jovens e eu me sentia financeiramente dependente, então fiz o melhor que pude. E agora que vivo sozinha, percebo que sou feliz e que não estou minimamente interessada em voltar a ser a esposa de alguém."

Rememorando, ela diz que o divórcio foi litigioso, mas que está feliz por ter acabado. "Se eu soubesse que me sentiria assim, teria feito há mais tempo." Mas o melhor para ela foi que seus filhos ficaram do seu lado o tempo todo. "Sou uma conciliadora e uma zeladora, e o mais importante para mim era que meus filhos e o meu então marido vivessem com conforto e bem cuidados. Como me sentia não era tão importante. Quando estava casada, eu não ficava deprimida, mas agora sei que tampouco era feliz."

Em algum instante do casamento, ela finalmente percebeu que o marido era alcoólatra e que ela era complacente. Os casais podem sobreviver a isso, claro, mas, para Lorraine, o maior problema era a posição secundária a que ficara relegada em sua vida. Só depois que os filhos terminaram o colégio e foram para a faculdade é que ela decidiu finalmente se divorciar. No começo, assumir uma nova vida como mulher mais velha e solteira não foi fácil, e ela se sentiu sozinha. Mas, uma vez tendo "limpado a casa" (literalmente, neste caso, jogando todas as coisas do seu ex no lixo), começou a se sentir melhor. Ela começou uma agradável rotina: ioga bem cedo, trabalho e voltas na piscina do ginásio três dias por semana, depois do trabalho. "Era tão estranho, no início, não ter de sair correndo para casa e fazer o jantar do meu marido. Comecei a cozinhar e a me alimentar de maneira bem variada agora que estou sozinha, e perdi cinco quilos."

Há um ano, Lorraine encontrou um homem inteligente e amável que, diferente de seu ex-marido, não gosta de beber. "Eu me senti realmente feliz de ter encontrado um homem tão maravilhoso nesta fase da minha vida, mas parte de mim lamenta a perda de liberdade. Quero dizer, ele não pede que eu faça o jantar, mas na semana passada precisou de um lugar para colocar seu arquivo – seu filho mora com ele e está tocando um pequeno negócio de casa – e isto "magicamente" apareceu na minha garagem! Ele não perguntou, explicitamente, e eu também não disse não, explicitamente. Não quero ferir seus sentimentos, mas não quero que ele more comigo. Então, o dilema é: e se eu bater o pé e estragar um ótimo relacionamento?

A situação entra em crise quando o namorado convida dois amigos para jantar na casa de Lorraine e, de súbito, ela se sente de volta a um casamento – preparando um grande jantar e lavando tudo depois –, o que não é absolutamente o que deseja! Ela sabe que tem de se controlar e dizer: "Aquele arquivo precisa sair da garagem. Eu te amo, mas não estou interessada em viver junto. Sinto que recuperei a minha vida e você é muito importante, mas não estou pronta para ser a 'mulher' outra vez."

Catherine explica que Lorraine finalmente encontrou alguma liberdade e sua própria voz, e agora teme perder isto pouco a pouco. Embora ela não perceba, seu padrão inconsciente, durante toda a vida, foi ser uma conciliadora, uma mediadora, uma salvadora. Trata todo mundo com deferência: os filhos, o ex e, agora, o namorado. Mas ela está começando a perceber que ganhou essa nova independência, e não quer desistir disso. No início, ela se acha egoísta, mas, então, percebe que não é. Por haver deixado de ter essa conversa sobre o arquivo anteriormente, é forçada agora a ter uma conversa mais dolorosa. Ela jamais gostou de ser confrontadora, mas se esforça para mudar. Trazendo o arquivo e convidando amigos para o jantar, o namorado de Lorraine infringiu seu espaço e sua liberdade. Ela está claramente florescendo ao viver sozinha. Toda a sua casa é agora o seu "décimo cômodo", onde ela pode pensar, criar, respirar. Finalmente, tem um espaço que pode chamar de seu.

Agora que Lorraine achou seu próprio espaço, deve estar disposta a protegê-lo até mesmo de alguém que a ame. "Prometi a mim mesma, depois do último casamento, que não deixaria que as minhas próprias necessidades fossem ignoradas de novo. É como se eu acordasse de um longo sono e pensasse: *Fique alerta, é importante estar no comando da sua vida.* Quero que meus filhos tenham orgulho de mim e me vejam como a pessoa que sou hoje, não aquela covarde que aturou tudo aquilo, durante anos, com o pai deles."

Lorraine disse ao namorado que ele tinha de levar embora as suas tralhas. "Se isso significa que você quer mudar, então adeus", disse ela. Ele ficou perplexo, não era um bom negócio. Tirou suas coisas, mas não brigou com ela.

Lorraine aprendeu que não é um/ou, é ambos/e, o que significa que ela pode ter seu espaço *e* o seu namorado. Ele pode vir jantar e ir embora. Ele pode dormir e não guardar suas coisas na casa dela. Ela não precisa dar a ele uma chave, nem sequer uma gaveta. E se ele reclamar, ótimo. O conflito faz parte de um relacionamento saudável. A pérola: Ser autêntica consigo mesma não significa que você perderá a outra pessoa. Mas, caso se deixe levar, talvez você perca a si própria.

TÍNHAMOS AQUELAS PANQUECAS MARAVILHOSAS DAS MANHÃS DE SÁBADO, QUANDO EU ERA CRIANÇA

"Espero que a cozinha seja um lugar de muitas lembranças felizes para a minha família. Sei que parece banal, mas a cozinha era o lugar mais feliz da minha casa, quando eu era criança. Qualquer problema que havia – contas vencidas ou uma notícia ruim – parecia desaparecer após uma reunião da família na cozinha."

– Rebecca, 31 anos; Atlanta, Geórgia

Rebecca diz que seu pai gostava de preparar sofisticadas refeições e de envolver todos os filhos na sua elaboração.

"Ele pedia a um de nós, geralmente a mim, para ficar junto à pia limpando as hortaliças, a minha irmã do meio ficava junto à bancada cortando-as em fatias e em cubos e o nosso irmão mais moço, geralmente, ficava incumbido das medidas e das misturas. Éramos como uma máquina bem azeitada." A mãe de Rebecca não gostava de cozinhar, mas fazia as compras e a limpeza, de forma que todos exerciam um papel.

Rebecca tem agora a sua própria família – um marido e duas meninas, de três e cinco anos. Ela fica orgulhosa de poder contar que as filhas gostam de peneirar a farinha e lavar os morangos, enquanto sua mãe faz as panquecas nas manhãs de sábado. "Quando estamos de pijama e as meninas estão comigo na cozinha preparando o café da manhã, sinto aquele sentimento gostoso de que tudo está bem."

Chuck, seu marido, fica impressionado ao ver como Rebecca é boa cozinheira (ele mal sabe usar um abridor de latas), mas reparou que ela parece mais feliz quando está na cozinha com as meninas. Ele se pergunta: O que aconteceu à esposa tão atenciosa, aquela que costumava cozinhar para ele? Até mesmo Rebecca reparou nessa mudança em seu relacionamento. "Gosto tanto de estar com as crianças que talvez não esteja dando ao meu marido a atenção devida." Ela entende a queixa de Chuck, mas confessa que não se sente mais tão conectada a ele quanto no início do casamento. Na verdade, ela está um pouco aborrecida porque Chuck não consegue "achar um papel" na cozinha e desfrutar da sua família ali.

O que está acontecendo aqui? Catherine observaria que Chuck se sente negligenciado, porque Rebecca desviou a sua intimidade para as meninas. Ela se identifica com seu pai e desfruta a proximidade com as filhas. Chuck, porém, foi esquecido. Embora uma conversa séria possa acontecer na mesa da cozinha, isto não pode se dar enquanto a mesa estiver coberta com farinha, açúcar, ovos e crianças. Chuck e Rebecca devem voltar à mesa quando ela estiver vazia e as crianças, na cama. Eles podem trazer lembranças à tona e ouvir um ao outro.

Ela quer recriar a segurança e o feliz círculo familiar que seu pai formou, e Chuck almeja os agrados que sua mãe costumava lhe fazer com refeições, elogios e abraços. Ele também quer dizer a ela: "Só porque você tem filhas, não esqueça seu marido."

Rebecca sabe que, às vezes, fica muito concentrada nas filhas e que precisa dar um pouco mais de atenção ao marido. Eles podem fazer esse trabalho, mas somente se ambos concordarem que precisam um do outro e conseguir harmonizar isso. Talvez ela cozinhe só para ele, uma vez por semana, um jantar à luz de velas depois que as meninas forem dormir. Rebecca pode concordar em dar a ele mais atenção, mas talvez não nas manhãs de fim de semana, quando sua atenção está focada nas meninas. Ela adorava aqueles momentos de união familiar da sua infância e queria que ele entendesse o seu desejo de recriá-los. Mas ele não sabe cozinhar, nem gosta de ficar na cozinha, por isso ela não pode forçar a construção de laços que, para ele, mais parecem escravidão. Chuck pode passar o tempo brincando de futebol com as crianças. O objetivo é conectar e não necessariamente cozinhar.

Catherine diz que Rebecca está "recordando", que precisa parar de tentar reviver cenas da sua infância e, em vez disso, criar novas tradições. O processo-chave aqui é ela se perguntar: O que estou tentando alcançar, forçando as manhãs das panquecas? Estou conseguindo imitar uma intimidade familiar ou estou me enganando? Ela quer se conectar, mas está muito ocupada controlando e tentando criar uma cena feliz. Ela precisa estar consciente de que suas lembranças encobridoras não são partilhadas por todos. Na verdade, elas estão dificultando que seu marido se sinta incluído. Ele não gosta de ficar na cozinha, então não devia insistir para que ele fique ali! A qualquer hora que encontre uma grande resistência de um membro da família, você deve se perguntar: O que estou tentando fazer? E se for conectar, talvez você precise encontrar uma nova maneira de fazer isso. Uma vez que Chuck e Rebecca limpem o quarto de dormir (ao qual ela não está dando atenção suficiente) e o porão (onde as lembranças da infância estão ditando o seu comportamento), eles poderão se reunir novamente na cozinha aos domingos de manhã e ela talvez possa mostrar a Chuck como se quebra um ovo. Ou rir juntos, porque a filha de três anos frita panquecas melhor do que o pai. A pérola aqui é: Agora é agora! Aproveite esse momento, mesmo que seja com farinha e torradas queimadas. Rebecca pode não ter as perfeitas manhãs com panquecas que tinha quando criança, mas pode criar novas lembranças com as quais suas filhas, no futuro, irão torturar as próprias famílias.

POR QUE ELE NÃO ESCUTA?

"Nós nos encontramos no fim do dia e conversamos sobre qualquer coisa, mas, na maior parte do tempo, é como se eu estivesse conversando comigo mesma. Às vezes, tenho vontade de sacudir meu namorado e gritar pra ele: 'Você está escutando? Pode me dar atenção?' Eu o amo, mas talvez tenha de deixá-lo. Ele não está ali comigo da maneira que eu acho que deveria. Da maneira que eu mereço."

– Marianne, 27 anos; Portland, Oregon

Marianne é professora de ensino médio numa escola pública e sabe que nem sempre histórias sobre adolescentes vão interessar a seu namorado. Mas se sente como a professora de Charlie Brown, cuja voz é traduzida assim: *"Mwa mwaw, mwa mwaw!"*, porque o namorado revira os olhos, ou, pior, interrompe-a ou simplesmente começa a manusear o BlackBerry, enquanto ela está lhe contando uma história.

"O problema é que ele devia se importar com o que acontece comigo durante o dia, mas ele não se mostra assim. Meu pai costumava nos ouvir na hora do jantar e nunca nos era permitido interromper um ao outro, do contrário seríamos punidos. Ele era um cara estilo antigo e esperava de nós um comportamento perfeito, mesmo sendo crianças. Então, se você queria falar, esperava a sua vez e respeitava quem estava falando."

Quando Marianne começou a namorar Brian, logo reparou (e ficou frustrada) que, quando lhe contava alguma coisa que julgava importante, ele não a seguia com perguntas e comentários pertinentes. Certa vez, ela foi interrompida por um garçom e, quando acabaram de fazer o pedido, Brian não perguntou "O que você estava dizendo?". Ela ficou perplexa.

"É como se ele ouvisse, mas não escutasse. Ou como se não *quisesse* falar comigo sobre aquele assunto, principalmente porque se tratava de uma coisa bastante séria. Ele ficou calado e, então, mudou de assunto. Foi horrível para mim. Eu me senti ignorada. Embora Brian tenha começado a dizer que me amava, eu sabia que algo estava errado, pois ele nem ao menos podia acompanhar uma conversa que era importante para mim. Ele realmente não me *conhecia*."

Quando Marianne tentou falar com Brian sobre isso, ele ficou espantado. Sempre se considerara um bom ouvinte. Foi aí que ela soube, realmente, que havia um problema. "Considero esses tipos de conversa a essência de um relacionamento", diz ela. "É desnecessário dizer que não acho que esta relação vá durar muito."

Catherine diz que Marianne está certa; relação tem este nome porque se supõe que haja um relacionamento. Mas há uma grande pista na história dela, que é o fato de Brian evitar assuntos graves, porque, como Catherine acredita, ele se sente desconfortável com isto, não sabe como lidar com a situação e acaba por se sentir desamparado. No entanto, a resposta de Marianne aos seus sinais (ele muda de assunto ou apenas se abstrai) é continuar falando e instar que ele ouça. Mas isso a torna uma chata.

Diz ela: "Só estou tentando compartilhar os detalhes do meu dia com você! Mas você nunca quer ouvir as minhas histórias." Brian parece não entender, mas ela não pode mudar isto instando que a ouça, e está somente fazendo com que ele se afaste dela. O resultado: eles não são capazes de trocar uma conversa significativa.

Todos chegam a um relacionamento vindo de lugares diferentes; assim, quando Marianne percebe que não está encontrando o que necessita (depois que tem certeza de que se fez entender), ela tem uma escolha: ou aceita Brian, limitações e tudo o mais, ou sai e procura alguém que queira ouvir o que ela tem a dizer. Na equação do relacionamento, onde A + B = C, A (Marianne) decidiu que B (Brian) nunca será o homem para ela. Ela quer C (afetuoso e conversador). Sua pérola: Antes que possa construir uma relação, você primeiro tem de se relacionar.

Mas, antes que Marianne entre em uma outra relação séria, ela deve analisar bem a conveniência de levar os problemas de seus alunos para um jantar à luz de velas. Ou, nesse caso, os seus próprios dramas. Ela tem de se fiscalizar para não bancar a matraca cheia de informações. Marianne também precisa aceitar a ideia de que talvez não seja possível reviver aquela mesa de jantar comportada da sua juventude. Por falar nisso, se você ainda não percebeu até agora, nós estamos na sala de estar de Marianne e no porão, já que ela ainda é a filhinha do papai e o papai nunca a interrompeu e sempre achou suas histórias fascinantes!

Esperamos que na próxima vez em que ela estiver em um encontro e o garçom interromper a sua história para anotar o pedido, ela saiba que encontrou um cara atencioso, quando ele disser: "Então, o que você estava dizendo?"

A pérola é lembrar de se relacionar e não simplesmente relatar.

ALMA GÊMEA OU AJUDANTE?

"Sou sua esposa ou sua empregada? Quero dizer, adoro cozinhar, mas parece que a única razão para ele estar casado comigo é que sou a cozinheira, a faxineira, a encarregada das compras e, sim, a parceira sexual também. (Recuso-me a usar a palavra *escrava*, mas pensei nisso!) Para ser honesta, sinto como se ele tivesse se casado com 'a ajudante' – eu. O que faço agora?"

– Gina, 32 anos; Tampa, Flórida

O novo marido de Gina, Tom, adora comer, e ela adora cozinhar. Parece uma combinação dos sonhos – e, geralmente, é. "Ele telefona do escritório para ver o que estou planejando para o jantar", diz Gina, "e embora isto, às vezes, pareça agradável, pode se tornar irritante, já que é a única razão por que ele liga. Seria ótimo se, ocasionalmente, ele ligasse para saber como está o meu dia ou o que há de novo. Sei que ele me ama, mas, às vezes, me sinto uma empregada contratada." Quando Gina se queixa com Tom sobre isso, ele fica desconcertado. Acha que está fazendo um grande elogio a ela. "Eu te amo e amo o que você cozinha", diz ele. "Isso me faz sentir tão bem cuidado, como se eu estivesse de volta à cozinha da minha mãe." Isso é muito excitante para Gina, pois ela gosta da sogra, mas não quer ficar na posição de se sentir como se Tom estivesse fazendo sexo com uma versão jovem da mãe.

Além disso, Gina quer ser amada por outros motivos além da sua culinária. "Sei que estou sendo radical quando digo isto, mas Tom é obcecado por comida – e pela mãe! Às vezes, não estou com vontade de cozinhar ou quero que ele faça o jantar, e ele parece desapontado. Não gosto de ver sua cara rabugenta, mas também sinto que estou querendo levar vantagem. Não é essa a dinâmica que estou procurando ter com o meu marido."

A comida é apenas um dos seus atritos que é aparente, já que nem mesmo falam sobre todas as outras tarefas domésticas que ele espera dela: levar suas camisas para a lavanderia, abastecer o carro, chamar o técnico da TV etc. É uma longa lista, e a única coisa nela que se aproxima de um tom amoroso é "O que vai ter para o jantar?".

Catherine diria que Gina precisa entender que é ela que está promovendo essa dinâmica – a carência e a escravidão – e, para perceber por que faz isso, Catherine pediria a ela para dar um tempo do fogão e caminhar pela casa emocional. A primeira parada é na sala de estar, onde os sogros estão alimentando em seu marido a ideia de que uma esposa deve ser uma perfeita companheira e ajudante.

Gina vem de uma longa linha de amantes da comida italiana que sempre se orgulharam de ser grandes cozinheiros, e se lembra de sua avó ensinando-lhe a fazer refeições deliciosas e, depois, ouvindo os elogios que o avô despejava sobre ela durante toda a refeição. Era como se a comida fosse uma maneira de agradar os homens, assim todas as mulheres da sua família aprenderam a preparar refeições deliciosas.

Essas lembranças são fortes, e uma de suas fotos favoritas é a de vinte pessoas de quatro gerações da família dela sentadas em volta da mesa de jantar da sua infância. Isso faz com que ela lembre que uma grande refeição é a parte central de uma família. Ela pensa em seu pai, sempre tratando sua mãe com gentileza, sempre a elogiando pela comida que preparava. Da mesma maneira que ela é agora tratada por Tom.

Gina precisa sentar à mesa da cozinha com Tom – mas não diante de um prato de massa, e extravasar seus sentimentos, explicando-lhe que, quando ele fala só sobre a comida, ela se sente menos como sua noiva e mais como a mãe dele.

O processo-chave aqui é "muito de uma coisa boa é uma coisa ruim" – ela pode gostar da tradição de pôr uma grande refeição na mesa, mas não precisa fazer isso todas as noites. Talvez, uma noite, ele faça o jantar ou saiam para comer fora. Mas ela deve expressar os seus sentimentos, antes que fique farta e atire um vidro de molho de tomate nele.

Tom fica chocado quando ela começa a conversa, e diz que não sabia que ela se sentia tão aborrecida sobre isso. Para ele, era ela que sempre iniciava a conversa, praticamente toda manhã, assim: "O que você gostaria de comer hoje à noite? Tenho de saber antes de sair para fazer as compras." Então, ele achava que estava dando atenção a ela quando ligava à tarde e procurava conferir como ela estava indo. Isso significava ser amoroso, não mandão, ele explica. Gina fica aliviada, mas também um pouco nervosa, por ser considerada menos do que uma esposa perfeita. Diz ela: "Não conte para a sua mãe. Ela pensará que sou preguiçosa ou que não sou boa o suficiente para você." Mas, compreendendo que trouxe essa dinâmica para o seu casamento tão certo quanto trouxe o livro de receitas para dentro de casa, ela pode pôr o livro de lado por uma noite e escolher um cardápio de pratos para pronta-entrega.

Catherine acrescenta que, uma vez expressados seus sentimentos, você tem de manter as palavras e convicções. Não volte atrás por força do hábito, mas respeite seus limites e continue com suas resoluções. É fácil voltar aos padrões antigos, mas sua frustração apressará o retorno, de modo que você tem de estar pronta para se sentir um pouco desconfortável até estabelecer a nova rotina.

Sua pérola: Você não é a sua mãe. Seja autêntica, verdadeira consigo mesma.

UMA CRIANÇA DE SESSENTA ANOS

"Já criei meus filhos e, agora, meu marido é como um outro filho, completamente dependente de mim. Quero dizer a ele para ser independente e quero viajar, ver meus netos, começar a fazer coisas novas e interessantes. Ele só está interessado em andar pela casa de chinelos e, honestamente, se o deixo sozinho por mais de 48 horas, não saberá se arranjar com a sua próxima refeição. Estou tão cansada disso que mal posso respirar."

– Sandy, 60 anos; New Haven, Connecticut

Sandy é diretora aposentada de uma escola e agora leciona inglês para estrangeiros numa faculdade pública. Ela adora seu trabalho e é muito ocupada dirigindo uma organização fundada por ela que orienta crianças da cidade em idade escolar. Sempre assumiu inteira responsabilidade pelos negócios domésticos, pois seu marido, Glenn, tem uma firma de construção em que passa a maior parte do tempo. Quando Glenn está em casa, fica assistindo à TV, lendo jornais e perguntando a Sandy onde deixou os óculos.

Ele não sabe preparar o próprio prato e Sandy não pode sequer pedir-lhe que vá à loja para comprar temperos de salada ou tomates maduros, porque sabe que ele vai trazer as coisas erradas. É uma incapacidade instruída e Sandy sabe que tem uma parcela de culpa nisso. "Glenn é um ótimo marido, pai e agora avô, mas ele não faz – e nunca fez – muita coisa em casa." Isso sempre irritou Sandy, e agora Glenn está ficando inquieto também, porque Sandy não para mais em casa desde que se tornou a babá dos netos. Agora Glenn está ficando melindrado.

"É como se ele estivesse competindo com nossos netos, exigindo meu tempo e atenção. Talvez eu tenha sido muito tolerante como uma esposa tradicional. Mas nós dois temos boa saúde e, querendo Deus, uma porção de anos à nossa frente, então vamos ter de fazer algumas mudanças para que o nosso casamento sobreviva."

Catherine sugeriria que, embora a principal queixa de Sandy seja a de que ele é muito dependente dela, ela permitiu que isso acontecesse. Agora quer mudar essa dinâmica, mas talvez tenha de visitar os outros cômodos, já que esse padrão começou quando ela era criança, que adorava ser útil. Sua principal relação ao crescer foi com sua mãe e era marcada por uma dependência excessiva, pois a mãe era carente e autoritária, e a maneira que Sandy encontrou para lidar com isto foi obedecer para acalmar a tensão e manter a paz.

Mas Sandy está também tendo problemas porque, embora com sessenta anos, se sente jovem, forte e saudável. Glenn está se tornando lento, mais apegado aos seus velhos hábitos e feliz por permanecer em casa o tempo todo. Se fosse por ele, só sairia de casa para jogar golfe.

A vontade de Sandy é sair para ver aquelas duas "pessoinhas" que são seus netos, e sente que está perdendo seus anos mais importantes. "Quero que eles me conheçam e confiem em mim." Explica que Glenn é o amor da sua vida e o seu parceiro eterno... mas ela quer um parceiro equivalente. Um adulto que possa tomar conta de si mesmo. Ela precisa levá-lo até a cozinha e ter uma conversa para saber se ele prefere uma pilha de menus de encomenda ou um freezer cheio de comida pronta. Ou ele pode marcar alguns encontros para jantar com amigos no clube, porque se ela é livre para sair e se divertir, ele também é.

Catherine diz que Sandy tem de reconhecer que está permitindo a dependência de Glenn, já que há quarenta anos ela tem se realizado sendo necessária a ele. O processo-chave aqui é "muito de uma coisa boa é uma coisa ruim", já que ela ensinou a ele uma forma de incapacidade instruída. Ela foi conivente ao perpetuar a ideia de que ele não podia fazer nada para si mesmo na casa.

Nós acrescentaríamos esta pérola: Se você quer que seu esposo pare de agir como um bebê, pare de cuidar dele.

SOU FANÁTICA POR LIMPEZA – E TENHO ORGULHO DISSO!

"Estou levando a minha família à loucura – lavo e guardo as caçarolas e panelas antes mesmo de sentarmos para jantar. Mas, então, é claro que a comida já está fria. Não espero que eles deixem a casa brilhando como eu gostaria – meus padrões são altos –, mas será muito pedir que não deixem os quartos como um chiqueiro?"

– Brenda, 41 anos; St. Louis, Missouri

Brenda é recrutadora de executivos e nunca teve menos do que um A na escola. Ela saiu do emprego depois que o segundo filho nasceu, há dez anos, e gasta um tempo extraordinário em encontros sociais, se divertindo e, sim, claro, limpando a casa. Ela nem se incomoda que suas amigas a chamem de uma fanática por limpeza. "Não acho que seja algo de que me envergonhe. O que há de errado em ter a minha casa bonita? Parte disso é porque não moramos em uma mansão, e pequenos espaços ficam facilmente bagunçados."

A outra parte, ela admite, é que a limpeza dá a ela uma tranquilizadora ilusão de que controla o seu mundo. "Eu limpo antes de fazer qualquer coisa. Não sei ler um livro ou um jornal se tudo em volta estiver uma bagunça. Isso significa que, às vezes, termina o dia e percebo que não fiz nada além de trabalhos domésticos e, então, fico ressentida porque meu marido chega em casa e não me ajuda."

Ela tenta relaxar um pouco, mas não é fácil. "Me tornei, sem dúvida, mais descontraída, mas sou uma daquelas pessoas superagitadas e qualquer coisa que faça leva a minha marca. Quando trabalhava, eu era uma maníaca feroz. Agora que não tenho mais de sair, assumi totalmente o controle da casa." Ela também controla todo mundo que mora ali e está levando a família à loucura.

Bill, o marido de Brenda, nunca se preocupou com limpeza. Ele entra em casa, coloca o casaco no encosto de uma cadeira na sala de estar e espalha o jornal no estofado amarelo do sofá, enquanto lê as notícias. "Já pedi para ele pendurar o casaco e não deixar o jornal no sofá. Mas parece que ele não consegue se lembrar disso. Ele diz que trabalha muito o dia inteiro e não quer continuar 'trabalhando' quando chega em casa. Basicamente, o que está dizendo é que não quer ajudar! Não estou pedindo que limpe o banheiro, ou mesmo os pratos, mas apenas que pendure o raio do casaco!" Certa noite, tiveram uma briga maior do que a usual sobre uma conta atrasada, e ela fez uma referência sarcástica sobre a gigantesca pilha de correspondências na mesa dele. "Ele me disse que sua mesa era zona proibida e, então, gritou: 'Não sou seu empregado!' E dormiu no sofá da sala naquela noite."

Catherine diz que Brenda trata sua família como se fosse a equipe que costumava empregar, e eles estão a ponto de pedir as contas! Ela dá nota para tudo – a aparência da casa, como as crianças se comportam, sua aparência e como o marido está indo no emprego. Do ponto de vista de Brenda, a sua família não está fazendo o básico. Mas eles não parecem se importar e isto a incomoda ainda mais. Às vezes, seu marido faz uma bagunça ou deixa as crianças assistirem à TV em vez de estudar, e ela acha que essa é a maneira dele sabotar os seus cuidados maternais e a sua filosofia sobre como cuidar de uma casa.

Catherine diz que esses dois devem ter grandes problemas que foram varridos para debaixo do tapete da sala. Eles precisam sentar à mesa da cozinha e conversar. Brenda precisa compreender que está excessivamente comprometida com a aparência da sua casa, porque esta representa o seu ego. Ela precisa "abandonar" seu sistema de pontuação e perceber que os membros de sua família não são extensão dela. É ali que o problema realmente está – no banheiro. Brenda é uma narcisista, já que vê qualquer um que estiver na sua esfera de atuação como um reflexo dela própria. Mas a verdade é que ela é responsável apenas por si mesma.

Ela fica tão ocupada mantendo tudo em ordem que não desfruta a cama desarrumada ou a bagunça criativa, que é parte do desenvolvimento de crianças num mundo atarefado. Assim, a pergunta é: uma vez que ela se reúna à mesa da cozinha com o marido, o que é aceitável? Ela pode sugerir que eles arrumem tudo na noite de domingo e, pelo menos, se encontrem organizados quando a semana de trabalho começar? Ou é justo pedir às crianças que façam suas camas e mantenham os quartos relativamente em ordem na maior parte do tempo? Uma meia fora do lugar significaria um D.

Brenda precisa se expressar direta e respeitosamente e "pedir", e não exigir que as coisas fiquem um pouco melhor. Não se usa "querendo ou não, tem de ser assim" quando se está lidando com marido e filhos. Para se fazer entender e demonstrar o que está sentindo, ela não precisa agir como uma domadora. Não é "Arrume a sua bagunça!", mas "Eu gostaria que você guardasse suas coisas".

Brenda e Bill tiveram essa conversa à mesa da cozinha, que a ajudou a perceber que, para mudar o resultado, ela primeiro precisava mudar a si própria, como em A + B = C. Ela pode se dizer: *isto é uma crise/deficiência, não um curso de pós-graduação em limpeza.*

Superdotada ou não, ela não está conseguindo o resultado desejado, que é ter um lar feliz. "Prometi a Bill que tentaria deixar de ser maníaca por limpeza e pararia de resmungar, e ele propôs guardar suas roupas." Então, agora, quando a bagunça acontece, ela tenta respirar fundo e dizer a si mesma que sempre poderá arrumar tudo no dia seguinte ou mais tarde, à noite, quando todos estiverem dormindo.

MINHA LISTA DO QUE FAZER NUNCA TERMINA

"A minha lista diária do que tenho de fazer é tão longa que eu nunca dou conta. Quando estou chegando ao fim, acrescento mais coisas. Na verdade, temo estar criando trabalho para mim apenas para não ter de sentar calmamente e pensar nos problemas maiores, como: Eu sou feliz? e O que estou fazendo? É como se, estando ocupada, eu fosse obrigada a ser feliz. Fico deprimida quando o dia termina e não consegui cumprir toda a minha lista de obrigações."

– Pauline, 36 anos; New Rochelle, Nova York

"Esse pequeno pedaço de papel é um pontapé na minha bunda, todos os dias. Nunca tenho vontade de ir dormir porque o trabalho não está concluído. E acordo e penso: Meu Deus, tenho tantas coisas para fazer! Sei que o dia correrá bem se eu conseguir marcar seis em oito tarefas, mas, às vezes, não chego nem à metade. E até ponho na minha lista algumas coisas que já foram feitas, para que assim elas possam ser riscadas. Isso cheira a trapaça, mas gosto da visão de uma lista parcialmente liquidada."

Quando se pergunta que tipo de coisas está na sua lista, Pauline responde: "Qualquer coisa e tudo o que acho que tenho de fazer ou quero fazer. Coisas como: escrever aquele artigo que tenho em mente, ler os jornais, malhar, cozinhar para o abrigo, coisas para a casa, pequenas compras, como uma luminária antiga que achei no mercado das pulgas, ir até a escola ou a biblioteca a fim de ler para crianças por uma hora, fazer um jantar especial para o meu marido etc. etc. etc."

Ela parece animada enquanto lê a lista, seus olhos brilham com a ideia excitante de fazer tudo. "Tento montar uma combinação de coisas grandes, coisas pequenas, planos a longo prazo e coisas a curto prazo, bobagens fáceis de ser executadas. Então, se não faço alguma coisa, me sinto desajustada."

Mas, embora possa adiar a malhação ou o eletricista, ela não pode adiar o artigo de 2.500 palavras para o jornal, e certamente não pode cozinhar toda noite, ir à escola para ajudar e arranjar tempo para a malhação. A mistura de coisas grandes e pequenas talvez faça com que se sinta importante e ocupada, mas é também parte do que está fazendo com que fracasse, e ela precisa reconhecer que está mantendo um padrão de exibição e insuficiência.

E uma coisa está faltando em sua lista: pausa para respirar. Sem tempo de reflexão, você é um hamster numa roda, indo a lugar nenhum. Você nunca evolui.

E como um hamster que está sempre em movimento, dar voltas e mais voltas só pelo prazer de se movimentar é um fim em si mesmo. Há alguma coisa calmante no movimento que, exatamente como ocorre com ela, proporciona um sentimento artificial de realização.

Catherine diz que Pauline está apresentando sinais de "defesa maníaca". É uma forma de se mover constantemente, que a impede de encarar os problemas maiores. Mantendo-se em movimento, você não saberá o que realmente a está incomodando. Você se sente produtiva e pode enganar a si mesma, pensando que se sentirá ainda melhor se tiver mais coisas para fazer. Mas a verdade é o oposto. Tendo mais tempo para pensar, o que foi feito seria mais significativo.

Catherine aconselharia Pauline a ir para um lugar calmo, um espaço particular, onde pudesse descobrir do que está fugindo. Está feliz no casamento? A carreira de escritora está emperrada? Pauline não está gostando nem um pouco das atividades que tem de executar para dar conta da sua lista de afazeres, e Catherine acha que é porque ela tenta fazer tudo, mas sem sentir um propósito maior em nada daquilo. Para isso é que o Décimo Cômodo serve: pensar e decidir o que é importante para você. Estabelecer suas prioridades, descobrir suas paixões e propósitos.

Pauline nunca tem um momento de calma e, assim, não se permite considerar o que poderia descobrir, caso se desse um tempo. Se ela perguntasse a si mesma sobre as questões mais importantes, talvez percebesse que precisa fazer algumas grandes mudanças. Mas pior que achar as respostas é nunca fazer as perguntas.

A pérola: Tire um tempo para você. Respire fundo.

Eis aqui, portanto, uma questão para ser pensada na cozinha: você pode não amar cada incumbência a desempenhar, fraldas a trocar ou lava-louças a esvaziar. Mas, se você se perguntar *Por que isto é importante para mim?*, pode agregar um significado àquilo que é rotineiro. O oposto é verdadeiro quando você precisa passar por cima dos brinquedos e sair de casa, sabendo que quando voltar eles ainda estarão lá. Às vezes é preciso ignorar a bagunça para ver o quadro maior. Estar presente e satisfeita é o objetivo, não perfeição.

13

O quarto das crianças

Onde tudo que você faz está errado

Ande pelo corredor até o seu quarto e você passará pelo segundo quarto, também conhecido como o quarto das crianças. O cenário perfeito para ele é o de um lindo quarto, a luz do sol jorrando, com uma criança de oito anos, de banho-recém tomado, lendo tranquilamente na cama, rodeada de animais de pelúcia. Perto dali, um cavalete mostra o quadro que ela estava pintando.

Esse anjo joga futebol, mas também dança balé, adora música e matemática; ela não é a "boazinha", mas uma líder natural entre seus colegas. Ela tem características que a distinguem como uma pessoa estimulante e criativa. Ama seus pais e seu pequeno irmão, e é cortês com todos que encontra. E sempre faz a cama sem ser mandada.

Agora, de volta à realidade: o quarto é escuro, porque as janelas estão cobertas com pôsteres do filme *High School Musical*, há um biscoito meio comido embaixo da cama e meias de futebol fedorentas jogadas perto da escrivaninha. O anjo, esparramado no chão, está tão perto do computador que parece mover o cursor com o nariz. Ela não levanta os olhos quando você entra no quarto e não parece fazer nada do que você pede, pelo menos da primeira vez. Ou da terceira vez. Tudo é difícil com ela, mas você a ama mais que a própria vida e ela ama você, embora nem sempre pareça que é assim. Principalmente quando ela grita "Eu te odeio!".

O quarto mais bagunçado da casa

Todos sabemos que não há um cômodo mais complicado para uma mãe do que o quarto das crianças, onde você vai constantemente e quase sempre se culpa por várias razões. (*Não está passando bastante tempo com as crianças? Marcado. Não está sendo paciente com elas?*

Marcado outra vez.) E mesmo quando você consegue deixar tudo limpo e arrumado no quarto emocional das crianças, há sempre uma outra desordem aparecendo dentro de uma hora. E isso é que é o certo, porque, se não está tendo problemas aqui, você provavelmente não está tendo uma relação real e engajada com seus filhos. Aqui, a bagunça faz parte da vida.

Uma pergunta-chave para o quarto das crianças: de qual perspectiva você está vendo isso – da sua ou da de seus filhos? Talvez você esteja fazendo um bom trabalho, mesmo quando seu filho está gritando e tendo um acesso de mau humor. Mas se a criança está feliz e você infeliz, então aí há um problema. Para os pais, a incerteza ou frustração é uma ocorrência diária. Mas não deveria ser o quê? O tormento da mamãe.

Assim, no quarto da criança, você tem de descobrir o que dá certo, tanto para você quanto para ela. Como o dr. Spock disse certa vez: uma mãe feliz é um filho feliz. Não é sinal de egoísmo tentar ser uma mãe satisfeita. Há motivos sérios para se sentir culpada, como negligenciar ou abusar de seu filho, mas, fora isto, a maioria de nós faz o melhor que pode, e Catherine lembra a todas nós que ser uma "mãe suficientemente boa" é realmente melhor para você e seus filhos do que tentar ser uma mãe perfeita. "Uma mãe suficientemente boa" significa ser afinada com seu filho, mas sempre deixando a eles espaço para crescer, de acordo com D. W. Winnicott, que cunhou a frase. "Ser menos que perfeita pode acabar se tornando melhor para os dois."

Essa lição é difícil de ser apreendida até mesmo pelos profissionais que trabalham na área da saúde mental. Catherine descreve um momento típico, quando ela e a filha mais moça, Phoebe, se enfrentam por questões de obediência. Quando Phoebe está cansada e é tarde, e ela só quer saber de cair na cama, as brigas são o clássico "mãos nos quadris" e se atirar no chão. Não é bonito, e certamente não é algo que se espera encontrar na casa de uma psicóloga. Mas, acredite ou não, Phoebe, uma menina de sete anos, madura como ela é, pode também ficar furiosa, ranger os dentes e dizer: "Mamãe, estou tão zangada com você agora que eu podia gritar. Mas você sabe que eu ainda a amo." Mesmo uma criança evoluída pode entender que a briga faz parte de um amor recíproco.

Eu? Uma frase favorita é: "O oposto de amor não é ódio. O oposto de amor é indiferença." Eu digo isso ao meu filho adolescente a todo instante. Então, quando dou o toque de recolher para Julian e ele não gosta e diz: "Os outros meninos da minha idade não têm toque de recolher", agora já se tornou tão familiar que basta que eu diga "O oposto de amor...", e ele diz "Eu sei, eu sei, indiferença". E, então, ele sorri, e começamos a negociar. "Meia-noite?", pergunta ele. "Onze", replico, e, então, em uníssono, nós dizemos: "Onze e meia!" "Feito!"
Não há problema em brigar, o que importa é *como* brigar. O conflito é parte do amor. Na verdade, você nunca vai parar de ter conflitos com seus filhos, e isso é uma coisa boa. Você cometerá erros, talvez todos os erros do livro. Você perderá a calma e levantará a voz. E eles também. Mas, por tudo isso, sua tarefa é continuar amando-os. E ter certeza de que eles sabem disso.

SEMPRE QUE MINHA FILHA SE PORTA MAL,
ISSO ACABA SE REFLETINDO EM MIM

"Sempre que a minha filha é má com outra criança, fico decepcionada. Ela é quase sempre uma criança maravilhosa, mas nessas raras ocasiões em que ela diz alguma coisa ruim, fico louca e não consigo deixar passar. E sempre penso que, de certa forma, a culpa é minha por ela agir assim."

– Emily, 33 anos; Houston, Texas

Recentemente, num jogo de beisebol, Grace, a filha de Emily, voltou-se para uma menina menor do próprio time e disse que ela era uma péssima rebatedora. Emily não assistia ao jogo com muita atenção porque estava conversando com amigos e olhando seus dois outros filhos. Mas Mark, seu marido, e o treinador, que é um amigo e psicólogo de crianças, ambos conversaram com Grace e resolveram a questão. Quando, mais tarde, Mark contou para Emily o que havia acontecido, terminou dizendo: "Já passou. Nós cuidamos disso."

"Ele sabia que eu não seria capaz de deixar isso assim", diz Emily. "Tenho a tendência de reagir nessas situações. Fiz, então, o possível para me conter. Fui direto até Grace depois do jogo e disse, calmamente: 'Eu soube o que aconteceu; pode me dizer por que fez isso?' Ela me disse que sentia muito, que 'aquilo havia escapado de sua boca'. Quase lhe perguntei se ela tinha a síndrome de Tourette, mas fiquei calada.

"Na vez seguinte em que ela fez algo de que não gostei, percebi que ainda estava furiosa com ela e gritei: 'Não pense que esqueci aquela coisa chata que você disse para Kristin!' Não estava orgulhosa por isso. Sabia que Mark havia resolvido aquele incidente, mas eu sofrera não me envolvendo. Acho que tenho a mania de querer controlar tudo."

Em que quarto Emily está? E está no quarto errado? Claro que a resposta é sim. Isso não é um problema de repreensão, já que Emily sabia que Grace fora repreendida corretamente na hora, não apenas pelo seu pai, mas também pelo treinador.

Catherine sugere que Emily volte atrás e se pergunte por que está tão enraivecida. Geralmente, quando a frustração não é totalmente manifestada (ou trabalhada), ela pode vir a explodir sobre alguma coisa que não mereça uma resposta violenta. Freud chama isso de "o retorno do recalcado" e, nos círculos de autoajuda, é a lição "histérico é histórico": sempre que há histeria – qualquer reação exagerada –, ela provavelmente está enraizada no passado. As reações exageradas de Emily são baseadas em sua recente (e não expressada) raiva com a filha, assim como em uma experiência de sua própria infância.

"Ver Grace ser grosseira com uma amiga é como se eu estivesse me vendo. Eu já dizia coisas assim quando era criança e estava no fundamental. Havia uma menina na minha classe, Rachel. Lembro dela como se fosse ontem. Zombei dela por não ser capaz de ler, enquanto eu podia. Lembro até do seu último nome e, recentemente, acessei o Google para ver o que acontecera com ela, e não encontrei nada. Ela se foi. É como se estivesse morta. Nem mesmo o Google pôde encontrá-la."

Parece que Emily acha que arruinou a vida dessa pobre menina. Embora Rachel provavelmente esteja muito bem e nem se lembre do incidente, Emily carrega o seu fantasma; assim, ela não foi embora. Está presente no lar de Emily, uma intrusa do seu passado culposo.

Catherine diz que Emily, evidentemente, está precisando lidar com os sentimentos despertados nela pelo comentário de Grace e trabalhar com eles – com seu marido ou com ela mesma, ou numa boa conversa, durante um jantar da família, sobre as gracinhas maldosas que algumas meninas fazem umas contra as outras na escola. Em todo caso, reprimir seus sentimentos é, certamente, um tiro pela culatra. Grace tem culpa, mas agora ela está zangada com Emily, e as duas não se falam. O quarto de criança está uma bagunça, devido a problemas em outras partes da casa, tais como no porão de Emily e na sala de estar, onde o seu marido lhe disse para não dizer nada.

Emily tem de entender que ela não é a sua filha e vice-versa. Agora, ela é a mãe. A tendência narcisista é sempre achar que nossos filhos são uma extensão ou réplica (em miniatura) de nós mesmos, principalmente se eles parecem ou agem como nós quando éramos crianças. Mas isso é um desserviço para eles, observa Catherine, porque precisam de pais que não projetem sua bagagem sobre eles. Guarde seus problemas para si mesma e tenha certeza de que os problemas deles são legitimamente deles próprios (eles terão alguns, confie em nós), e a melhor maneira de lidar com isso é perguntar a si mesma: De quem é esse problema? É meu? É dela? Estou confundindo? Se for dela, estou agindo corretamente? Ou há alguma coisa da minha infância poluindo essa situação? Você tem de olhar para si mesma honestamente e refletir se você está sendo a mãe ou tentando "acertar" os erros do *seu* passado. Se as suas lembranças encobridoras estão prejudicando sua habilidade materna, você precisa fazer um trabalho no porão e guardar essas lembranças nas caixas próprias, de uma vez por todas. Lembre-se de que olhar para trás é uma boa maneira de trombar com uma parede. Também, não é tudo sobre você. Dessa vez, é sobre sua filha e os erros dela.

A pérola: Aqui, no quarto da criança, você tem de ser a mãe. Você já foi a criança.

MEUS FILHOS AMAM A BABÁ MAIS DO QUE A MIM!

"Meu coração dói quando meus filhos chamam o nome de Jasmine, no meio da noite, em vez do meu. Ou mesmo quando eles dizem preferir o macarrão com queijo que ela faz, em vez do meu. Isso me mata."

– Shawn, 35 anos; Summit, Nova Jersey

Como mãe de duas crianças (uma de quatro e outra de seis anos) que trabalha o dia inteiro em um banco, Shawn está preocupada porque, ficando a maior parte dos dias da semana fora de casa, seus filhos gostam mais da babá do que dela. "Quando estávamos entrevistando as babás, pensei ter achado a pessoa perfeita – Jasmine, que trabalhou para a mesma família por dez anos, mas não pôde continuar quando eles se mudaram para outro estado. Falei demoradamente com a mãe dessa família – arrasada por perder Jasmine –, que me disse que ela havia sido uma bênção para todos."

No início, Shawn e os filhos adoraram Jasmine, como também todos os demais, dos avós e professores até os vizinhos. "Mas, então, comecei a sentir que Jasmine era a grande interina e eu, a mãe ausente. Procure me entender, gosto muito do meu trabalho e nós precisamos do dinheiro, mas odeio me sentir dessa maneira.

"Jasmine não faz nada que seja acintoso, mas, às vezes, acho que ela abusa um pouco do seu prestígio com as crianças. Depois de um longo fim de semana, eu a ouvi dizer: 'O que sua mãe fez para vocês? Ela alimentou vocês neste fim de semana? Vocês parecem tão magrinhos!' Sei que falou em tom de brincadeira, mas isso acaba comigo. Jasmine sabe que gosto de ser a única a dar a refeição das crianças, e se descubro que elas comeram biscoitos durante o dia, fico ridiculamente aborrecida. E, agora, até isso se voltou contra mim, porque, quando passo pela porta depois de um longo dia de trabalho, eles correm para mim a implorar por doces. Então, eu me repreendo e penso: *Eles me amam, afinal? Ou sou apenas a mãe dos doces?*

"Por outro lado, Shawn sabe que Jasmine compreende os seus sentimentos e muitas vezes a protege para que não se magoe. Ela me conta a história dos primeiros passos da sua filha mais velha: "Um dia, Jasmine ligou para mim no trabalho e contou que Anna estava quase começando a andar. E quando cheguei em casa naquela noite, ela fez Anna me mostrar os primeiros passos, cambaleando em direção a mim assim que abri a porta. Fiquei emocionada. Veja. Não sou uma idiota – sei que Anna deu os primeiros passos mais cedo naquele dia, mas Jasmine sabe como me sentiria se perdesse algo tão importante como isto. Tão vulgar quanto possa parecer, Jasmine escondeu a primeira vez que Anna foi ao banheiro e usou o vaso com sucesso. Ela sabia que Anna ia querer me mostrar... e foi um grande momento."

Shawn está dividida porque sabe que Jasmine está fazendo um bom trabalho, mas não pode deixar de se sentir ameaçada; conhece alguém que despediu a babá quando as crianças ficaram muito "agarradas" a ela. Diz Shawn: "Não vou tão longe, mas quero parar de me preocupar com o quanto Jasmine é boa e com o quanto eu sou desagradável."

Catherine observa que Shawn está com sentimentos complexos de concorrência, ciúme e que é comum culpa vir misturada com competição e gratidão. Se você decide arranjar um emprego ou trabalha porque precisa, pode ser complicado emocionalmente ter de empregar alguém para tomar conta da família. Isso, muitas vezes, levanta perguntas como *Eu sou uma boa mãe? Por que meus filhos se comportam melhor com ela do que comigo? Eles dormem, comem e tomam banho tão facilmente com ela, mas é uma luta quando insisto para que façam estas obrigações diárias.*

Catherine lembra que isso não é uma situação um/ou – as crianças podem adorar a babá *e* amar a mãe. Shawn tem de lembrar que mais de duas pessoas (ela e o marido) podem amar e ser amadas pelos seus filhos. O amor não é limitado, e ter uma "terceira parente" responsável, carinhosa e adorada é uma dádiva de Deus. "Sei que Jasmine me possibilita ter meu emprego fora de casa. E aprecio, realmente, que ela faça as crianças me ligarem quando estou no trabalho para contar coisas importantes do dia delas, ou mesmo só para dizer alô para a sua mamãe."

A coisa mais importante para Shawn é aprender a lidar com a ambivalência ou conflito interno, que talvez tenha de trabalhar, em vez de estar com seus filhos em todos os momentos. Se ela não conseguir, talvez despeje esse sentimento sobre a babá (ou sobre outros), aborrecendo-se por faltas sem importância. É responsabilidade de Shawn fazer as pazes com a presente situação (ou mudar o que puder), em vez de se sentir culpada e aborrecer a babá simplesmente por ela ser boa no que faz.

As crianças percebem esses traços de conflitos, ou seja, que você não quer trabalhar, mas é obrigada, ou que você não tem de trabalhar, mas quer. De qualquer maneira, ser honesta sobre seus sentimentos é mais saudável e prepara o caminho para que todos sejam mais felizes. A chave é para que você se sinta confortável com as suas decisões e saiba qual é o seu conflito. Talvez se sinta inquieta com toda a situação (a babá é uma mãe melhor), quando de fato é apenas um detalhe (faço meus filhos gostarem de mim com doces) que precisa de ajuste. Shawn pensa: *Se eu não lhes der doces, eles não vão me amar!* Ela pode estancar o fluxo de doces e eles podem ficar irritados, mas irão superar isso.

Mesmo que você esteja brigando com seus filhos, diga a si mesma que isso é porque eles sabem que você tem de amá-los, seja como for. Esse é o dilema da mãe: eles se sentem próximos dela o suficiente para agir da pior maneira, o que é seguro para eles e torturante para a mãe, que pensa: *Só temos essas horas preciosas juntos, e estamos brigando!*

A chave é não culpar a babá ou a si mesma. A vida não é um curso de avaliação tipo aprovado/reprovado, em que você tem de se graduar a cada dia com uma nota A+. Catherine diria que isso nos remete à ideia formulada por Winnicott da "mãe dedicada", que dá o melhor de si, mas não transforma isto numa dependência absoluta. Pense em todas as coisas que você faz com seus filhos e para eles, e não nas horas em que vocês estão separados.

Muitas mães se preocupam: *Meus filhos não saberão que eu sou a mãe verdadeira!* Você pode explicar aos seus filhos que por amá-los tanto é que procura ajuda para que sejam felizes, e os ama da mesma forma, quando está e quando não está com eles. É o amor, não as horas, que importa. Muitas mulheres trabalham em dois empregos, têm de sair de casa bem cedo e só chegam em casa tarde da noite, mas seus filhos, apesar disso, sentem o vínculo materno.

É, pois, assim que Shawn precisa pensar no seu problema: o conflito não é problema, mas não passe isso para seus filhos. Se você está ressentida com a babá, pode estar desviando sua frustração sobre o equilíbrio trabalho/lar para a babá (ou seu esposo, sua mãe ou quem quer que esteja olhando seus filhos durante o tempo em que você não pode ficar com eles). O desvio, explica Catherine, pode se dar em inúmeras direções. Descubra por que você está perturbada e lide com a origem desta emoção. Passe, então, pela porta da frente e seja a melhor mãe que puder, enquanto estiver com eles. A pérola: Seus filhos sabem que você os ama, mesmo quando você não está com eles.

SOU A MÃE "APRESSADA"

"A minha mãe parecia a mãe perfeita. Estava sempre ocupada, levando as crianças para a escola, fazendo biscoitos e servindo um bom jantar todas as noites. Isso era ótimo para meu irmão e para mim, mas nunca conseguimos saber se ela gostava realmente de fazer todas aquelas coisas. Com frequência, procurávamos imaginar o que se passava na sua cabeça e atrás do seu sorriso. Era uma pessoa afável e sempre sinto que nunca serei tão paciente quanto ela era. Tenho medo de que meus filhos só se lembrem de mim gritando para eles 'Depressa!'"

– Kara, 32 anos; Chicago, Illinois

Pouco depois de seu filho Jack completar dois anos, Kara, uma talentosa mulher de negócios, percebeu, para seu horror, que estava dirigindo sua vida como um sargento durão sem o apito. "Quando fiquei grávida, empreguei uma pessoa para ajudar na agência que eu inaugurara. Eu queria ter um bebê, e precisava colocá-lo em primeiro lugar e a minha firma em segundo."

Foi só quando Kara gritou com Jack por estar perdendo tempo com uma minhoca morta, no caminho para o parque, que a ficha caiu. "Por que eu estava furiosa com Jack por ele ser um curioso, adorável e lento menino de dois anos? Tínhamos saído para ir ao parque, mas Jack não se importava se estava a caminho ou se já havia chegado lá. Ele estava fascinado por um bicho esmagado na calçada. Eu era a única a se importar que não estivéssemos chegando ao nosso destino. Me ocorreu que aquela não era a primeira vez que eu ficava zangada com o pobre Jack por causa da *minha própria* frustração. Elaine, amiga de Kara, solidarizou-se com ela à noite, ao telefone. "Elaine entendeu tudo. Ela é uma escritora e confessou que constantemente fica tentada a levar – e às vezes leva – manuscritos para o parque, quando vai com a filha até lá. Aqui estamos tentando ser boas mães e, em vez disso, estamos sendo mães distraídas, com a atenção dividida. Não é isso que quero ser para o meu filho. Não, obrigada."

Kara cresceu em uma casa como a do filme *Foi sem querer*. "Minha mãe, claramente, se dedicou a ser uma grande mãe. Tinha todo o tempo do mundo para nós. Mamãe era imperturbável, nunca ficava zangada quando passávamos muito tempo no quintal ou tirávamos nossas roupas engomadas de domingo antes que servisse o jantar. Às vezes, penso que tinha uma vida dupla ou alguma outra parte dela própria que nós nunca percebemos, em que expressava sua verdadeira personalidade, seus sentimentos íntimos. Mas é possível que tenha sido só para ela. Agora, fico pensando: *Como podia ser só isto?* Ela era a Srta. Simpatia todo santo dia. Era como se as luzes estivessem acesas, mas não houvesse ninguém na casa."

Kara, agora, também sabe que sua mãe não era feliz e o casamento sofria com isso. Kara viu o mundo de sua mãe ficar menor depois que ela e o irmão saíram para a universidade e, agora, seus pais têm uma aposentadoria bem tradicional, em que jogam bridge, golfe, vão a concertos e parecem não trocar mais do que umas poucas palavras no jantar. Quando pergunta à mãe sobre aqueles dias, ela responde: "Foi isso que fizemos. Era o que era esperado e eu me divertia. Tinha ótimas amigas. Eu era feliz."

Kara sempre jurou que teria uma vida cheia quando crescesse. "Via minha mãe ser Sally Stepford, e pensava: *Ufa... eu não*. Eu quero tudo: a independência financeira com o trabalho, sem falar na parte criativa do meu cérebro funcionando a todo vapor, e mais, quero ter filhos e um marido. Outras mulheres já quiseram isso tudo. Por que não posso? E, então, alguma coisa acontece e eu explodo sem razão e penso que talvez não possa ser a trabalhadora perfeita, a esposa perfeita, a mãe perfeita e não perder a cabeça, de vez em quando."

Catherine tem uma consideração a fazer para Kara: Quando você pensa em ir ao parque com sua filha, não se trata apenas de *estar* lá, diz respeito também a uma excursão. A simples frase "Vamos ao parque" envolve desafios logísticos que não são diferentes dos de planejar uma viagem à Europa. Há a preparação (arrumar o lanche e escolher as roupas) e, então, o transporte (O carrinho duplo? Ela quer levar o triciclo!) e escolher o trajeto (Pelos caminhos mais curtos ou pelas ruas mais longas e bonitas?), e tudo isso pode levar mais tempo e negociação do que os minutos passados no parque. Todos esses momentos representam preciosas transações entre você e seus filhos.

Essas interações aparentemente mundanas são os verdadeiros cuidados maternais, que não se limitam a chegar ao parque e olhar seu filho no balanço. As pequenas coisas antes e depois são, frequentemente, mais importantes do que o destino. Ir a um jogo de futebol? A viagem de carro até lá e a volta oferecem muito mais oportunidades de se conectar do que as longas horas de jogo. Saindo de férias? É possível que você se lembre das esperas no aeroporto e das conversas durante o voo muito depois que o hotel ou os passeios forem lembranças apagadas.

Nesse caso, como em quase todos os outros momentos das nossas vidas, o que interessa é a viagem, não o destino. A pérola: Torne-se menos ativa para aproveitar este momento.

E o próximo.

GOSTARIA DE PODER ABSORVER TODAS AS MÁGOAS DA MINHA FILHA

"Minha filha está magoada porque uma amiga não a convidou para uma festa noturna na casa dela e todas as suas outras amigas estão indo. Eu queria ligar para essa menina e dizer-lhe poucas e boas. Nunca faria isso e a minha filha me mataria se eu sequer mencionasse essa vontade, mas fico frustrada por causa dela. Se eu pudesse, absorveria todas as mágoas que ela sente e sofreria no lugar dela. Mas eu não posso!"

– Julie, 40 anos; Rye, Nova York

Julie é uma dona de casa que trabalhou com publicidade. Ela era fantástica nisso, ganhando prêmios e subindo até o nível de vice-presidente do planejamento de mídia. Julie é também uma mãe maravilhosa, se envolvendo com as filhas, o marido e os afazeres domésticos. "Acho isso muito gratificante e não me arrependo de ter deixado de trabalhar fora para trabalhar dentro de casa. Não trocaria isso por nada."

Julie se preocupa porque as filhas estão crescendo e os problemas vão ficar maiores. "Você sabe aquele velho ditado 'Filhos pequenos, problemas pequenos. Filhos grandes, problemas grandes'? Bem, agora que as minhas filhas estão com dez e 12 anos e acabaram de subir na montanha-russa da adolescência, tenho tido muito trabalho. Quando vejo uma das minhas filhas aborrecida ou se sentindo infeliz e não posso ajudar, parece que sou mais afetada do que elas. Fico deprimida."

As duas filhas vão bem na escola, mas Sophie, a mais velha, tem alguns problemas sociais. "Tenho vontade de ligar para essa menina da festa, fazer uma preleção sobre a importância de ser agregadora e atenciosa e, quando estiver realmente descontrolada, gritar com ela! É claro que não vou fazer nada disso."

Catherine diz que os impulsos de Julie provêm de uma posição amorosa, mas ela está indo na direção errada. Como a maioria dos pais, Julie quer o melhor para as filhas. Mas ela não pode *ser* as suas filhas. Ela só pode ajudar a fim de que adquiram as ferramentas de que precisam para navegar na vida. Às vezes, ajudar uma criança a perceber que ela pode sobreviver a um grande desapontamento pode ser uma maravilhosa experiência de crescimento.

Não há surpresa: Julie está no quarto errado, já que não pode viver no quarto das filhas. É possível que, vivenciando o quarto das filhas como o seu próprio, ela aumente o desapontamento da filha sobre a "falta" daquele convite para a festa. Ela precisa ser a mãe, e isso a levará à sala de estar, onde pode ser um adulto influente, em vez de representante da filha.

Primeiro passo para Julie? Sair de si mesma, porque tudo que está fazendo agora é em função de si mesma. Ela não pode regredir ao oitavo ano (aquele álbum de lembranças do porão que todos tememos) e voltar a lutar uma batalha que já perdeu. Mas, como mãe, pode dirigir a experiência de Sophie, tirando disso o melhor proveito.

Julie deve pensar como um adulto sábio, não como uma criança magoada. Ela deve ser uma ilha de calma e segurança contra as tempestades que a filha enfrentará na escola (e na vida). Precisa ver a decepção daquela festa como uma contrariedade menor e não um obstáculo social maior na vida da sua filha. Pode até explicar à filha: "Lembre como isso magoa, porque, da próxima vez que você pensar em deixar alguém de fora, isso ajudará a tomar a decisão certa."

Julie precisa se abrir, acrescenta Catherine, ouvindo e deixando sua filha expressar suas emoções, não as incutindo nela, que é o que você faz quando tenta resolver um problema porque se sente magoada também. Ela precisa apenas prestar atenção e admitir como pode ser difícil, mas, então, não ficar insistindo nisso. Talvez possam formular outros planos, assistir a um filme ou fazer alguma coisa divertida.

Se você fica muito identificada com o drama do cenário social pré-adolescente, acabará permitindo que esta mentalidade se estenda à sua casa. A pérola: A vida em casa deve ser um abrigo contra as tempestades emocionais que se alastram lá fora, nos corredores da escola secundária. Seja a mãe, já que sua infância terminou. Comporte-se como adulta.

ÀS VEZES, QUERO ME DIVORCIAR DOS MEUS FILHOS

"Quando meus filhos recusam o jantar que levei 45 minutos preparando para eles, dizendo que isso ou aquilo é horrível, fico furiosa.

Depois, ficam aborrecidos porque, se tento ajudá-los no dever de casa, não ensino matemática da mesma maneira que seus professores. Eles gritam, e fico incrivelmente frustrada. Nos piores momentos, juro que a ideia de me divorciar deles passa pela minha cabeça. É constrangedor, mas é verdade! Os filhos dos outros são tão perfeitos, tão educados, e os meus são simplesmente horrorosos. O que eu fiz de errado?"

– Samantha, 40 anos; Chicago, Illinois

Samantha, uma gerente alta e loura de uma grande empresa, diz que, embora ame seus filhos – um menino e uma menina, nove e 11 anos –, há momentos, quando está lidando com eles, que se tornam insuportáveis e ela tem vontade de gritar. "Eu nunca, nunca faria nada para magoar meus filhos. Nós não acreditamos em pancadas, e meu marido e eu fazemos o possível para nem mesmo gritar ou agir punitivamente. Mas confesso que, após um dia particularmente difícil no trabalho, não consigo lidar com os meus filhos me atormentando assim que chego em casa: *Por que não posso ter um celular? Por que ele pode ter isso e eu não? Isso não é justo, mamãe! Você está arruinando a minha vida!*"

Samantha queria que eles a recebessem como o seu cachorro. "As crianças não querem saber se eu tive um dia difícil. Elas não me veem há oito horas e têm muito para contar. Matt, meu marido, geralmente chega em casa mais tarde, então tenho de fazer tudo, desde cozinhar a limpar e verificar o dever de casa. E sempre parece terminar em briga. Fico tão aborrecida que vou passear com o cachorro. E a pior parte, vejo os outros pais conversando tranquilamente com os filhos, rindo, e penso: Por que meus filhos não podem ser assim?"

Catherine assegura a Samantha que todas as mães já tiveram esse tipo de sentimentos nos tempos difíceis. Parte do problema é que ela precisa dizer o que quer, como, por exemplo, um cumprimento agradável quando chega, em vez de ser bombardeada com uma ladainha de reclamações. Em vez de deixar o dia ruim transformar-se numa noite ruim, ela pode gastar algum tempo do jantar e do dever de casa com eles, sabendo que, depois que eles forem para cama, ela terá seu próprio tempo para pôr os pés para cima e assistir a seu programa favorito, tomar um banho ou ler um livro.

Ela pode estar no quarto certo, o quarto das crianças, mas Samantha sempre quis ser uma espécie de mãe melhor do que sua mãe desequilibrada, que era alcoólatra; às vezes, Samantha a encontrava desacordada no sofá, sem uma comida na casa. "Minha mãe jamais esteve realmente presente para nós, e, como tivemos que nos arranjar sozinhos na maioria das vezes, prometi que nunca faltaria aos meus filhos. Às vezes, no entanto, esqueço de guardar um pouco de energia para mim. Se fosse beberrona, eu tomaria vinho! Fico completamente exausta e, então, preciso de um descanso. Não é verdade que queira me divorciar deles, mas sinto que não é bom para mim esse cansaço e estresse. Alguma coisa precisa mudar!"

O que tem de mudar, diz Catherine, é a sua expectativa de perfeição. É a mãe perfeita que quer ser, mas também trabalha, assim como o seu marido, então as crianças têm de respeitar isso.

O processo-chave aqui é "muito de uma coisa boa é uma coisa ruim". Samantha precisa estabelecer limites e pedir ajuda. Ela está se esforçando tanto que agora está ficando debilitada.

Ela não é boa para ninguém ao ficar tão exaurida. Cuidar-se é um assunto de banheiro, tudo sobre sua saúde e bem-estar, e, neste cenário, um longo banho quente ou uma chuveirada relaxante irão ajudar mais as crianças do que uma refeição quente e uma mãe irritada, gritando com eles do outro lado da mesa.

Talvez possam pedir uma pizza, enquanto Samantha tira um descanso revigorante de vinte minutos, e, então, todos irão para a mesa tranquilos e felizes, prontos para compartilhar os detalhes do seu dia. Seu marido pode se juntar a eles também, se ela lhe pedir. Quem sabe fazendo um revezamento com ela, assim ela voltaria para casa mais cedo três noites por semana e ele ficaria com as duas outras noites.

Criar filhos juntos requer muito dar e receber, mas ela é a única que está dando resultado atualmente.

Samantha não quis pedir ajuda, porque está muito ocupada supercompensando para ela própria a carência da mãe. Mas não está funcionando. Não deveria esperar explodir para se expressar; ela precisa sentar calmamente durante o jantar (à mesa da cozinha) e dizer às crianças que está precisando de um pouco mais de ajuda da parte deles. Uma boa mãe permite que seus filhos cresçam e assumam mais responsabilidades na casa. Tentando ser tudo para eles não os ajudará a serem a plena versão deles mesmos. Uma maneira de pensar sobre isso: o salva-vidas não ajuda apenas a salvar, mas também ensina as pessoas a nadar. Essa é a pérola.

AMO MEUS FILHOS, MAS NÃO QUERO TER MAIS NENHUM

"Pete quer outro bebê, mas acho que, com dois filhos, a relação pais/filhos já está funcionando bem para nós agora, e acrescentar mais um a esta mistura significaria dar menos para um dos filhos – e para nós."

– Annabelle, 37 anos; Austin, Texas

Annabelle e o esposo, Pete, têm um filho de sete anos, Jason, e uma filha de três anos, Jordan. Annabelle é dona de casa e Pete tem um pequeno restaurante perto da universidade local. Eles estão casados há dez anos; frequentaram a mesma universidade, mas seus círculos de amigos eram diferentes, assim eles realmente não se conheciam, até que um amigo em comum os apresentou numa festa, há 12 anos. Começaram a namorar e se casaram dois anos depois. Costumam ter, geralmente, o mesmo modo de pensar sobre estilo de vida, criar a família, passar o tempo livre etc. Há uma questão, no entanto, sobre a qual não conseguem chegar a um acordo: quantos filhos poderão ter.

Pete era um de quatro meninos numa casa tumultuada com intermináveis competições e brigas amistosas entre os irmãos. Annabelle é a irmã mais velha de três moças, e diz que a competição no seu lar não era tão amistosa. Os pais dela trabalhavam em tempo integral e "conseguir a atenção deles era a nossa forma de esporte. Estávamos sempre disputando o tempo deles, e era difícil conseguir isto. Para mim, parecia que jamais conseguiríamos".

Recentemente, numa conversa durante um jantar, Pete disse a Annabelle que ele realmente gostaria de ter um terceiro filho. "Não podia acreditar que ele estivesse falando sério", diz Annabelle. "Achei que já tínhamos resolvido isso. Ele sabe o que penso sobre esse assunto. Pete e eu somos muito ocupados e não ganhamos muito dinheiro com o restaurante. Como poderíamos lidar com isso, financeiramente?"

Pete ouve Annabelle falar dessa maneira há anos, mas está convencido de que a sua postura de "quanto mais, melhor" irá prevalecer. "Annabelle não percebe como ela é ótima com as crianças e como ter *mais* filhos pode tornar a vida mais fácil", diz ele. "Eles poderão brincar entre si e se distrair. E nós temos uma porção de roupas, agora sem uso, tanto para menino quanto para menina. Podemos lidar com isso. É muito bom."

Annabelle está em conflito, porque ela gosta tanto de ser mãe que o pensamento de aconchegar outro bebê é fascinante. "Mas eu sou realista e sei como vai ser com três – é complicado, e alguém não vai receber a atenção devida. Nós já estamos no limite. Mas não gosto de desapontar Pete. Só porque ele se lembra de 'ter sido muito bom' não significa que assim será para nós. Será que ele esqueceu que o pai dele tinha muito mais dinheiro do que nós? As coisas estão muito boas para nós agora. Somos felizes. Não quero forçar a barra."

Catherine diz que Annabelle e Pete estão vivendo de lembranças – pensando em como foi a vida quando eram crianças. Pete tenta reproduzir aquela alegria, e Annabelle tenta evitar as armadilhas. Precisam ir ao porão e trazer alguns álbuns de recordações de Pete até a mesa da cozinha, onde podem realmente conversar, olhar as fotos da família dele, deixar que expresse a nostalgia da sua infância, toda a brincadeira, a bagunça e os intermináveis divertimentos. Annabelle pode perguntar se ele hoje será capaz de usar toda aquela energia com os filhos que já tem e seu próspero e movimentado restaurante. E como ele se sentirá depois que uma terceira boca dorminhoca chegar? E quando vai achar tempo para estar com Annabelle, quando ela tiver tempo? (Isso vem do porão dela, cheio de lembranças, onde ninguém tinha muito tempo.) O que nos leva ao quarto do casal, onde Pete vem tentando fazer sexo sem proteção.

Pete não está vivendo no aqui e agora ou ouvindo Annabelle, que também está empacada no porão. Ele esquece que sua mãe vivia exausta, ficava impaciente, e que seu pai estava sempre viajando a trabalho e ficava o mais longe possível do caos familiar. Annabelle acrescenta que a carga do trabalho doméstico acabará "quebrando minhas costas e as nossas contas", já que ela está exausta e as finanças deles estão esticadas ao limite.

Agora, de volta à mesa da cozinha, onde eles estão conversando. A mãe de Pete não trabalhava, mas ele sabe que Annabelle finalmente quer voltar ao emprego de professora. A escolha de expandir ou não a família tem de ser feita de comum acordo, e ela não pode ser *forçada* a ter outro filho. No entanto, ela teme que, se disser não, ele possa ficar ressentido com ela mais tarde.

Eles precisam conversar muito, principalmente sobre o pequeno ato "dominador" de Pete na cama, que é totalmente inaceitável para Annabelle. Ela precisa dizer a ele: "Você não pode simplesmente me obrigar a fazer do seu jeito."

O primeiro passo para Annabelle: seja honesta com você mesma. Sua decisão está tomada, mas não vai dizer a Pete porque não quer que ele fique aborrecido. A desculpa "Nós não teremos dinheiro suficiente" não passa disso.

Embora não possa mudá-lo, ela pode mudar a si mesma, e isto significa ser direta e verdadeira, mesmo que desaponte o marido. O que está retardando essa conversa é o seu desejo de trazer de volta aquele sentimento amoroso que tinham antes de os filhos nascerem. Ela teme que, tendo essa discussão potencialmente difícil, irá piorar a relação entre eles, porque Pete ficará "emocionalmente inalcançável", o que durante o seu crescimento aconteceu com seus pais, que eram distantes. Mas ela não tem escolha a não ser dizer a ele a verdade. A pérola: Seja honesta, mesmo que isso magoe.

HERÓI, VILÃO

"As crianças praticamente cheiram a discórdia e começaram a separar meu marido de mim, nos obrigando a tomar partido e a nos aborrecermos um com o outro. Por que Todd e eu acabamos brigando e em posições antagônicas? Sou uma mãe ruim porque não quero que meus filhos façam o dever de casa em frente à TV? No entanto, o pai é tão banana que eles sabem que vão acabar o convencendo a dizer sim. Isso faz de mim a vilã?"

– Adrienne, 47 anos; Denver, Colorado

Adrienne é musicista *freelance* e é casada com Todd, um analista de computador. Eles têm dois filhos, de 11 e 14 anos, que fazem o dever de casa depois de praticar esporte quase todos os dias da semana. Quando as crianças chegam em casa e se lavam, jantam e sentam para fazer o dever, já se agitaram sem parar durante 14 horas. Para que possam se concentrar em seus estudos, o "tempo da telinha" é muito limitado nas noites da semana e não tem sido permitido assistir à TV.

Todd e Adrienne têm, em geral, se entendido sobre as regras, mas recentemente as crianças se apaixonaram pela série *American Idol* e insistem em fazer o dever de casa na frente da TV "só nas noites de terça-feira". Como ambas as crianças estão indo bem na maioria das matérias, elas acham que a regra rigorosa em relação à TV podia ser suspensa pelo menos para aquele programa (e, como bonificação, dizem: "Nós todos podíamos assistir em família!"). Adrienne está irredutível, mas Todd está enrolando. Como ele é um amante de TV (e considera o controle remoto como um apêndice seu), Todd dá força às crianças, e sempre achou que as regras da casa eram um pouco rigorosas demais.

Isso deixa Adrienne fazendo o papel da vilã – e ela odeia isso. "É horrível ser a mãe estraga-prazer. Eu queria que meus filhos tivessem mais tempo livre, mas eles não têm. Todd e eu, como pais, não podemos ceder só porque eles querem assistir a um determinado programa. Se cedermos nesse, qual será o próximo?"

O maior problema agora é que as crianças começaram sutilmente a implicar com Adrienne, chamando-a de "Mamãe Meanie" (a bruxa de *As aventuras de Tom e Jerry*), e Todd não faz muita coisa para impedi-las. "As crianças percebem que estamos divididos nesse assunto, mesmo que Todd pareça se sujeitar ao regulamento. Elas estão ficando audaciosas na sua campanha para mudar as regras."

O que está acontecendo aqui, diz Catherine, é que os filhos estão "desunindo" seus pais. Desunir é uma dinâmica estressante em qualquer relacionamento e pode levar a uma ruptura até mesmo entre pais bem-intencionados. Mas isso só acontece quando os pais consentem.

O primeiro problema é que a maioria dos casais pensa que deve concordar em tudo, mas isto não é realista. Vocês não concordarão muitas vezes; a maneira como lidam com isto é que importa. A discordância pode acontecer em qualquer nível, grande ou pequeno – tal como o que fazer para o jantar ou se a criança malcriada vai comer sobremesa. Isso passa a ser um estilo de vida em algumas famílias e fonte de muitas tensões na dinâmica familiar.

Tal situação começa, geralmente, quando as crianças são pequenas, até bebês – um dos pais leva uma criança que chora para a cama, e aquela criança logo aprende quem é o mais fraco. Geralmente, um dos pais toma a frente em uma série de regras (comer verduras ou escovar os dentes) e o outro fica responsável por áreas diferentes (cumprimentar, ser respeitoso com os mais velhos, fazer a cama). Não há caso de um dos pais não ter lançado ao outro um olhar "Me ajuda aqui" de súplica.

Temos de levar esse problema, rapidamente, do quarto das crianças para a mesa da cozinha. Adrienne e Todd precisam conversar. Antes, podem até mesmo dar uma passada pelo porão. Talvez Todd tenha um pai rígido que tornou insuportável a vida em sua casa e ele jurou ser mais compreensível com os próprios filhos. Ou, talvez, seja o oposto – ali não havia disciplina e todos careciam de mais estrutura, e Adrianne quer criar isso para ajudar os filhos e não para torturá-los.

Talvez existam áreas nas quais você possa entrar em acordo e não se sentir enfraquecida, principalmente quando se trata de assistir à TV. Com a internet, você pode se entreter a qualquer hora, em qualquer lugar. Mas isso continua sendo uma decisão dos pais, e como vocês chegam a um consenso satisfatório é o que importa, não o que acabam assistindo!

Os pais precisam reconhecer a discordância quando ela está acontecendo, e se é provocada pelos filhos (Posso ir a uma festinha hoje à noite?) ou por você e seu esposo (Eu disse às crianças que podiam ir a uma festinha hoje à noite). Você pode usar uma frase tal como "Reunião de família" ou "Papai e eu precisamos conversar sobre isso primeiro" para discutir o problema privadamente e, então, apresentar uma frente unida para os filhos. Lembre-se, é importante escolherem suas batalhas e serem bons atores. Faça uma cara séria quando começar com o seu discurso "Seu pai e eu decidimos...". Não é permitida nenhuma dica sobre quem se deu por vencido. Seus filhos estão procurando por indícios e tentarão separá-los mais tarde, mesmo que vocês estejam unidos (pelo menos aparentemente) na decisão que acabaram tomando.

Os pais formam uma unidade, mesmo quando discordam, e os filhos precisam dessa solidariedade para se sentir seguros. Saber que você tem mais que uma pessoa cuidando dos seus interesses é como um seguro de vida. A pérola: Cuidar de filhos é uma colaboração, mesmo que eventualmente pareça um campo de batalha. Lembre-se, vocês estão nisso juntos.

A VIDA SERIA MUITO MELHOR SE EU MORASSE EM OUTRO LUGAR

"Eu queria morar em uma casa de fazenda enorme, cheia de crianças, pelo menos cinco delas. Passaríamos nossas tardes correndo em volta de verdes campos, pintando, fazendo belos projetos, sendo criativos e nos divertindo juntos. Eu ficaria em casa e as ajudaria a desenvolver o que tivessem de melhor. É uma fantasia, claro, porque moro em um apartamento pequeno, tenho dois filhos e trabalho o dia inteiro. É pura contenção econômica. Se tivéssemos todo o dinheiro do mundo e espaço, sei que seríamos muito mais felizes."

– Heather, 38 anos; Baltimore, Maryland

Para Heather, tempo e espaço estão conectados, assim como dinheiro, trabalho e a liberdade para ser criativa. "Quero gastar mais tempo com meus filhos", diz Heather, "mas na hora em que termino meu trabalho, ou minhas pequenas tarefas, ou meus exercícios, ou confiro os deveres de casa deles, estamos todos mortos de cansaço. Só queremos sentar em frente à TV e relaxar. Não temos energia para ser aquela família perfeita. Parece que o tempo que passamos juntos é sempre no carro ou correndo de um lado para o outro. É raro termos um tempo de manutenção para carregar a memória. A vida é muito agitada."

Então, é aqui que a fantasia de Heather entra. Ela acredita que, se morasse em uma hipotética fazenda com alguns hectares, as coisas seriam diferentes.

"Mas talvez esteja delirando, porque sei que a pessoa que está dirigindo esse esquema agitado sou eu. Se há um exame à vista, monto neles como em um animal de fazenda para que estudem mais e tentem sobressair. Fico preocupada, achando que estou exigindo muito deles, mas, quando os vejo passando o tempo à toa, mesmo que seja em suas escrivaninhas, desenhando, rabiscando ou escrevendo, penso: *É bom que meus filhos sejam criativos, mas eles têm que conseguir boas notas também.* Então, chamo a atenção deles e, depois, me arrependo.

"Eu amo tanto meus filhos e meu marido que às vezes tenho vontade de me mudar para Montana e ficarmos juntos, longe de todos os estímulos que nos afastam uns dos outros. Ou fantasio sobre uma viagem ao redor do mundo, só nós quatro, num veleiro, para diminuir a velocidade desse momento e passar horas preciosas juntos, antes que eles cresçam e se espalhem, cada um seguindo o seu caminho. E, no entanto, no fundo do meu coração, sei que não vou tirá-los da escola, abandonar meu emprego e endireitar nossas vidas."

Catherine diz que Heather está sofrendo do que, conforme um professor certa vez lhe disse, poderia ser chamado de "dissonância geográfica", o que significa que ela pensa que uma mudança de local físico mudaria seu *eu* emocional. A expressão popular "aonde quer que vá, lá está você" nos diz como um quadro de dissonância geográfica é inútil.

Heather sabe que está na direção dessa vida acelerada e que isso vem do seu passado, crescendo com pais extremamente ativos, que esperavam o mesmo dos filhos. Agora, ela está repetindo os padrões, mas desejando uma saída.

As pessoas, frequentemente, sentem que uma mudança de cenário lhes fará bem... e pode ser que faça, mas não permanentemente. A fantasia de Heather sobre Montana é a sua maneira de dizer: "Pudera eu sair da loucura deste carrossel." Mas ela não sai. E tem de descobrir por quê. O que isso está fazendo a ela? Teme que seus filhos não sejam bem-sucedidos, a não ser que estejam no centro nervoso de uma cidade barulhenta? Uma vida mais lenta, mais distante seria mais calma? O processo-chave de Heather é "não é um/ ou... é ambos/e". Não é uma questão de extremos: Heather pode ter uma vida mais calma em Baltimore ou em qualquer cidade, ou pode viver uma vida ocupada e agitada em uma fazenda. Ela é quem deve decidir se os seus dias serão mais corridos ou mais lentos. Precisa deixar de ser ansiosa tentando conquistar tudo, inclusive uma vida calma e criativa que é incapaz de alcançar. Ela pode tornar-se menos ativa e dar aos filhos mais tempo livre, mas é uma decisão, não uma mudança para um novo estado.

Heather precisa parar de culpar a geografia pelos seus problemas e ver que sua bagagem emocional viaja com ela por toda parte. Algumas pérolas são sobre tempo, como em "o agora é que importa". Esta aqui é sobre lugar e sobre ser feliz no seu ambiente atual. A pérola: O aqui é que importa.

SINTO QUE MEUS FILHOS ESTÃO SAINDO PERDENDO

"Cresci com primos que eram como irmãos para mim, e fico triste que meus filhos não tenham isto. A minha vida não seria a mesma sem aquela grande família e todas as tradições, e, agora, sinto que meus filhos estão saindo perdendo."

– Molly, 38 anos; San Diego, Califórnia

Nos últimos 12 anos, Molly, sócia impetuosa e criativa de uma loja de roupas femininas, vive com o marido, Richard, vice-presidente de negócios de uma companhia da internet. Eles são felizes, têm três filhos saudáveis, não têm dívidas e são donos de uma modesta casa de três quartos, com um pequeno e bem tratado quintal, grande o suficiente para um balanço e uma cama elástica. Eles se contentam com pouco ("Nós poderíamos gastar sempre mais dinheiro, mas quem não poderia, né?) e não perdem muito tempo preocupados com a sua segurança financeira. As crianças estão em uma escola pública na mesma rua e têm vários amigos na vizinhança. Molly e Richard estão satisfeitos com a sua situação e consideram que fazem parte de uma excelente pequena comunidade, formada na maior parte por amizades ligadas à escola dos filhos.

Tanto Molly quanto Richard cresceram no Meio-Oeste, em pequenas cidades onde seus pais foram criados e suas grandes famílias viveram. A avó de Molly, que se mudou para a sua casa depois que seu avô morreu, tomou conta da cozinha e das crianças e "era um relacionamento importante e significativo para mim. Meus pais eram muito ocupados e vovó sempre tinha tempo para conversar, ouvir ou jogar cartas". Os primos de Molly moravam no mesmo quarteirão, e eles se encontravam para ir juntos de bicicleta até a escola. "Lembro disso como um tempo idílico. Nós nos divertíamos, tínhamos liberdade e a família por perto. A vida parecia tão fácil.

'Aqui na Califórnia há uma sensação de isolamento. Meu irmão voltou a viver em St. Louis, onde crescemos, e agora que tem filhos, ele e a mulher não saem muito." Os pais de Molly estão aposentados e passam umas oito semanas durante o ano no retiro dela.

Molly lamenta a falta da proximidade geográfica, mas se julga com sorte por ter pais saudáveis e dispostos a passar parte do tempo com ela em San Diego. "Não que tudo seja alegria, mas aceito suas malas bagunçadas e a perda do nosso retiro durante aquelas oito semanas. Mas ainda não é o bastante. Meus filhos os conhecem muito bem, mas não tanto quanto poderiam conhecer, se lhes fosse possível participar do dia a dia dos avós. É isso que eu queria, mas Richard acha que estamos indo muito bem."

Molly teme que as crianças nunca conheçam uma intimidade como a que desfrutou na infância. "Tudo bem que temos grandes amigos, mas família é família, você não pode substituir isto. Não gosto de incomodar minhas amigas, portanto não é fácil pedir para receberem meus filhos num impulso repentino ou se juntarem a nós para festejar o bom desempenho deles em um jogo na escola."

Catherine sugere que, embora os bons velhos tempos de Molly (ela está recordando) possam ter sido fantásticos, há muitas diversões e conexões a serem feitas na ótima vida que ela tem agora. Saia do porão, Molly, com as velhas decorações de Natal e crie algumas novas tradições próprias. Richard e as crianças adoram morar na Costa Oeste e estão muito felizes com as férias na praia. Se você sente falta do tradicional Natal todo branco, planeje uma viagem às pistas de esqui ou volte para casa nas férias. Não há essa coisa de tamanho perfeito para uma grande família. No entanto, ela quer prescrever o que parece ser uma cena de algum feriado imaginário. Nós alertaríamos Molly de que, se continuar a carregar os filmes em VHS, nunca irá aproveitar o equipamento HD que os filhos sabem fazer funcionar melhor do que ela.

Sua nostalgia está dizendo que ela pode ser mais feliz aqui e agora. Mas, para conseguir isso, precisa reconhecer que está presa ao passado e decidir pular para o presente. A pérola: Seus filhos pensarão que *esta* é uma infância memorável.

EU SEMPRE QUIS TER FILHOS, MAS PRIMEIRO PRECISO DE UM MARIDO

"Sei que quero filhos, mas não estou pronta para fazer isto sozinha, ser mãe solteira que se engravida com um óvulo congelado e um esperma de doador anônimo. Para mim, é difícil imaginar uma criança sem pai, ou a mim sem um companheiro para a vida."

– Laura, 39 anos; Chicago, Illinois

Laura, solteira e corretora de ações, diz que não foi feita "para viver sozinha. A razão de estar sozinha, não sei lhe dizer. Espero encontrar alguém e tento pensar positivamente sobre isto". Mas Laura não está apenas preocupada em encontrar o cara certo; ela também quer fazer isso logo, antes que seu relógio biológico deixe de funcionar. "Farei quarenta anos daqui a oito meses e sempre quis ter filhos. Claro que pensei que eles seriam biologicamente meus com o meu marido (fosse quem fosse), mas o tempo está se esgotando."

Laura vem de um núcleo familiar completo: mãe, pai e um irmão mais moço. Eles são muito apegados e moram no mesmo bairro, compartilhando dos jantares de domingo no restaurante chinês que frequentam desde que eram crianças. Seu irmão é casado e tem dois filhos jovens, a quem Laura adora. Ser a "tia engraçada" apenas reforça o quanto ela quer ter filhos.

Laura perguntou ao ginecologista quais eram as suas opções. O médico mencionou muitas maneiras de ter um filho (com ou sem parceiro), incluindo adoção, tecnologias de reprodução assistida (como fertilização *in vitro* – FIV –, até usando um óvulo doado, se os seus próprios óvulos não forem mais viáveis) ou mesmo oócito congelado.

"Oócito congelado?" Depois do choque inicial e aprender o que era oócito (óvulo) congelado, Laura começou a procurar intensivamente este caminho. "Nem em um milhão de anos eu teria pensado nisso. Mas, quando confirmei que era possível e encontrei um médico que aplica esse método, senti que poderia utilizar uma opção antes indisponível."

O único obstáculo era o custo, mais de 15 mil dólares, nada disso coberto pelo seguro. Certa noite, ela levantou o assunto durante o jantar e sua mãe não deixou passar a chance de ajudá-la. "Disse que ela e meu pai teriam prazer em me dar de presente, pelos meus quarenta anos. A princípio, achei que era esquisito, controlador e, muito obviamente, visando ao interesse próprio, pois sei o quanto eles querem que meu irmão e eu lhes demos mais netos. Mas, então, percebi que era para isso que servem as famílias. E, se eles podem pagar, eu disse: 'Por que não?' Assim fica 'tudo em família', o que me agradou."

Laura está consciente de que óvulo congelado não é um método infalível, mas acha que vale a pena, mesmo só havendo uma pequena chance de que, se e quando ela encontrar a pessoa certa, possa ter um filho que será seu geneticamente. "Sou solteira e muito econômica! Meus pais estão me oferecendo dinheiro e estão felizes, por que não aceitar?"

Catherine observa que Laura tenta corajosamente resolver o problema, mas agora tem de abandonar o caminho que sempre imaginou para ela: o vestido branco, o noivo, a casa com gramado e três filhos. Agora, ela é obrigada a desistir desse sonho e repensar o futuro como uma possível mãe solteira com um filho concebido em um laboratório. A dissonância aqui é entre os sonhos da infância e as realidades adultas, e as mulheres muitas vezes precisam se empenhar no reprocessamento dos propósitos em relação a si mesmas.

O processo-chave para Laura talvez seja reescrever a história de sua vida, mas, para fazer isso de maneira saudável, ela precisa, antes, chorar a perda de seus sonhos antigos e seguir em frente. A realidade talvez ainda tenha um "final feliz" (ela pode encontrar um companheiro), mas ela está se esforçando para se liberar desse sonho. Quando questionada sobre o que acontecerá se o Sr. Perfeito não aparecer nos próximos anos, Laura mostra-se pensativa e um pouco desapontada, mas está se planejando para qualquer uma das alternativas, já que não quer perder a chance de ser mãe.

No momento, Laura está namorando outra vez e tentando manter a mente aberta em relação ao futuro. Sente-se menos desesperada, mais confiante e calma sobre o futuro, agora que tem seus óvulos "no gelo". Talvez encontre o cara e talvez não, mas está fazendo tudo o que pode para encaminhar a vida na direção que deseja. Laura aprendeu que pode ser igualmente uma tradicionalista e uma modernista, e segue em frente. A pérola: Aceite sua realidade, qualquer que seja.

EU TEMO QUE UMA NOTA BAIXA LEVE MINHA FILHA A UMA VIDA DE FRACASSOS

"Estou no trabalho e a professora da minha filha me liga dizendo que Olivia falhou no teste de história. Sei que ela estudou e, por isto, fico arrasada com a notícia, mas não posso reagir, porque estou em uma sala do meu escritório cheia de gente e tenho, então, de fingir que tudo está bem e volto à reunião. Entretanto, sinto vontade de chorar."

– Joan, 45 anos; Darien, Connecticut

Joan se preocupa com notas e relatórios de desempenho em exames e sempre foi tão ambiciosa que fica arrasada quando a filha obtém menos do que um A. Assim, quando um professor diz que a sua querida Olivia está com dificuldade na escola, ela se pergunta: O que fiz de errado? Ela ouve espantada quando a professora conta que Olivia está conversando na aula e talvez precise de um professor particular para evitar que perca o ano escolar. Seu estômago dá voltas e ela tem de desligar o telefone para não dizer alguma coisa imprópria, já que há colegas na sala. Precisa usar sua melhor cara para voltar à reunião e não dizer alto e bom som: "Falhei. Minha filha necessita de mim, e todo este trabalho tem sido um grande erro." Em vez disso, ela volta para a reunião aparentemente calma e controlada, e tenta reequilibrar a sua mente.

"Nada pode me aborrecer tanto quanto notícias ruins sobre a minha filha. Não fico alterada ao saber que nossos números estão baixos e que perdemos um cliente", diz Joan. "Mas esse tipo de telefonema pode detonar meu dia de trabalho."

Catherine diz que Joan está tentando manter seus cômodos separados, embora não consiga, pois uma nota baixa não é como um diagnóstico ruim do médico, é apenas uma nota. Para Joan, no entanto, isso está relacionado à sua autoimagem como uma pessoa que tem de lutar para cada nota e, mesmo agora, luta para ser vista como uma pessoa talentosa numa sala cheia de pessoas espertas. Ela sabe que a filha é inteligente, mas não muito boa quando se trata de fazer prova. No entanto, para Joan, o quarto da filha e o escritório estão conectados, porque ela também sente que, se estivesse em casa durante as tardes, poderia ajudar Olivia a estudar para cada prova.

"Outras mães revisam e ajudam os filhos nos estudos, mas nunca chego em casa a tempo e, então, eu penso: *Ela devia fazer isso sozinha*. Eu fazia. Ninguém me ajudava com o meu dever de casa. Por que me sinto culpada? Mas, então, penso: *Ela não vai conseguir entrar para uma faculdade decente, não vai conseguir um bom emprego, vai se casar com um idiota e sua vida estará arruinada.*"

Quando os pais ficam desapontados com um filho, precisam se perguntar por que e recuar um passo para descobrir que parte da situação é, emocionalmente, tão difícil para eles. Joan está recordando, Catherine observa, e talvez seja devido ao fato de ela ter pensado que isso poderia ter acontecido com ela, se não houvesse trabalhado tanto para alcançar tudo que conseguiu na escola e na carreira. Mas não se trata agora de Joan (saia do banheiro, onde você está olhando para o próprio reflexo). Joan está tendo uma lembrança encobridora dos próprios boletins, e percebe que seus queridos pais nem sempre lhe deram muito apoio.

Seus pais a faziam sentir como se as notas fossem o número pelo qual era julgada por eles e, quando o boletim que trazia para casa não era só de notas máximas, eles faziam com que se sentasse e lhe passavam um sermão. O ajuste de contas não era agradável, mas nunca chegou à violência – era apenas grave e, para Joan, pelo menos uma falta de amor. Parecia estar sendo interrogada pelo serviço secreto. Eles apontavam para uma nota que não fosse um A e diziam: O que aconteceu aqui? E aqui? Você não pode fazer melhor? É sua obrigação! Você é inteligente, deve mostrar isto! E ela jurava que mostraria.

Assim, quando Joan vacilava naquela reunião, ela estava pensando em si mesma, em como era avaliada pelos outros, e que era preciso ser bem-sucedida.

Catherine diz que Joan pode ou não escolher partilhar suas lembranças com Olivia. Mas ela tem de deixar que a filha seja autêntica e não sinta que será julgada ou definida pela mãe pelas suas notas. Joan tem de permitir que Olivia reconheça os próprios fracassos e sucessos. Quando ela fizer isso, ficará orgulhosa dela mesma e de suas notas e, quando errar, se sentirá mal em relação a isso, mas sem a preocupação de que a mãe a amará menos.

Catherine acrescenta que Joan tem dois trabalhos aqui: um é ser uma mãe melhor, deixando suas inseguranças e ansiedades fora da equação de Olivia, e o outro é se concentrar na sua atividade profissional e não permitir que um telefonema particular arruíne o seu dia. A coisa mais importante para Joan é ajudar sua filha a encontrar seus pontos fortes e vencer suas fraquezas.

É claro que você vai querer que seus filhos façam o melhor e vivam à altura do potencial deles. Mas se mantenha fora da equação tanto quanto possível. Mesmo dizendo algo tão favorável quanto "Estou tão orgulhosa de você", isto pode começar uma dinâmica que os leve a tentar agradá-la. Um modo potencialmente mais útil e incentivador pode ser algo como uma frase assim: "Você não está orgulhosa de *si mesma*?", ou, melhor ainda, diga à sua filha, que chega em casa com um progresso na avaliação – sem que necessariamente seja uma nota A: "Você deve estar muito orgulhosa!"

Ou, se deseja uma declaração mais forte: "Espero que você esteja realmente orgulhosa! Só sei que me sinto orgulhosa por você!" O essencial é que eles estejam trabalhando pela própria autoestima, não com o propósito de agradar aos outros, nem mesmo a você. O trabalho dos pais é criar uma criança confiante, saudável e independente, que transite adequadamente por todos os níveis do desenvolvimento. (No modelo de Mahler de separação/individuação, o bebê não só aprende a ficar separado da mãe, mas também que a mãe é uma presença amorosa, mesmo não estando presente. Tanto a separação quanto a presença amada têm de trabalhar adequadamente para permitir que o desenvolvimento saudável da criança seja completo. Sem a separação e sentindo a acentuada presença dos pais, pode haver problemas de individuação e autoestima.) Assim, a tarefa de Joan é permitir a Olivia ter sua própria personalidade e fazer com que ela se sinta amada todo o tempo, não importando se ela tem boas ou más notas, ou qualquer coisa parecida.

O processo-chave aqui é mostrar empatia sem ser sufocante ou excessivamente crítica. Isso é sinalizar outra vez, mas é empático, não um sinalizar crítico. O objetivo é, simplesmente: "Querida, eu a apoio em todos os seus esforços."

Joan não está no quarto das crianças quando reage às notas, ela está em uma reunião, e é exatamente ali que ela precisa estar, tanto física quanto emocionalmente. Sua tarefa é atuar bem no trabalho e, então, voltar para casa e ser uma ótima mãe. Mas você não pode ser sempre mãe no trabalho e não pode sempre trabalhar em casa – pelo menos, não eficientemente. Joan precisa perceber que o seu trabalho é ajudar Olivia e não ser desviada por ela dos seus próprios problemas. A condição ideal: fique concentrada no seu trabalho e será mais fácil ficar concentrada quando estiver em casa. Vocês duas ficarão melhor assim.

O pensamento final para o quarto das crianças: você cometerá erros e ficará frustrada. Seus filhos vão gritar e berrar, bater os pés e, às vezes, você também vai sentir vontade de fazer isto. A única coisa que importa é que você nunca deixe de amá-los e faça com que eles saibam disto, em qualquer situação. Isso não quer dizer que você será sempre agradável (ou até mesmo que vai passar um dia inteiro sem uma briga, embora isto, às vezes, aconteça). Quer dizer que você os ama e apoia os seus esforços para crescerem na direção da melhor versão deles próprios. Por amá-los e por dizer isto a eles, saia do caminho. Eles ficarão bem, e você também.

O sótão

Expectativas e outras
heranças emocionais

Vamos até o sótão, onde você armazena o seu DNA emocional. A sua personalidade (e felicidade) é ligada àqueles com quem você se relaciona, vive e morre. As histórias de suas vidas, passadas de uma geração para a próxima, mantêm certas características vivas. Seu trabalho é tanto aceitar quanto rejeitar esse legado da maneira que você escolher, mas esse trabalho é complicado, porque cada novo contador de histórias acrescenta um ponto e uma nova interpretação da verdade. "Minha avó era uma maluca que morava com 27 gatos", ou "Meu tio-avô Bob foi um herói de guerra que impediu que os alemães afundassem o seu navio" – as histórias são geralmente cheias de enfeites que fariam corar um roteirista de Hollywood. O narrador não está somente contando o que você quer saber; ele está contando o que ele *quer* que você saiba.

Por exemplo, meu amigo Jim conta à sua filha uma passagem da sua infância que ele jamais esquecerá. Sua avó estava morrendo com câncer e o levou ao porão e abriu caixas de preciosas louças de porcelana que ela guardara desde o dia do casamento. Em vez de lhe contar por que aqueles pratos eram importantes para ela, disse: "Eu quero que você sempre se lembre de mim e nunca se esqueça de que eu cuidei mais de você do que de qualquer outra coisa no mundo. As coisas não têm importância, as pessoas, sim." E, então, jogou um prato contra a parede e o prato se espatifou.

Ela estendeu um prato para ele e, juntos, quebraram cada um daqueles pratos. "Eu só tinha quatro anos, mas nunca me esqueci da minha Nana e de como ela era inacreditavelmente moderna e forte." Jim contou essa história para a sua filha. Mais tarde, a esposa de Jim contou a história com outra interpretação: "Herdei suas joias, e deixa que eu lhe diga, Nana gostava de coisas bonitas, mas odiava aqueles pratos, porque eles a faziam lembrar do bastardo com quem se casara. Não acredite em tudo que você ouve sobre aquela mulher, ela era uma compradora compulsiva."

Essa outra versão sobre Nana não muda nada para Jim e sua filha, pois conservam um legado de uma mulher obstinada e forte, querendo assegurar que o neto jamais a esquecesse. E ele nunca a esqueceu.

Pense sobre isso: que características sua família passou para você com suas histórias, lendas e muitos exageros? Essa é uma pergunta fácil para eu responder: sou durona como o meu avô, que foi um grande comerciante e dirigiu um difícil negócio. Ele sempre me disse para pôr o meu melhor pé à frente, e eu me lembro de fazer isto literalmente, entrando com o pé direito em qualquer reunião importante. (Eu já disse que há também um leve traço de transtorno obsessivo compulsivo – TOC – na minha família?) Mas sou também uma conectora, que gosta de conversar com as pessoas, assim como o meu pai – apelidado de Prefeito –, que envia centenas de cartões de Natal a todos que conhece, ou com quem trabalhou, ou a todos que conheço, ou com quem dividi um longo voo! Gosto de ser criativa e intuitivamente talentosa como é a minha mãe, a artista, ou esportiva e forte, e da vida ao ar livre, como todas as mulheres da minha família. E é claro que falo com os meus filhos sobre essas "forças" que herdaram, como também das doenças de coração que correm pela árvore da família.

O sótão é também um lugar de grandes expectativas. Quando você sobe até aquele árido e mágico espaço, ele geralmente cheira a madeira, é quente e um pouco amedrontador, pois lá pode haver fantasmas, e certamente há fantasmas na sua imaginação, aqueles que hoje pretendem influenciar suas ações. Você traz esses espíritos para o resto de sua casa, já que não quer desapontar todas as pessoas que você ama, que certamente não estão lá: seus antepassados. Para algumas pessoas, a expectativa de que serão bem-sucedidas – ou frustradas – é uma grande fonte de estresse. Essas expectativas determinam, por exemplo, com quem você se casa, onde você mora e como educa seus filhos. Nem todos os seus antepassados que influenciam suas decisões estão mortos, mas algumas das vozes mais poderosas são aquelas do além. Vamos primeiro ouvir as angústias sobre dinheiro de uma mulher, já que vêm direto do sótão dela.

SOU PÉSSIMA COM DINHEIRO E AGORA PERDI MINHAS ECONOMIAS

"Me senti tão idiota. Minha família trabalhou toda a vida por mim e eu senti que havia estragado tudo. Mais ainda, eu não podia deixar de sentir que não havia desperdiçado só o dinheiro, mas também todo o tempo que gastaram economizando. Não podia me perdoar."

– Barbara, 34 anos; Newton, Massachusetts

Barbara passa muito tempo no sótão, já que seus pais estão mortos, e como precisa lidar sozinha com alguns grandes problemas, fica imaginando o que eles pensariam sobre o seu novo namorado, o apartamento, o emprego e o modo como ela administra as finanças.

Ela acabou de atravessar um ano tumultuado – suas economias evaporaram, quando um investimento arriscado fracassou. Perdeu a herança, tudo que possuía, e está preocupada que tenha decepcionado seus pais. "Não foi minha culpa", diz ela, "pois segui a recomendação de um amigo, alguém que entende de finanças!" Só agora percebeu que deveria ter tido a responsabilidade de investigar o investimento. Só depois que tudo aconteceu é que as pessoas disseram: "Todo mundo sabia que eram derivativos de alto risco, e, além disso, desde quando você põe todos os ovos numa mesma cesta?"

Ela se sentia culpada por causa disso, até conseguir reaver o dinheiro, depois que um eficiente advogado ameaçou abrir um processo altamente embaraçoso e caro. Barbara recuperou o capital integralmente e, assim, houve um final feliz, mas teve de suportar vários meses de preocupação, se martirizando e se sentindo culpada.

"Eu sentia como se meu pai estivesse olhando para baixo com os braços cruzados em sinal de reprovação e sacudindo a cabeça, como ele fazia no tempo em que eu arranhava seu carro na árvore, ao sair da garagem. Ele ficava ali na varanda e balançava a cabeça para mim, como se dissesse: Que burrice... Sei que ele se orgulhava de mim, mas essa é a imagem que continua a vir à minha mente... Papai, aborrecido e desapontado.

"Agora que tenho meu dinheiro de volta, a imagem mudou para uma outra imagem dele, aprovando, rindo e me fazendo festa. Ele me abraça em meus sonhos e eu me desmancho e digo a ele: 'Uau, este foi bem apertado! Você me ensinou a ser persistente, mas a não encher o saco de ninguém, e olha – peguei meu dinheiro de volta!' Por isso, sei que ele tem orgulho de mim."

Antes de tudo isso acontecer, Barbara era muito indiferente sobre as suas contas. Pior do que indiferente, ela realmente relutava em conferir ou até mesmo olhar para elas. Quando a correspondência chegava, as contas eram jogadas dentro de uma cesta grande que ficava perto da porta de entrada e ficavam ali durante semanas sem que fossem abertas. "Eu pensava: *Longe dos olhos, longe da mente.*" Ela nem sequer conferia seu saldo bancário.

"Eu pensava: *Essas coisas são desagradáveis, e quero chegar em casa do trabalho e passar uma noite agradável ouvindo música, relaxando, cozinhando e vendo TV.*" Consequentemente, coloca todas as contas dentro de um envelope e leva para o seu escritório, onde se sente mais segura e as contas ficam parecendo menos ameaçadoras e mais pagáveis, já que é onde ela recebe o pagamento. Sua casa tem de ser livre de todo estresse financeiro.

Catherine recomenda a Barbara que vá até o seu escritório emocional, assuma o controle e não deixe que contas e extratos bancários a amedrontem. Mesmo que não esteja tomando decisões sobre as aplicações diárias, ela está decidindo a quem entregar esta responsabilidade, e julgar um caráter é tão importante quanto escolher ações. Seu futuro financeiro depende de ela assumir plenamente a responsabilidade pelas suas decisões fiduciárias, incluindo a quem permitir acesso ao cofre.

Barbara transferiu seus sentimentos em relação ao pai para o corretor, que podia não ser confiável, como de fato não era. Mesmo que fosse digno de confiança, a permissão para agir com total autonomia não é recomendável, já que nenhum corretor poderia olhar por ela da maneira como seu pai fez, durante todos aqueles anos.

Transferências acontecem em todos os relacionamentos, quando você encontra alguém e atribui a ele uma característica que você reconhece em outra pessoa, geralmente alguém com quem você se preocupa ou está familiarizada (um pai, irmão etc.). Neste caso, Bárbara foi vítima do seu próprio desejo de confiar e de ver seu pai naquele corretor. Não podia dar certo. Ela precisa entender que foi uma participante nesse drama, já que interpretou um modelo do seu passado, permitindo a si própria fazer o papel de filha e colocando o corretor no papel de pai. Era um cenário de fantasia e tudo deu por terra, quando os mercados oscilaram e caíram.

A pérola aqui é que você é a responsável pela sua vida. Isso significa que você precisa se sentir à vontade ao administrar o próprio futuro financeiro. Esse caso nos lembra que somos todos responsáveis por nós mesmos, não só financeiramente, mas em tudo. Você pode decidir confiar em outros, mas, basicamente, só você é a responsável. Sinta-se confortável sendo o chefe... de si mesma.

MEUS ANTEPASSADOS NÃO DETERMINAM O MEU DESTINO

"Se você cresce em um lar vietnamita, mesmo que seja duas da tarde e você tenha de sair para dar um recado, sua mãe diz: 'Vá depressa e volte para casa. Logo vai escurecer.' Meus pais eram tão superprotetores que muitas vezes tenho vontade de me livrar completamente da minha herança. Mas tenho orgulho da minha família e das suas tradições, e agora tenho de fazer com que sejam minhas."

– Maria, 31 anos; Irvine, Califórnia

Os pais de Maria foram do Vietnã para a Califórnia separadamente, se encontraram em uma igreja vietnamita no seu novo estado e se casaram. Eram muito apegados às tradições do seu país e passaram isso para seus filhos. Constituíram, também, um lar muito austero. "A minha mãe era paranoica com seus padrões", diz Maria. "Isso provinha de uma mulher que passara por uma guerra e perdera família e amigos."

Os pais de Maria faziam enorme pressão sobre os filhos para que fossem bem-sucedidos – para serem estudantes brilhantes e entrarem para uma universidade. Maria alcançou esse objetivo ao ser aceita na UCLA, que ela, brincando, chamava de Universidade de Caucasianos Lançados entre Asiáticos. "Eu queria me especializar em enfermagem, mas a UCLA não deixava calouros fazerem isso, e minha mãe me implorou para entrar para lá de qualquer maneira, fazendo um estágio, e foi isto que fiz."

Quando começou na UCLA, ela se rebelou contra as expectativas de seus pais e namorou todos os homens errados, usou drogas, participou de festas *rave*, consumiu ecstasy e foi levantada, passando de mão em mão, às primeiras horas da manhã. Ela acabou fazendo o estágio acadêmico.

"Então eu sosseguei, e revi minha atitude quando percebi que não estava ferindo ninguém a não ser eu mesma. Como se, finalmente, percebesse que ninguém se preocupava com a minha autodestruição, a não ser eu mesma. Depois de uma noite particularmente ruim, soube que precisava parar. Percebi que estava literalmente me matando. Foi então que pensei: *Minha ascendência não determina o meu destino, mas tampouco o oposto é verdadeiro. Meu destino não está fugindo dos meus antepassados.* Eu precisava achar um meio-termo ideal. Precisava começar a crescer e construir o meu próprio futuro."

Catherine diz que Maria estava reagindo da pior maneira possível: bebendo, se drogando e destruindo o seu futuro acadêmico. Foi preciso uma série de noitadas violentas e assustadoras para ela começar a perceber que estava empacada em uma fase adolescente de rebelião. Por um acaso feliz, descobriu, mais ou menos na mesma época, uma possível nova direção para canalizar suas energias, uma que a levaria para longe da família.

"Vi, por um anúncio no jornal da escola, que poderia me matricular em um curso intensivo de enfermagem na Columbia, e assim fiz." Seus pais tentaram impedi-la de se mudar para cinco mil quilômetros de distância, mas, uma vez que ela se habilitou para o programa (melhorando as notas), ficaram felizes com a perspectiva de que a sua vida tivesse um objetivo renovado. Ela saiu da cidade de Nova York e, finalmente, ganhou uma independência conquistada a duras penas pelo modo certo, não se autodestruindo, mas tomando o caminho de uma carreira que ela queria seguir.

"Uma porção de crianças com quem cresci escondia de seus pais o que realmente acontecia em suas vidas, ou porque eles não queriam saber ou porque não estavam interessados, pois tudo com que se preocupavam era que os filhos fossem bem na escola e passassem de ano. Quando você tira boas notas, você pode fazer o que quiser. Para os meus pais, boas notas eram a felicidade."

Maria teve de definir felicidade por si mesma, e isto significou conversar com sua mãe sobre como o casamento dela era infeliz e como eles só permaneceram juntos pelo bem dos filhos. O pai de Maria teve uma grave lesão e ficou impedido de trabalhar, portanto era a sua mãe que sustentava a casa e o pai ficou cada vez mais infeliz e cada vez mais difícil de conviver. "Os papéis mudaram, ela se tornou a provedora da família depois que ele ficou doente", diz Maria, "e, agora, sabemos também mais inglês do que ele, então há muito pouco que ele pode fazer além de ser um idiota e agir como se fosse o chefe de todos, quando, de fato, perdeu todo o seu poder na família. Papai ficou deprimido e mau, e meu irmão e eu nos juntamos contra ele.

"Certo dia, meu pai pediu para ver o boletim do meu irmão e Johnny disse: 'Eu mostrei para você, mas você não se lembra. Talvez esteja ficando louco'. E o meu pai reagiu violentamente, acendeu um cigarro e, aproximando-o do braço, disse: 'Quando você mente para mim, você me fere emocionalmente como isso. Vou lhe mostrar o quanto você me fere'. E, então, ele se queimou. Eu nunca esquecerei isso."

Os danos emocionais ainda estão disseminados pela família. Maria se recusa a namorar um vietnamita. "Sei que meus pais querem que eu me case e lhes dê netos. Claro que só querem netos vietnamitas. No último Dia de Ação de Graças, meu pai falou para mim: 'O.k., já é tempo. Você tem de trazer alguém aqui para casa e se casar.' Ele nunca quis que eu tivesse um encontro ou um namorado e agora decidiu que tenho de casar. Me virei para o meu irmão e ri.

"A minha mãe quer ser bastante sincera comigo e me diz quão improvável é a hipótese de que encontrarei um vietnamita decente e inteligente e que não venha a se tornar um chauvinista. Tudo que ela quer para mim é um homem bom, que seja inteligente e capaz de sustentar minha família. Mas mesmo isso é uma enorme pressão, porque é como se ela já tivesse um retrato na cabeça desse futuro marido, e eu ainda nem sequer o encontrei."

Maria tem de achar uma maneira de agradar a si e a seus pais. Ela estava no sótão, mas devia estar no quarto de dormir – no seu quarto, e não naquele da sua infância.

Catherine vê esse tipo de coisa o tempo todo – mulheres que ainda tentam agradar a seus pais, avós e toda a árvore genealógica por meio das suas escolhas de namoro, até mesmo casar com o homem errado para fazer sua família feliz.

Maria é feliz? Ela diz que sim. "Amo a minha vida em Nova York, amo o meu emprego. E estou animada e otimista quanto a encontrar uma nova pessoa. Alguém realmente legal."

Assim, ela tem a maior parte da sua casa no mesmo lugar, o escritório, a sala de visitas e todo o resto. Mas o seu quarto é grande e as paredes tocam o sótão e a sala de estar. O processo de Martha, como se pode ver, é que ela está ainda trocando sinais com os pais e avós e com as expectativas de cada um sobre ela. Ela pode agradar a seus pais e a si mesma, desde que seja autêntica em sua própria vida. A pérola: Se você é feliz, seus pais serão felizes, também.

FALHEI EM ECONOMIZAR PARA O MEU FUTURO

"Quando eu crescia, o dinheiro nunca era discutido e eu pensava que ele não seria um problema na minha vida. Agora, isso é muito triste, porque o dinheiro me deixa louca. Cresci na fartura e pensava que sempre seria assim. Nunca quis pensar sobre isso, já que a nossa família sempre agiu como se tal coisa fosse indigna de nós e que outras pessoas tinham de se preocupar com dinheiro, mas nós éramos produtivos e filantrópicos. Então, percebi que o velho ditado 'Pai muito rico, filho rico, neto pobre' era, realmente, sobre mim."

– Ellen, 55 anos; Filadélfia, Pensilvânia

Ellen é assistente social e escritora. Ela nunca teve de se preocupar com dinheiro enquanto era jovem, mas nunca considerou adequado gastar muito. Isso jamais lhe pareceu importante, talvez porque sua mãe fosse uma grande esbanjadora. "Eu ficava preocupada toda vez que ela me trazia um vestido novo para cada ocasião especial. Minha mãe insistia que comprássemos naquela antiquada loja de departamentos, com as mesmas velhas senhoras que se desdobravam para nos ajudar a encontrar o vestido perfeito para a comunhão, ou formatura, ou simplesmente uma festa. Eu achava tudo aquilo ridículo e um grande desperdício, mesmo sendo uma criança."

Os valores de Ellen sempre foram diferentes daqueles de seus pais, que não entendiam por que ela sempre queria levar para casa um cachorro vira-lata, ou se oferecia para servir comida aos sem-teto, assim que teve idade suficiente. "Eles pensavam que, quando eu crescesse, esqueceria aquela minha necessidade de 'salvar o mundo', como costumavam dizer, mas não esqueci. Eles se preocupavam apenas com os bens materiais, aparência e status social. Eu não suportava aquilo. Mas, agora, tendo agido à minha maneira e resistido ao sistema da família, estou entrando em conflito comigo mesma, porque ainda preciso de dinheiro para viver e nunca tenho o bastante. Não entendo isso."

Ela é agora uma assistente social em um centro comunitário e se sente bem com o trabalho que exerce na vida. Está envolvida com um ótimo rapaz, Hank, que também trabalha no centro comunitário, como engenheiro. Ele veio de um meio modesto e ganha o bastante para viver confortavelmente. "Eu admiro muito Hank. Ele parece feliz com o que tem e com o que faz. Seu hobby, fazer modelos de aeroplanos, é a sua paixão. Faço o que gosto e não sou feliz, fico estressada o tempo todo por causa de dinheiro."

A casa dos pais de Ellen, na sua infância, era decorada como Versalhes, toda a mobília dourada e esculpida, e ela odiava aquela ostentação. Tudo o que sempre quis foi uma mobília simples e modernas paredes brancas, no estilo despojado de uma água-furtada em algum bairro de artistas. Ela usou toda a sua riqueza e privilégio para perseguir seu sonho de salvar o mundo, mas, quando voltou de suas viagens à Ásia e África, o dinheiro da família havia evaporado

– seu pai fizera investimentos ruins, no fim da vida – e agora ela se pergunta: Como isso pôde acontecer?

Catherine explica que Ellen é um produto de uma família que nunca pensou que teria de se preocupar com dinheiro, de modo que nunca discutiram o assunto. Tinham tanto que pensaram que era bobagem falar sobre isso. Mas, no fim, fizeram aos seus filhos um desserviço, pois é importante ser educado considerando tópicos tais como economizar e ganhar, gastar e dar. A família de Ellen só se preocupava em doar, e ensinou a ela que a filantropia era uma responsabilidade, mas, por não discutir os outros aspectos das finanças pessoais, deixaram-na sem um modelo crítico de vida.

Ellen nunca pensou em ter de aceitar um emprego mal-remunerado, e dizia a si mesma que nunca precisaria economizar; sempre teria *alguma coisa* para ela depois que seus pais morressem. Era impossível que *tudo* se perdesse. Mas Ellen percebeu que havia sido ingênua. Todo o dinheiro desaparecera e no banco só havia o necessário para as despesas de poucas semanas. Ela teria de trabalhar o resto da vida para pôr comida na mesa e um teto sobre a cabeça.

Ellen precisa assumir a responsabilidade pela sua própria situação e por suas ações. Isso é o resultado do seu decidido "não" em se preocupar com dinheiro, e significou não se preocupar com a sua vida. Ela reagiu à mãe e não queria que o dinheiro impusesse limites à *sua* própria vida, diz Catherine. Agora, claro, é o que está acontecendo. A falta de dinheiro é o seu maior estresse, e está na parte da frente e no centro da sua casa emocional.

Para Ellen resolver esses problemas de dinheiro, precisa, antes, ir à sala certa: a sala de estar. A verdade é que Ellen ainda está reagindo à sua mãe, muito tempo depois disto ser justificável. Sua mãe não está comprando vestidos para ela, e Ellen precisa parar de pensar no passado e começar a pensar no futuro. Vai ser preciso que ela comece a agir e prestar atenção. Mesmo que seja para as contas, a dívida e para o fato de que ela agora precisa ganhar dinheiro.

O futuro espera por ela, de volta ao escritório, onde pode começar a assumir o controle de suas possibilidades financeiras e reconsiderar o seu trabalho ou as escolhas de um estilo de vida. É tarde, mas nunca tarde demais para tomar conta da sua vida. A pérola: Pare de reagir e comece a agir. Nunca é tarde demais.

TODO MUNDO ME DIZIA QUE EU TINHA DE IR PARA UMA BOA FACULDADE

"Sempre fui a inteligente da família e meus avós faziam a maior pressão para eu ser o cérebro, entrar para Harvard, fazer com que ficassem orgulhosos. Meu irmão era o esportivo, minha irmã era a beleza. Pelo menos é isso o que meus pais sempre diziam. Então, quando entrei para Harvard, já presumiam que eu entraria, como se não houvesse escolha. Você precisava ouvir o que diziam; era como um disco quebrado tentando me convencer. Era como se fosse mais por eles do que por mim."

– Sheila, 25 anos; Cincinnati, Ohio

Sheila, o irmão e a irmã representavam papéis específicos na família e, embora ela fosse a mais inteligente, era também atraente e uma atleta razoável. Sua bela irmã era somente uma estudante medíocre e o irmão era tão bonito quanto inteligente, assim eles ficaram todos, praticamente, empacados em seus papéis "específicos" por muitos anos.

Os três filhos aceitavam bem seus papéis, caçoando uns com os outros sobre isso. Mas quando Sheila foi aceita em Harvard para cursar a faculdade, a pressão da família tornou-se opressiva. "É como se eu não tivesse escolha", diz ela. "Eles presumiram que eu escolheria Harvard. Quero dizer, quem rejeita Harvard? Mas eu sabia que não era o melhor para mim. E eu ganharia mais dinheiro com a bolsa de estudos de uma das outras escolas excelentes em que fui aceita – o que seria muito mais fácil para mim a longo prazo, porque não sairia da universidade sob o peso de um grande débito. Mas vocês precisavam ouvir o que diziam; pareciam discos quebrados tentando me convencer a ir para Harvard. Era como se fosse mais por eles do que por mim."

Por fim, Sheila desistiu de Harvard e está satisfeita por ter tido a coragem de enfrentar seus pais. "Tenho de admitir que também é gostoso poder dizer que rejeitei Harvard. Às vezes, me pergunto e me preocupo se não fiz isso para provar alguma coisa – à minha família e a todo mundo. Penso que fiz a escolha correta, mas é difícil ter toda a família te empurrando para uma direção diferente. Todos eles parecem ter aceitado isso, mas é como se os papéis na família houvessem sido desafiados ou mudados para sempre. É estranho. Ainda sou a mesma Sheila, mas de alguma forma eles parecem desapontados comigo."

Catherine diz que os avós e pais de Sheila são narcisistas benevolentes, pois sempre quiseram ir para Harvard ou, pelo menos, dizer que a sua prole foi. É como se Sheila tivesse de validar suas inteligências, viver seus sonhos e confirmar o fato de que eles deram duro para "chegar" até lá. Mas ela não concordava com a ideia de que só havia um único destino meritório, e eles não podiam entender por que não.

"Eu queria ser eu própria, por isto, quanto mais eles me forçavam, mais eu resistia. Se nunca houvessem dito nada, eu talvez tivesse escolhido aquela universidade, mas, quando chegou a hora, eu estava determinada a ir para qualquer outro lugar e fazer com que todos soubessem que eu não era um boneco que eles podiam manipular. Quase decidi esquecer a faculdade completamente, viajar para a Índia e apenas dizer: Peguem essa carta de admissão e joguem no lixo!"

Sheila chegou até mesmo a dizer aos pais que estava pensando em parar durante um ano e arranjar um emprego, o que fez com que eles quase tivessem um ataque. Ela se sentiu imensamente satisfeita de poder implicar com eles. Catherine diz que Sheila estava *acting out*, não expressando os verdadeiros sentimentos de querer ser um indivíduo, sem o desfile de ancestrais seguindo-a pelos preciosos portões de Harvard. A pressão da família pode alterar aquilo que está tentando preservar. Sheila finalmente escolheu Brown, que foi a sua maneira de ser verdadeira consigo mesma e ter a educação que desejava. "Eles nunca me perdoarão, mas não me importo", diz ela. "Agora minha avó me apresenta como a neta que é muito boa para Harvard. Isso nos faz sorrir, mas ela nunca esquecerá ou perdoará. Mas nós duas nos amamos por sermos tão independentes. Sei que sou mais igual a ela do que qualquer outra pessoa."

Se você é obstinada e forte, ou cuidadosa e meiga, ou uma combinação disto, o tipo de legado que importa são as peculiaridades emocionais que passam pelas gerações. Isso é melhor do que um colar de pérolas.

NÃO TENHO A MENOR CHANCE. POR QUE CASAR?

"Todos na minha família acabam ou se divorciando ou cometendo suicídio, e isso já acontece, no mínimo, há quatro gerações, de acordo com o que se pode documentar, e agora não quero me casar, porque isto é como uma maldição e acho que o meu namorado e eu ficaremos melhor apenas vivendo juntos. Mas agora ele quer apertar o nó e penso: *E se for o maior erro da minha vida?* Sinto como se estivesse desafiando o destino."

– Nora, 29 anos; Ann Arbor, Michigan

Há 18 meses, Nora, vendedora em uma pequena agência de publicidade, namora Jed, estudante de pós-graduação em literatura comparada. Devido ao longo período dele estudando – sem ganhar muito dinheiro, vivendo (feliz) no maior aperto – e ao período dela no mercado de trabalho – aplicando na poupança como uma mulher solteira –, eles estão em etapas ligeiramente diferentes quanto a estar preparado para o casamento. Nora nunca se julgou capaz de um relacionamento estável. Até que encontrou Jed.

"Mas agora me apaixonei por um cara que é um romântico incorrigível, recita poesia em três línguas e escreveu a carta mais bonita de pedido de casamento para mim", diz ela. E Nora está nervosa. No princípio, ela pensou que fosse devido à falta de segurança. Ele nunca terá um bom salário e ela terá de manter os dois. E, então, percebeu que sua hesitação é mais sombria e tem raízes mais profundas. Ela pensou na sua família, seu passado, e compreendeu: "Meus pais se divorciaram, meus avós tiveram um casamento difícil e o meu avô cometeu suicídio. E a mãe dele também. E se não estiver no nosso gene essa coisa chamada de compromisso e felicidade? E se eu estiver predestinada a odiar ficar com uma pessoa pelo resto da minha vida?" Nora sabe que é uma pessoa de difícil convivência – ela tem o seu lado mal-humorado e implicante. Por isso, é um milagre que Jed a ame, diz ela. "Eu, realmente, não o mereço. Quer tenhamos ou não segurança, sei que ele ficará comigo para sempre. Ele é assim, está no seu DNA – um casamento estável e amoroso como o dos seus pais, e eles procedem de uma longa linha de casais que ficaram juntos por uns sessenta anos e, então, morreram juntos. É muito lindo, mas também pergunto: como isso acontece? Que tipo de pessoa é essa que nunca olha em torno e se pergunta: Isso é assim? E, então, imediatamente penso: *O que há de errado comigo?* Tenho sorte de ele querer ficar comigo e, no entanto, não posso confiar.

Catherine diz que Nora está empacada no sótão, procurando descobrir, por entre os baús, as razões por que as pessoas da sua família não conseguem manter um relacionamento. Uma maneira de desempacar é compreender que perambular pelo sótão é mais prejudicial do que andar para a frente. Catherine nos lembra que uma doença mental é recorrente na família de Nora, embora ela deva entender que isto não significa de maneira nenhuma um destino infalível para ela. Mas, se Nora sente que esse problema a está "bloqueando", deveria consultar um profissional em saúde mental para entender melhor o que é e o que não é geneticamente programado. "Casamento não é causa de suicídio", explica Catherine. "Depressão clínica e outras doenças mentais são, ou pelo menos contribuem para o problema." Ainda assim, algumas coisas são mais genéticas do que outras, como pode ser constatado. "No caso, há fortes evidências de que algumas doenças mentais são recorrentes nas famílias", acrescenta Catherine. "Mas não há razão para Nora deixar que o seu histórico familiar determine seu futuro. É possível que ela esteja certa em ficar atenta ao seu DNA emocional, mas não pode arruinar a sua vida por causa disto." Se Nora ama Jed e quer aceitar o compromisso do casamento, ela tem de vencer o medo. Eu acrescentaria que a resposta para a questão "E se esse for o maior erro da minha vida?" poderia ser: "E se não fazer isso for o maior erro da sua vida?" Como gostamos de dizer: não decidir é decidir. De fato, essa foi uma das "heranças" da própria avó de Catherine. Pense nos provérbios da sua própria família – aqueles que funcionam para você são preciosos e merecem passar para a próxima geração.

No sótão, você pode perambular por ali, vasculhar os baús da sua avó, experimentar o vestido de noiva dela ou folhear o seu álbum. Mas, no fim do dia, esses bens de herança são apenas coisas velhas empoeiradas. Não são você e, embora você possa se sentir orgulhosa de sua herança, é tempo de sair e construir a sua própria história, qualquer que ela seja. O seu próprio legado está à sua frente, não lá em cima, no sótão. Volte ao resto da casa e viva a vida que você escolheu viver. Você será mais feliz e todos que vieram antes e depois de você ficarão orgulhosos.

15

O Décimo Cômodo

"Até o meu Blackberry
tem de ser recarregado"

Virginia Woolf estava certa quando escreveu que todas as mulheres precisam de um quarto só delas. Para a mulher do século XXI, pode ser um espaço físico real ou um lugar mental que ela construiu com alguns limites saudáveis. Eu acrescentaria que todas nós precisamos de um tempo longe de nossas atividades para pensar, relaxar, para estar só com nossos próprios pensamentos e religar. Sempre que estou estressada, é porque, ultimamente, não tenho dado a mim mesma algum tempo, o que é uma coisa que todas nós merecemos nos dar. Há pouco tempo, eu estava apressada, fazendo um lanche rápido – como sempre atrasada para um compromisso –, e perguntei ao senhor à minha frente se ele estava na fila do caixa ou esperando por alguma coisa do atendente. Ele gentilmente se ofereceu para me deixar passar à sua frente e eu disse: "Muito obrigada, pois há uma pessoa me esperando." Ele respondeu: "Há uma expressão de onde eu venho: 'Existe mais tempo do que vida.'" Pensei sobre isso e tive de perguntar o que ele queria dizer. (Mesmo perdendo tempo com essa conversa, eu estava me dando o presente de relaxar um pouco, não me apressando.) "Isso significa", explicou ele, pacientemente, "que antes de nascermos, há tempo e, depois que morremos, há tempo, e estamos aqui apenas durante nossas vidas, mas o tempo continua e continua." O tempo é maior do que todos nós e nós nos apressamos e não percebemos que ele é tão precioso quanto o ar, quanto o espaço, quanto qualquer outro bem essencial. É um lembrete de que as coisas que não podemos ver ou ter ou controlar são aquelas que mais devíamos valorizar, mas que não reconhecemos. Mas não devíamos. O tempo é o único presente que você pode se dar, todos os dias, para ser mais feliz.

PRECISO DE UM POUCO DE TEMPO
E ESPAÇO PARA MIM

"Sou tão ocupada que, quando finalmente tenho alguns minutos só para mim no banheiro e olho para baixo e vejo na pia os restos da barba do meu marido, as pequenas porções de espuma de barbear e toda a bagunça que ele fez no lavabo, tenho vontade de brigar com ele e dizer que leve todas as suas coisas para o banheiro de hóspedes. Não suporto ter de limpar a pia antes de lavar meu rosto."

– Janet, 38 anos, Nova York, Nova York

Janet, diretora de eventos e mãe de um menino de dez anos e de uma menina de oito, está sempre ocupada – ela tem uma agenda de trabalho muito pesada, monitora o dever de casa todos os dias à noite, ensina futebol nos fins de semana e mal tem tempo para malhar. A ideia dela de luxo é um banho de espuma uma vez ou outra, geralmente nas noites de sexta-feira, no fim de mais uma semana agitadíssima. Na maioria das manhãs, ela acorda muito cedo e, às seis, já está sobre a esteira no escritório da sua casa (ela pode assistir a videoteipes do trabalho durante a sessão de transpiração) e, uma hora depois, todos estão se apressando para a escola ou o emprego.

Às vezes, pela manhã, Janet mal tem tempo de se aprontar para o trabalho, e até os 15 minutos sozinha no banheiro são frequentemente arruinados porque o lavabo está uma bagunça, com bolhas de creme de barbear na pia e, então, ela dá uma bronca no marido e eles têm o que chamam de "a primeira briga estúpida" do dia. "Sinto o sangue ferver quando ele diz que fico zangada por bobagens, mas acho que eu merecia entrar em um banheiro limpo e já cansei de lhe pedir que o limpe depois de usar. Isso, para ele, é pouco importante, mas para mim é muito. Sinto como se ele não me respeitasse."

Apesar desses atritos, Janet adora o marido. Stewart é um ótimo pai, ajuda a fazer o café da manhã e está sempre tentando ser agradável. Mas, quando Janet se precipita para fora do banheiro e diz: "Suas coisas de barbear estão todas espalhadas e a pia parece a de uma república de estudantes!", ele fica magoado. "Tudo que eu quero é que a área da pia esteja seca e limpa, um lugar que não pareça repulsivo e molhado. Podem me chamar de chata, mas isso me deixa irada. Isso e uma porção de outras coisas sem importância que cobro dele... e depois me sinto culpada. Como não dobrar a toalha de mãos depois de usar. Ou arrumar o jornal depois de ler, para que eu não tenha de ficar procurando as seções. Isso é uma coisa estúpida, eu sei, mas me incomoda."

Melissa, a melhor amiga de Janet, tem queixas similares. Seu campo de batalha não é o banheiro (ou o jornal da manhã), é a cama. Dormir é muito importante para ela, por isto fica irritada quando os filhos pulam em cima dela de manhã cedo, enquanto ela ainda está dormindo, ou quando o marido vira de lado e puxa o cobertor. Ela também não gosta quando o marido se intromete em sua cama. "Ele tem ciúme do meu tempo, até quando estou dormindo", diz ela. "Ele quer que o entretenha 24 horas por dia. Sou o oposto disso – quero ficar sozinha, quando estou na cama. Amo o meu marido, mas quando ele diz que tem de trabalhar ou fazer uma viagem, fico satisfeita, porque posso resolver meus assuntos na cama."

Janet achou o espaço que ela precisava mudando sua bolsa de cosméticos para o banheiro de hóspedes, mesmo que tenha de manter tudo bem escondido, quando os hospedes chegam. Melissa pensou em ter camas gêmeas e colocá-las juntas, assim teria o seu próprio "espaço" – sem cobertores puxados à noite, mas perto o bastante para transar, quando ela e o marido sentissem vontade. "Outro dia, mudei algumas revistas e um livro que estava lendo da mesinha de cabeceira para o quarto de hóspedes", diz ela. "Até pensei em dormir lá, mas desisti da ideia, porque sabia que isto iria magoar o meu marido. Mas conheço um bando de mulheres que adorariam fazer isso. É o supremo tabu – camas separadas, quartos separados."

Para Melissa, é uma cama só para ela; para Janet, é uma pia só para ela.

Certa vez, quando Melissa e Janet voltavam para casa, depois de deixar as crianças na escola, Melissa disse: "Eu liguei outro dia o meu BlackBerry na tomada e, quando fiz isso, pensei: *Uau, até o meu BlackBerry precisa ser recarregado!*"

O fato de que o seu PDA ficaria ali, descansando a noite toda sem ser perturbado, lhe provocou ciúmes... mostrando que ela não tem muito tempo para si mesma. Pérola: Não esqueça de se desligar de vez em quando.

Às vezes tenho vontade de sair gritando pela casa

Erin é uma mãe trabalhadora que acabou de se mudar para um ótimo subúrbio de Nova Jersey e está se sentindo isolada. Está longe do irmão e da irmã (que vivem em Massachusetts, a três horas de distância), e eles sempre foram muito chegados. Seus filhos têm três e cinco anos, e sempre têm jogos e festas de aniversário nos fins de semana, assim não é mais possível ir, aos sábados, ver sua família. Erin e o marido, um banqueiro, mudaram para o subúrbio porque queriam uma casa maior, uma comunidade segura e um quintal de verdade para os filhos. Mas ela abriu mão da proximidade das amigas da faculdade e das colegas de trabalho. Seu marido sempre trabalha até tarde, deixando-a sozinha para fazer o jantar e tomar conta das crianças quase todas as noites. Como Erin trabalha meio período em uma firma de projetos, ela não está criando vínculos com as mães caseiras da vizinhança. "Nós damos jantares, mas nossos amigos da cidade acham que é complicado atravessar o rio. Passo horas ao telefone ou no Facebook só para me manter ligada aos amigos. Quando vou à estação de trem e vejo as placas do pátio de estacionamento, penso: *Ó meu deus! Eu estou estacionada.* Quero dizer, temos essa casa linda e uma vida boa, mas, às vezes, sinto como se estivesse presa em uma armadilha e tenho vontade de sair gritando pela casa."

Todo mundo precisa escapar –
e pode, sem precisar partir

O que essas mulheres estão sentindo, e será que estarão elas no cômodo certo? Melissa quer ficar sozinha, Janet precisa do seu espaço e Erin está se sentindo presa em uma armadilha, mas isso não diz respeito aos cômodos reais de nenhuma delas. É sobre o "Décimo

Cômodo", um lugar longe dos outros nove. Elas – e todos nós – querem, às vezes, "ter as coisas à sua maneira", para parafrasear um velho comercial da TV. Isso, muitas vezes, é difícil de ser feito, principalmente devido às nossas ocupações rotineiras. Muitas de nós que somos mães podemos contar nos dedos de uma só mão o número de vezes em que ficamos sozinhas em nossas próprias casas. O bebê é capaz de andar (sim!), mas agora ele pode ir atrás de você até o banheiro, então, pelos próximos anos, você nem mesmo poderá fazer xixi sozinha.

É pedir muito? Ter um pouco de espaço?

Catherine ouve isso o tempo todo. "Uma amiga me disse ontem que estava chateada porque o marido caiu doente e isso significava que ele ficaria em casa a semana inteira. Ela estava de saco cheio. Sentia pena dele, mas seu sentimento primário era de aborrecimento, porque não ia ter nem um momento sozinha em sua casa. Ela é uma pessoa má? Claro que não, mas ela se sentia culpada. O problema real aqui é que você não pode ter um tempo sozinha só quando seu marido vai para o trabalho. Isso faz com que pareça que você está roubando esses momentos. E roubar qualquer coisa faz com que se sinta culpada. O paradigma está errado. Você precisa *criar* esses momentos. Você tem de ter sua própria identidade e sua própria vida. E, para isso, você necessita ter seu espaço pessoal." Isso faz lembrar uma velha expressão favorita minha: "Eu me casei com você por toda a vida, não para o almoço!"

E nós amamos e precisamos daqueles que nos são queridos, e valorizar o tempo que passamos juntos, mas também precisamos nos estimar e ter tempo para renovar nossas próprias energias quando nos sentimos esgotadas – emocional, física ou espiritualmente. É disso que o Décimo Cômodo trata.

Não consegue passar pelo buraco de rato?
Você apenas não encontrou o buraco certo

A primeira pessoa na minha casa a usar a expressão "buraco de rato" foi minha filha, Josie, quando tinha três anos. Meu marido e eu armamos um grande escorregador de plástico colorido no quarto de Josie, e ela gostava de rastejar sob a plataforma e entrar em um pequeno espaço quadrado para onde ela podia arrastar um livro, um quebra-cabeça, um bloco e alguns lápis de cor. Passava horas felizes brincando nesse pequeno espaço e, quando eu ia verificar o que estava fazendo, ela enfiava a cabecinha de cabelo cacheado através do buraco redondo, e eu dizia: "O que você está fazendo?" Respondia Josie: "Eu estou na minha casa de rato." Quando eu perguntava se podia entrar, Josie dizia: "Mamãe, *você* não passa pelo buraco. É um buraco de rato e só eu posso passar por ele."

Aquilo me informou que Josie precisava de um espaço, aquele buraco de rato, para ser dela e só dela. Era o seu abrigo. Até mesmo uma menina de três anos sabe que toda mulher precisa de um refúgio.

Nem todas nós temos a sorte de ter um quarto sobrando em nossas casas. Para muitas de nós, o buraco de rato é metafísico – é aquele banho de espuma ou o seu jardim, qualquer lugar em que você se sinta livre para pensar e fechar as portas dos outros nove cômodos emocionais, de modo que possa ficar sozinha com seus pensamentos. Para algumas mulheres é uma caminhada, para outras é ouvir música na poltrona favorita. Mesmo coisas tão mundanas quanto lavar os pratos podem proporcionar uma fuga do turbilhão de atividades à nossa volta. Na verdade, estudos mostram que atividades com movimentos repetitivos – trabalhos de costura e tricô, correr, passar a ferro – podem ser calmantes, pois, enquanto você está fazendo isso, é fácil se perder em seus pensamentos e deixar a mente vaguear.

Algumas pessoas vão ao Starbucks bebericar um café expresso demorado e ler o jornal em paz. Você pode procurar o seu próprio espaço, mesmo que seja em um parque público. Catherine conhece uma mulher que relaxa enquanto anda pelos corredores da mercearia. "É uma expedição sem propósito, mas muito purificadora", diz ela. "Estou sozinha e sinto muito prazer com isso."

Por mais que amemos nossos filhos, precisamos também do nosso próprio tempo "adulto", assim como eles precisam do seu tempo de "criança". É algo que as crianças fazem naturalmente – a primeira coisa que fazem quando chegam a um playground é sair correndo alegremente, como pássaros alçando voo –, mas precisamos nos lembrar de que necessitamos, do mesmo modo, desse tempo à vontade, livres de culpa e de conflitos internos. Eu me lembro de um dia de férias particularmente bonito com a minha filha, quando ela estava com seis anos. Estávamos de mãos dadas e andando em direção à piscina por um jardim lindo, e eu disse a ela: "Não seria ótimo se eu não precisasse trabalhar e pudéssemos passar todos os dias assim juntas?" Ela disse: "Mamãe, honestamente, nós ficaríamos cansadas uma da outra." Eu ri e percebi que ela estava certa.

Você tem de ser realista sobre quanto tempo você pode se dar: se você tem um bebê, uma pequena escapulida – um banho demorado e gostoso – pode ser o bastante; se são adolescentes, você pode se dar ao luxo de um tempo mais longo sozinha, já que você será ignorada por eles de qualquer maneira... até que fiquem sem dinheiro ou com fome!

Todo mundo tem uma saída de emergência, e a chave é achar a sua e, então, aproveitar. Sempre que for salutar para você, encontre o seu buraco de rato, em vez de ficar em casa se sentindo como se estivesse numa prisão. Fuja! Ou, muito provavelmente, você começará a teatralizar, mostrando-se irritada. Assuma o controle da situação, antes que você seja controlada. Isso não é egoísmo, é autopreservação. Tomando cuidado consigo mesma, você estará mais bem equipada para se ajudar e aos outros ao seu redor.

A falta desse tempo, desse espaço, é uma fonte de tensão que nos leva a ser ranzinzas com a nossa família e ter um dia ruim. Não queremos ser chatas com aqueles a quem mais amamos, só queremos que eles nos deixem sozinhas, às vezes. Você precisa cuidar de si mesma, assegurando que terá um tempo sozinha, todos os dias. Não espere até seu marido sair de casa e as crianças irem para a escola para, então, dizer: "Viva, enfim estou sozinha!"

Da mesma forma, quando o seu companheiro procura o tempo dele sozinho, seja a tradicional "pelada" ou algumas horas fazendo consertos na garagem, é fundamental respeitar também esse tempo. Quando o meu marido sai com o cachorro e preciso dele e ligo para o seu celular e o escuto tocar no outro quarto, onde ficou largado sobre a mesinha, fico irritada, até que me lembro de que ele precisa dos seus 45 minutos sozinho também.

O Décimo Cômodo diz respeito à regeneração, a recarregar as baterias do seu ser. Lembra de Melissa com inveja do seu BlackBerry porque ele é recarregado toda noite?

"Preciso de recarga, porque todo mundo está tentando sugar a vida de mim", diz Melissa. Catherine diria a ela que eles podem sugar sua vida somente se ela deixar que façam isto. Muitas vezes, ela pergunta a uma paciente que está tendo esse problema: "Como você acha que isso acontece?" E ela diz: "Eles fazem *isso* comigo e fazem *aquilo* comigo...", e Catherine dirá: "Você acha que participa na dinâmica de alguma maneira?" E, claro, a paciente, tipicamente, irá sorrir e admitir: "Bem, sou obrigada, certo?"

A chave é estar consciente do seu papel nessa rotina exaustiva. Pode parecer mais um item de "o que fazer!" na sua lista – tire um tempo para si; marcado! –, mas é libertação, saudável e essencial.

A ironia aqui é que, para realmente limpar a sua casa emocional, você tem, às vezes, de "deixar isso pra lá" e voltar mais tarde. Passe um tempo no seu Décimo Cômodo e você voltará aos outros nove revigorada e com uma perspectiva mais saudável. Isso lhe permitirá ver que você não está sendo explorada por ninguém – seus filhos e seu marido, seus amigos, todos aqueles que a amam –, é você que está permitindo que isso aconteça. Você dá muito... de você.

O propósito do Décimo Cômodo

Reabastecer sua energia interior é crucial para manter a sua percepção de *self*. É uma parte essencial do seu bem-estar. Somente tendo tempo para pensar é que você poderá descobrir o que mais lhe afeta. Uma vez achada a resposta, você será capaz de emergir com uma diretriz, com o seu equilíbrio recomposto. É possível, então, ser feliz, não importa onde você esteja e o que estiver fazendo, desde que mantenha em mente a perspectiva desse quadro maior, mesmo fazendo alguns "tenho que", existentes em todo cômodo.

É essa a verdadeira atividade no Décimo Cômodo: a reflexão que você faz ali sobre a sua vida e o seu papel no universo. É claro que, muitas vezes, nos encontramos ruminando sobre as pessoas, os problemas ou as coisas que nos aborrecem. Um namorado que não ligou, um filho que não se comporta do jeito que você gostaria, uma conta bancária com pouco dinheiro. E, embora cada uma dessas coisas seja uma preocupação válida que requeira solução, assim

também são as seguintes perguntas, que muitas vezes ficam de fora da lista do que fazer:
E você?
O que a faz feliz?
O que você ama e como pode fazer mais por isso?
O que você deseja da sua vida?
O que tudo isso significa para você?

Essas são as perguntas que você faz no Décimo Cômodo. Então, não é só um "tempo fora" do corre-corre da casa ou dos problemas nos outros cômodos. Admita que todos os outros problemas estejam fora da sua mente por um momento (o equivalente físico de ter todos os outros cômodos arrumados ou, pelo menos, bem cuidados, tão improvável quanto isto pareça): e agora? Qual é o seu objetivo?

Sabemos o quanto desanimadora é essa pergunta. E o quanto é difícil achar o espaço para refletir sobre isso. Às vezes, leva anos até chegar ao ponto em que você esteja pronta. E, mesmo então, é preciso muita disciplina para abafar o barulho dos outros nove cômodos.

Outras pessoas e problemas tendem a segui-la nesse espaço. Mas seu trabalho é fechar a porta para eles e mantê-los do lado de fora. Isso é sobre você e você sozinha. Não permita que as pessoas que você ama, ou qualquer outra coisa, penetrem no seu Décimo Cômodo. Em outras palavras, não se descuide da chave de seu Décimo Cômodo. Não os convide a entrar, emocionalmente falando. Esse espaço é somente seu! E agora que você está ali, você tem a oportunidade de refletir sobre o seu objetivo. Mas como? Como você chega a essa enorme pergunta? O primeiro passo é começar a descobrir qual é a sua paixão, ou o que faz seu coração vibrar. Porque a sua paixão (qualquer atividade que você adore, ou que a sustente) é que leva ao objetivo e, no final das contas, ao significado.

Uma vida significativa.

Você quer descobrir isso, e nunca é tarde. Assim como Abby, que voltou a cursar a escola de medicina aos quarenta anos, depois de ter uma carreira e três filhos, você pode mudar, se isso for a sua paixão e o seu propósito.

As paixões poderão mudar e evoluir, principalmente com bebês e crianças pequenas, que tendem a ocupar todos os seus minutos livres durante esses anos iniciais e preciosos de educação dos filhos. Mas estamos aqui para lhe afirmar que eles crescerão e sairão de casa, e isto é bom. Você sempre os amará, a ponto às vezes de doer, seu coração ficará completamente tomado. Mas você nem sempre encherá seu dia com o "mamãe precisa" e, então... o que fazer? É o que você precisa descobrir. Vá ao Décimo Cômodo, sente-se (ou faça qualquer coisa que acalme a sua mente) e pense, apenas pense: *O que é que eu quero fazer?*

Para mim, o Décimo Cômodo é quando ando de bicicleta, nado ou corro, e as reflexões que faço durante esses longos exercícios relaxantes é que me levaram a escrever este livro. Brinco que "estava escrevendo enquanto andava de bicicleta" e, então, podia voltar para casa e deixar as palavras e pensamentos escorrerem dos meus dedos para o teclado. Mas o pensamento se dava em plena estrada, quando a minha mente estava livre do tumulto. Assim formo meu pensamento, enquanto aproveito a folga numa bicicleta, ou correndo, ou nadando. Para mim, a paixão é tanto o ato físico de estar se movendo quanto o ato intelectual de escrever. O objetivo é ajudar as mulheres a se sentirem capazes. Isso dá um significado à minha vida. Catherine acrescenta que o seu trabalho, ajudando as mulheres a fazer escolhas que não sabiam que tinham, é uma outra maneira de capacitá-las e acrescentar significado às suas vidas.

Pense sobre isto: a sua vida e o que *você* quer que ela seja. Seu papel é ajudar os outros? Isso pode significar seus filhos, seu marido, toda a sua família, outras pessoas na comunidade, sua igreja, seu deus – quem quer que seja ou qualquer coisa que seja e que traga a você um senso de propósito. Ou pode ser alguma outra maneira de causar um impacto no seu mundo ou ser um catalisador para uma mudança social. Ninguém está aqui para lhe dizer. Só você pode encontrar a resposta a essa pergunta e, seja qual for, ela é válida. Então, o propósito da sua ação, grande ou pequena, será claro e se tornará significativo. E isso fará de você uma pessoa mais feliz, em todos os cômodos da sua casa.

EPÍLOGO

A excelente aventura de Edith...
e a sua

A maioria das pessoas conhece o livro *A casa da felicidade*, de Edith Wharton, assim como o seu famoso livro *A época da inocência*, com o qual ganhou o Prêmio Pulitzer em 1921. Há um conto menos conhecido de Edith Wharton, que foi a origem da epígrafe deste livro, intitulado "A plenitude da vida".

A história em si é significativa, porque fala sobre uma mulher e o que ela sentiria e pensaria no momento em que está morrendo e entra na eternidade. As lições da história são profundas e perturbadoras porque, em primeiro lugar, raramente queremos pensar em como seria repassar a nossa vida e avaliar se encontramos ou não amor verdadeiro e felicidade, e se vivemos cada dia intensamente. Para nós, a parte perturbadora é que a mensagem de Wharton (que ela esperou pelo som de passos que nunca vieram) pode ser interpretada como uma mulher decidindo conciliar, ficando com um homem a despeito do fato de que ele jamais a conheceria totalmente. Em outras palavras, eles não eram almas gêmeas. Somos da opinião de que ninguém *pode* conhecer você totalmente. Você terá sorte se chegar a conhecer a si mesma totalmente, e isso nos leva a outra parte da história: sobre os cômodos ainda não descobertos. Wharton conta que a mulher desejava que alguém encontrasse esses cômodos inexplorados. Nós diríamos que esse é o seu dever, explorar e descobrir todos os aspectos do seu próprio potencial, e, caso não o faça, estará deixando escapar a plenitude da vida.

Vamos revisar juntas a história...

Em "A plenitude da vida", uma mulher agonizante reflete sobre "imagens fragmentadas da vida que está deixando". Na maior parte, são pensamentos mundanos sobre uma lista de afazeres inacabada, o verso não escrito e as contas não pagas, e um lampejo de gratidão pelo fato de que ninguém jamais perguntará outra vez: "O que temos para o jantar hoje à noite?" Ela pensa no marido não em termos do que ela perderá, mas em termos do que não perderá: "Ela nunca mais ouvirá o rangido das botas do marido – aquelas botas horríveis."

Quando a enfermeira anuncia sua morte, ela entra em um vale com um rio sinuoso e uma paisagem maravilhosa, e percebe, repentinamente: "Então a morte, afinal de contas, não é o fim..." Quando olha para a vastidão da eternidade, o Espírito da Vida aparece diante dela e diz: "Você realmente nunca soube o que é viver?"

Ela responde: "Jamais conheci a plenitude da vida que todas nós nos julgamos capazes de conhecer, embora não tenha faltado em minha vida pistas indicativas disso, como o cheiro da terra que chega até alguém, às vezes, longe no mar."

Eles discutem a respeito do significado da plenitude da vida, e ela admite a dificuldade de expressar isso em palavras: "Amor e simpatia são os conceitos de aplicação mais comum, mas não estou certa de que sejam os corretos. Creio, inclusive, que muito poucas pessoas realmente conheçam o seu significado."

O Espírito pergunta sobre o seu casamento, e ela diz que era "afeiçoada" ao marido, "assim como era afeiçoada à minha avó", e acrescenta que aquilo era um "*affair* imperfeito", embora seus amigos pensassem neles como um "casal muito feliz". Então, ela explica: "Penso, às vezes, que a natureza da mulher é como uma grande casa cheia de cômodos; há um hall, pelo qual todo mundo passa, indo e vindo; a sala de visitas, onde são recebidas as visitas formais; a sala de estar, onde os membros da família entram e saem ao bel-prazer, mas, além desses, bem além, há outros cômodos, com portas cujas maçanetas talvez nunca sejam abertas; ninguém sabe o caminho para eles, ninguém tampouco sabe para onde levam, e, no cômodo mais íntimo, o santuário sagrado, a alma senta sozinha e espera por som de passos que nunca vêm."

Nosso momento de eureca!

Encontrei essa citação depois que Catherine e eu terminamos de escrever a proposta deste livro, e tive o meu momento de "Eureca!".

Liguei imediatamente para Catherine e disse: "Leia isso! Parece que encontramos alguma coisa – ninguém menos que uma sumidade literária como Edith Wharton concorda com a nossa imagem de uma vida emocional interior da mulher comparada a cômodos de uma casa!"

Quando Catherine leu a história, sentiu-se triste pelo narrador, porque o final parece ter um desfecho infeliz. O Espírito da Vida pergunta à mulher se o marido alguma vez fora além da sala de estar, e ela diz: "Nunca... e o pior disso é que ele ficava muito satisfeito de permanecer ali." Ele achava a sala "de uma beleza impecável", diz ela, "e, às vezes, quando ficava admirando a mobília banal... eu sentia vontade de chorar e gritar: 'Tolo, será que você jamais descobrirá que perto daqui há cômodos cheios de tesouros e maravilhas tais que os olhos do homem nunca viram, passos humanos nunca atravessaram, mas poderiam ser nossos para vivermos neles, bastando que você encontre a maçaneta da porta?"

O Espírito pergunta se ela compartilhara com o marido as pistas indicativas da plenitude da vida, e ela responde que não, nunca, pois ele era pouco sofisticado, enquanto os melhores momentos dela se davam com coisas sutis, como o perfume de uma flor, a poesia de Dante e Shakespeare, a beleza de um ocaso, um dia calmo ao mar. Na verdade, diz ela ao Espírito, ninguém jamais tocou "uma simples nota daquela estranha melodia que parecia adormecida em minha alma".

É oferecida a ela, então, uma "alma gêmea" para compartilhar a eternidade, alguém que concluirá suas frases, lerá seus pensamentos, apreciará todas as mesmas coisas. Mas ela decide que, em vez disso, deve esperar pelo marido. O Espírito da Vida afirma que o marido não a entenderá melhor na eternidade do que a entendeu na Terra, e ela protesta dizendo não ter importância, pois "ele sempre pensou que me entendia", e naquele momento percebe que compreendê-lo e ser necessária a ele era o suficiente para ela. E o será, para sempre.

O Espírito pede a ela que "considere que está agora escolhendo para a eternidade" ficar com o seu marido. Ela zomba: "Escolhendo! Pensei que você fosse mais capaz. Como posso me ajudar? Ele espera me encontrar aqui quando chegar e nunca acreditaria em você se lhe dissesse que fui embora com outra pessoa." E, então, ela senta e espera pelo rangido das botas dele.

Numa primeira leitura, a história parece ser a da personagem principal se resignando a ter uma visão de "companheira" em relação à vida de uma mulher, mas, no final, não é tanto por falta de escolha (o Espírito lhe deu uma escolha), mas por ter chegado à conclusão de que realmente amava o marido, apesar de todos os defeitos. E ela gostava de ser necessária, de ser a "alma gêmea" dele.

Catherine diz que, apesar de essa história ter sido escrita há mais de um século, é tão relevante quanto se tivesse sido escrita nos dias de hoje. Na verdade, a personagem de Wharton podia facilmente ser uma das pacientes de Catherine, recordando um sonho. É o tema que as mulheres mais querem discutir, esta questão sobre o que elas esperam de um companheiro, como nós realmente nos conectamos com mais alguém e, até mesmo, o que é amor? Catherine explica: "As pessoas acham que a ideia de uma alma gêmea ou um parceiro perfeito resolverá todos os seus problemas e as fará felizes e completas por toda a vida." Mas, embora alguém possa complementar você, esse alguém não pode completar você. *Você* tem de se completar.

Acreditamos que a história de Wharton fale sobre perceber que você sempre tem uma escolha, sobre como você age e reage aos acontecimentos da sua vida. Sua vida é o que é, e nunca será perfeita. O narrador tem que decidir como irá definir o seu papel, a sua vida e até a sua vida após a morte. Escolha é a chave aqui. Você quer arrumar um cômodo? Fechar aquela porta? Viver em uma bagunça? A escolha é sua.

Que "maçaneta" você ainda não abriu?

Na visão de Wharton sobre a vida da mulher, a casa tem cômodos ainda não explorados, e nós diríamos que eles não estão ali para serem achados e explorados por outras pessoas, mas, sim, por *você*. O cômodo da sua casa em que ninguém foi pode ter um novo interesse, paixão ou relacionamento – alguma parte da sua vida ou de você mesma que ainda não foi mencionada ou descoberta. O narrador está inferindo que ela está desapontada com o marido por nunca ter entrado nesses cômodos mais íntimos. Mas, na nossa versão da casa, isso não é dever dele, *você* é que deve descobrir, e você tem a vida inteira para fazer isso.

Nesse Décimo Cômodo, você precisa de espaço para ficar em paz e ter a tranquilidade necessária para se perguntar: *Quando todo mundo e cada detalhe forem atendidos, o que eu quero? O que mais deve ser procurado?* Uma vez que responda a essa pergunta – e tenha tempo para pensar na "resposta" –, você pode, então, descobrir sua paixão, ter uma vida autêntica e encontrar significado além dos detalhes do dia a dia. A plenitude de vida pode lhe pertencer, mas é *você* que precisa tentar alcançá-la. Até mesmo fazendo disso uma prioridade.

Como viver a vida em toda a sua plenitude?

Imagine que você é uma personagem de Wharton e a vida está deixando seu corpo... O que perderia? Para o que voltaria o olhar e pensaria "Aqueles foram meus 'momentos perfeitos'"? Como você poderia ter usufruído mais deles? Do que você poderia ter desistido? Qual tempo desperdiçado teria omitido para encaixar mais momentos de vida plena?

Imagine que você está no leito de morte. Pode parecer um exercício mórbido, mas pretende ser de afirmação de vida, já que lhe permite pensar no quadro mais amplo, e isto é o que mais importa. Tenho a chance de pensar dessa maneira sempre que estou na aula de ioga, pois a postura final é chamada de "a postura do cadáver", ou *Savasana*. Os verdadeiros iogas dirão que essa é a posição mais difícil, porque, embora simplesmente requeira deitar de costas, a parte desafiadora é clarear a sua cabeça e afugentar todas as atribuições e os pensamentos aleatórios que tentam encontrar um lugar ali, pois você deve estar com a mente completamente limpa e preparada para um renascimento. Para mim, a lista do "eu me arrependo" é a mais difícil de apagar, como em "Eu me arrependo daquele bolo de chocolate! Me arrependo daquele comentário estúpido que fiz! Me arrependo daquela correria para uma reunião ou por não ter levado minha filha mais vezes à escola".

Isso geralmente vem seguido pela minha lista de "eu queria ser...", como em "eu queria ser uma pessoa melhor, uma esposa melhor, uma mãe mais paciente, uma editora ou escritora mais criativa e uma líder ou uma chefe ou uma amiga mais atuante". Esses pensamentos são tão ruidosos quanto difíceis de aquietar, mas também fazem com que me lembre de como quero levar a minha vida; e quando, finalmente, saio da aula e volto à minha vida agitada, estou determinada a não permitir que aborrecimentos insignificantes me perturbem e a tentar ser uma pessoa melhor.

Catherine diria: pense sobre isso ao contrário: Se você tivesse de rever a sua vida, o que se arrependeria de *não* ter feito ou de *não* ter dito? Torne isso uma prioridade diária.

Uma última pérola: Tudo isso depende de você!

Agora que concluiu a restauração da sua casa emocional – o Décimo Cômodo incluído –, você merece a última pérola, uma que é realmente a mais preciosa, e que diz: *Tudo isso depende de você*.

Você tem o poder de mudar seus padrões de comportamento, apreciar seus momentos de felicidade e encontrar a plenitude da *sua* vida. Isso nos leva a uma pergunta remanescente sobre a ideia de que *Tudo isso depende de você*: O que é *Isso*?

Resposta: Você é a única pessoa a quem cabe decidir sobre essa questão.

A história sobre a mulher esperando por passos que nunca chegam é tão triste quanto auspiciosa. Pense nisso dessa maneira: você pode levantar e dar os primeiros passos – fazer com que sejam seus *próprios* passos – rumo à sua visão de um *eu* interior feliz, para achar sua paixão e seu objetivo. E se você se pega esperando por outros para fazê-la feliz – esperando por aqueles passos –, pode passar um longo tempo esperando.

Em vez disso, lembre-se: *Tudo isso depende de você*. Tudo que precisa fazer é dar o primeiro passo, depois outro, e mais outro, e ver para onde eles a levam.

Este livro foi impresso na Editora JPA Ltda.,
Av. Brasil, 10.600 – Rio de Janeiro – RJ,
para a Editora Rocco Ltda.